普通高等教育"十三五"规划教材

Appreciation of Modern Automobile Art
(2nd Edition)

现代汽车艺术鉴赏
（第2版）

王震坡　张照生　刘　鹏　◎　编著

北京理工大学出版社
BEIJING INSTITUTE OF TECHNOLOGY PRESS

内 容 简 介

汽车和艺术的有机结合,赋予了汽车新的内涵,形成了艺术新的领域。本书以汽车构造、汽车行驶理论、汽车造型理论为基础,介绍了汽车发展史中不同时代、不同地域的代表性产品和现代汽车技术及汽车新"四化"的发展趋势,力求从汽车的艺术性、技术性和实用性出发,以艺术的眼光来综合评价赏析汽车,服务于科学、理性、积极的汽车文化的形成。

版权专有　侵权必究

图书在版编目（CIP）数据

现代汽车艺术鉴赏/王震坡,张照生,刘鹏编著. —2版. —北京：北京理工大学出版社,2019.6

ISBN 978-7-5682-7140-0

Ⅰ.①现…　Ⅱ.①王…②张…③刘…　Ⅲ.①汽车工程　Ⅳ.①U46

中国版本图书馆CIP数据核字（2019）第120596号

出版发行 /	北京理工大学出版社有限责任公司
社　　址 /	北京市海淀区中关村南大街5号
邮　　编 /	100081
电　　话 /	（010）68914775（总编室）
	（010）82562903（教材售后服务热线）
	（010）68948351（其他图书服务热线）
网　　址 /	http：//www.bitpress.com.cn
经　　销 /	全国各地新华书店
印　　刷 /	三河市华骏印务包装有限公司
开　　本 /	787毫米×1092毫米　1/16
印　　张 /	16.25
彩　　插 /	2
字　　数 /	382千字
版　　次 /	2019年6月第2版　2019年6月第1次印刷
定　　价 /	49.00元

责任编辑 / 李秀梅
文案编辑 / 李秀梅
责任校对 / 周瑞红
责任印制 / 李志强

图书出现印装质量问题,请拨打售后服务热线,本社负责调换

前言

汽车大规模普及，拓展了人们出行半径，改变了城乡组成结构，加速了社会发展进步。汽车社会建设程度是社会成熟度的标志之一。我国自建立汽车产业以来，历经风雨，砥砺前行，经过几十年的发展，汽车产业已成为制造业和实体经济的重要组成部分，是国民经济的重要支柱。同时，汽车进入千千万万的单位和家庭，截至2018年年底，我国汽车产销量已连续10年位居世界第一，千人汽车保有量近170辆，汽车满足了人民群众对便捷出行和自由生活的需求的同时，对我国社会发展进步起到了巨大的支撑作用。汽车成为人民群众生产、生活必不可少的工具，承载了人民群众对美好生活的期待，是富强民主文明和谐美丽中国梦的重要载体，汽车发展正全方位推动特色社会主义中国向前迈进。

《现代汽车艺术鉴赏》由北京理工大学出版社2008年出版，是高等院校"十一五"规划类教材，适合大专以上车辆工程专业学生入门学习以及非车辆专业学生、汽车爱好者和车迷以及汽车相关专业的技术人员使用。本书使用10年来，随着技术的不断进步、新车型的不断推出，以及车辆知识体系和教学内容更新，本书的再版迫在眉睫。

随着能源革命和新一代信息技术的不断突破，互联网等新兴科技企业大举进入汽车行业，传统企业和新兴企业竞合交融发展，价值链、供应链、创新链发生深刻变化，汽车产品加快向电动化、智能化、网联化和共享化的方向发展。作为高等院校汽车类规划教材，本次教材修编在保持原书篇章结构的基础上与时俱进，对车辆新技术和发展趋势作了新的阐述，扩充了新的章节内容，补充了新的数据资料，完善了新能源汽车、氢能燃料电池汽车、智能网联汽车等新兴领域发展情况，并增加汽车共享的有关内容。

本书再版由王震坡、张照生、刘鹏编著，其中第1章至第5章由王震坡负责，第6、7章由刘鹏负责，第8章至第10章由张照生负责。张照生负责全书统稿工作。

本书再版中，参考了许多文献资料，在此谨向这些文献资料的作者和出版单位表示衷心的感谢。

本书涉及内容较广，鉴于编者水平有限，书中难免出现缺点和错误，欢迎广大读者批评指正。

作　者

目 录
CONTENTS

第1章 概述 ·· 001
  1.1 汽车艺术的内涵 ·· 001
  1.2 汽车工业的发展现状 ··· 002
  1.3 汽车公害 ·· 004
  1.4 世界汽车工业发展趋势 ·· 006

第2章 汽车发展史 ·· 009
  2.1 车轮和车的发明史 ·· 009
    2.1.1 车轮和车的发明 ··· 009
    2.1.2 中国古代的车 ·· 010
    2.1.3 古代自走式车辆的幻想与探索 ·· 011
  2.2 蒸汽汽车的发展史 ·· 012
  2.3 电动汽车的发明史 ·· 015
  2.4 内燃机汽车的发明史 ··· 016
    2.4.1 内燃机的发明 ·· 016
    2.4.2 内燃机汽车的发明 ·· 018
    2.4.3 汽车技术的发展完善 ··· 019
    2.4.4 汽车的大量生产和销售 ·· 021
  2.5 中国汽车工业的发展 ··· 021
    2.5.1 创建阶段（1949—1965 年）·· 021
    2.5.2 成长阶段（1966—1980 年）·· 022
    2.5.3 全面发展阶段（1981 年—）·· 024
  2.6 典型汽车公司发展史 ··· 024
    2.6.1 宝马汽车发展史 ··· 025
    2.6.2 福特汽车发展史 ··· 027
    2.6.3 丰田汽车发展史 ··· 028
    2.6.4 劳斯莱斯汽车发展史 ··· 029

第3章 汽车构造和行驶理论 ·········· 033
3.1 概述 ·········· 033
3.1.1 汽车分类 ·········· 033
3.1.2 国产汽车编号规则 ·········· 036
3.1.3 车辆识别代号（VIN） ·········· 037
3.2 汽车的构造 ·········· 038
3.2.1 汽车的总体构造 ·········· 038
3.2.2 汽车发动机 ·········· 039
3.2.3 汽车的传动系统 ·········· 042
3.2.4 汽车的行驶系统 ·········· 044
3.2.5 汽车的转向系统 ·········· 046
3.2.6 汽车的制动系统 ·········· 046
3.2.7 汽车车身与附属设备 ·········· 048
3.3 汽车行驶理论 ·········· 050
3.3.1 汽车行驶基本概念 ·········· 050
3.3.2 汽车行驶阻力 ·········· 050
3.3.3 汽车的使用性能 ·········· 051
3.4 汽车使用寿命 ·········· 062

第4章 汽车造型 ·········· 064
4.1 汽车造型的发展史 ·········· 064
4.2 现代汽车设计流程 ·········· 069
4.3 汽车造型的美学基础 ·········· 072
4.3.1 造型的美学规律 ·········· 072
4.3.2 汽车的动感 ·········· 074
4.3.3 汽车的车身色彩 ·········· 075
4.4 汽车造型的人机工程学基础 ·········· 077
4.4.1 车辆设计中的人体因素 ·········· 077
4.4.2 汽车设计和使用中的人机工程问题 ·········· 078
4.4.3 人体模型在汽车人机工程学的应用 ·········· 079
4.4.4 驾驶员眼椭圆在汽车设计中的应用 ·········· 079
4.4.5 汽车操纵机构设计的一般原则 ·········· 081
4.5 汽车造型设计中的空气动力学基础 ·········· 081
4.6 汽车造型的设计要求 ·········· 084

第5章 世界著名的汽车公司和典型车型 ·········· 086
5.1 欧洲著名汽车公司 ·········· 086
5.1.1 奔驰汽车公司 ·········· 086
5.1.2 宝马汽车公司 ·········· 089
5.1.3 奥迪汽车公司 ·········· 093
5.1.4 大众汽车公司 ·········· 095

5.1.5　欧洲其他著名汽车品牌 ……………………………………………… 106
5.2　美洲著名汽车公司 ……………………………………………………………… 113
　　5.2.1　通用汽车公司 …………………………………………………………… 113
　　5.2.2　福特汽车公司 …………………………………………………………… 120
　　5.2.3　克莱斯勒汽车公司 ……………………………………………………… 124
5.3　亚洲著名汽车公司 ……………………………………………………………… 126
　　5.3.1　丰田汽车公司 …………………………………………………………… 127
　　5.3.2　马自达汽车公司 ………………………………………………………… 129
　　5.3.3　其他日本著名汽车公司 ………………………………………………… 131
　　5.3.4　韩国著名汽车公司 ……………………………………………………… 132
5.4　我国著名汽车公司 ……………………………………………………………… 133
　　5.4.1　第一汽车集团公司 ……………………………………………………… 134
　　5.4.2　长安汽车（集团）有限责任公司 ……………………………………… 135
　　5.4.3　东风汽车公司 …………………………………………………………… 136
　　5.4.4　上海汽车集团股份有限公司 …………………………………………… 137
　　5.4.5　其他国内著名汽车公司 ………………………………………………… 138

第6章　现代汽车先进技术 ……………………………………………………… 143

6.1　动力及传动控制系统 …………………………………………………………… 143
　　6.1.1　电子燃油喷射控制系统 ………………………………………………… 143
　　6.1.2　电子点火控制系统 ……………………………………………………… 145
　　6.1.3　怠速控制装置 …………………………………………………………… 146
　　6.1.4　废气再循环控制装置 …………………………………………………… 147
　　6.1.5　自动变速器电子控制系统 ……………………………………………… 148
6.2　底盘控制系统 …………………………………………………………………… 150
　　6.2.1　自适应巡航控制系统 …………………………………………………… 150
　　6.2.2　电子稳定装置 …………………………………………………………… 150
　　6.2.3　防抱死制动系统 ………………………………………………………… 152
　　6.2.4　驱动防滑系统 …………………………………………………………… 152
　　6.2.5　电子制动力分配系统 …………………………………………………… 153
　　6.2.6　轮胎气压报警装置 ……………………………………………………… 154
　　6.2.7　电动助力转向系统 ……………………………………………………… 155
6.3　信息及导航系统 ………………………………………………………………… 156
　　6.3.1　车载自动诊断系统 ……………………………………………………… 156
　　6.3.2　车载通信装置 …………………………………………………………… 157
6.4　车身控制系统 …………………………………………………………………… 158
　　6.4.1　安全气囊 ………………………………………………………………… 158
　　6.4.2　电子防盗装置 …………………………………………………………… 159
6.5　其他现代汽车先进技术 ………………………………………………………… 159
　　6.5.1　现代汽车电动化 ………………………………………………………… 159

  6.5.2 现代汽车智能化 ………………………………………………………… 160
  6.5.3 现代汽车轻量化 ………………………………………………………… 161

第7章 汽车相关知识荟萃 …………………………………………………………… 162
 7.1 世界汽车大奖赛 ……………………………………………………………… 162
  7.1.1 方程式汽车赛 …………………………………………………………… 162
  7.1.2 拉力赛 …………………………………………………………………… 163
  7.1.3 耐力赛 …………………………………………………………………… 164
  7.1.4 越野赛 …………………………………………………………………… 165
  7.1.5 卡丁车赛 ………………………………………………………………… 165
 7.2 世界汽车名人 ………………………………………………………………… 166
 7.3 世界五大汽车展 ……………………………………………………………… 174
 7.4 世界四大汽车城 ……………………………………………………………… 175
 7.5 汽车俱乐部 …………………………………………………………………… 175
 7.6 汽车模特 ……………………………………………………………………… 176
 7.7 国际汽车之最 ………………………………………………………………… 177

第8章 新能源汽车 ………………………………………………………………… 181
 8.1 新能源汽车发展的社会环境 ………………………………………………… 181
  8.1.1 能源危机 ………………………………………………………………… 181
  8.1.2 环境问题 ………………………………………………………………… 182
  8.1.3 新能源汽车的优势 ……………………………………………………… 184
 8.2 新能源汽车概述 ……………………………………………………………… 186
  8.2.1 纯电动汽车 ……………………………………………………………… 187
  8.2.2 混合动力汽车 …………………………………………………………… 187
  8.2.3 燃料电池汽车 …………………………………………………………… 190
  8.2.4 氢内燃机汽车 …………………………………………………………… 190
 8.3 国外新能源汽车发展现状 …………………………………………………… 191
 8.4 我国新能源汽车发展现状 …………………………………………………… 196
 8.5 新能源汽车的代表性产品 …………………………………………………… 199
  8.5.1 纯电动汽车 ……………………………………………………………… 199
  8.5.2 混合动力汽车 …………………………………………………………… 201
  8.5.3 燃料电池汽车 …………………………………………………………… 203
  8.5.4 其他新能源汽车 ………………………………………………………… 205

第9章 智能网联汽车 ……………………………………………………………… 209
 9.1 智能网联汽车概述 …………………………………………………………… 209
 9.2 智能网联汽车发展的社会环境 ……………………………………………… 213
  9.2.1 智能网联汽车环境要素分析 …………………………………………… 213
  9.2.2 智能网联汽车的优势 …………………………………………………… 214
 9.3 国内外智能网联汽车发展历史与现状 ……………………………………… 214
  9.3.1 国外发展历史与现状 …………………………………………………… 215

9.3.2 国内发展历史与现状 …………………………………………………… 219
9.4 智能网联汽车先进技术 ………………………………………………………… 222
9.4.2 车辆与设施关键技术 …………………………………………………… 223
9.4.3 信息交互关键技术 ……………………………………………………… 224
9.4.4 基础支撑技术 …………………………………………………………… 227
9.5 智能网联汽车的代表性产品 …………………………………………………… 227
9.5.1 通用 OnStar ……………………………………………………………… 227
9.5.2 特斯拉 …………………………………………………………………… 228
9.5.3 百度 ……………………………………………………………………… 229

第10章 汽车共享 ……………………………………………………………………… 231

10.1 汽车共享概述 …………………………………………………………………… 231
10.1.1 共享汽车的概念及特点 ………………………………………………… 231
10.1.2 我国汽车共享发展现状 ………………………………………………… 231
10.1.3 汽车共享形式 …………………………………………………………… 232
10.1.4 共享汽车关键技术 ……………………………………………………… 235
10.2 共享租赁模式 …………………………………………………………………… 236
10.2.1 共享租赁的运营模式 …………………………………………………… 236
10.2.2 共享租赁的服务模式 …………………………………………………… 237
10.2.3 共享租赁的盈利模式 …………………………………………………… 239
10.3 汽车共享典型模式案例 ………………………………………………………… 241
10.3.1 分时租赁 ………………………………………………………………… 241
10.3.2 顺风车 …………………………………………………………………… 241
10.3.3 专车 ……………………………………………………………………… 242
10.4 未来出行方式 …………………………………………………………………… 243

参考文献 …………………………………………………………………………………… 245

第1章
概　述

1.1　汽车艺术的内涵

　　现代社会对于汽车并不陌生，汽车已经成为社会体系的重要组成部分，人们借助汽车扩大了活动半径，世界由此变得狭小，即使谈到汽车品牌，人们也能说出一二来。但如果真的要问"什么是汽车"，许多人未必说得清楚。在《辞海》《现代汉语词典》等书中也仅用了"内燃机做动力，主要在公路或马路上行驶的交通工具，通常有四个或四个以上的橡胶轮胎"等描述性的语言进行解释，这样的定义显然不够严谨。如拖拉机符合上述定义，却没有人称之为汽车；以动力电池为储能元件，用电机驱动的电动汽车称为汽车却不符合上述定义。

　　汽车源自西方，英文中的"汽车"即"Automobile"是由"Auto（自己）"和"Mobile（会动的）"构成的，其意思是自己会动的，即自动车。那么随着时代的发展和技术的进步，汽车应该属于"自动车"范畴中一个发展着的家族，不同时期的汽车有着不同的技术性能和结构特点。从当代汽车的特点而言，这样类似灯谜的描述似乎更加确切："汽车是世界上唯一的一种零件以万计，产量以千万计，保有量以亿计，售价以万元计的商品。"

　　文化是人类在社会历史实践过程中所创造的精神财富和物质财富，是人类行为的精神内涵。人们在制造和使用汽车的实践活动中，形成的一套行为方式、习俗、法规和价值观念等构成了汽车文化。可以说汽车文化是伴随着汽车工业的发展和汽车消费数量的增加，在其主要的"使用价值"以外形成的一种非物质社会财产。汽车文化以汽车产品为载体并与之结合，影响着人们的思想观点和行为。在汽车的设计、生产和使用中，从汽车外表到内饰，从风格到品质，都深深打下了文化的烙印。首先，汽车文化是其品牌和企业的文化，世界著名汽车生产厂家和著名人物对形成汽车文化起直接作用，他们赋予汽车性能、品质和内涵。其次是汽车设计的文化。另外，还有其与地域、社会生活相融合形成的汽车使用文化。

　　"世界上没有完全相同的两片叶子"，汽车也一样，可以说每款车都有自己的特点，每个汽车公司均有自己的品牌内涵，每个国家所生产的车，也都带有各自国家、各自民族的文化特色。以汽车的设计特色来讲，美国汽车车体宽大、气派、发动机功率强劲、乘坐舒适；德国车系素有"经久耐用，朴实无华"的独特个性，它与极具个性的德国文化积淀非常契合；在法国人的眼里，汽车成为一种寄托浪漫情怀的载体，法国汽车一向以新颖、独特闻名于世；日本车的特点是精细、实惠、廉价，这些特点和日本国土狭小、资源有限以及长期以来形成的一种精细化生活习惯和文化特征相关；韩国汽车工业发展时间不长，却走出了一条有自己特色的发展道路，低价高配、大方美观成为其特色。

从汽车选择方面，不同国家不同人群也有自己的偏好。在美国，绝大多数中产阶级都用美国自己的车，穷人开日本或韩国车，有钱人买德国名牌车；在法国，80%以上都是雪铁龙、雷诺和标致；而在德国，80%以上都是大众、奔驰、宝马或欧宝；日本、韩国更不必说，就是马来西亚和印度也是国产车居多。在中国，社会大众接触汽车的时间要比汽车工业发达的美德等国家晚一代左右，现在行驶在马路上的汽车大多有国外血统。

在汽车使用方面，诞生时期的汽车是权利、地位和富有的象征，到了流水线方式进行大规模生产的时代，汽车变成平民大众能够接受的消费品。平民的思想意识、生活方式也融入汽车之中，形成了现代汽车文化的社会基础。相对于世界发达国家，国民享受汽车文明的时间还比较短，从观念上、法治意识及行为上还存在较大的差异。观念上，发达国家的汽车工业经过数十年的发展，汽车主要作为交通工具，其代表的社会地位已经逐步淡化，而我们对于汽车的功能，除了作为交通工具外，还"赋予"了一种身份的象征、实力的象征、特权的象征，等等。法律意识上，发达国家讲究以人为本的交通意识，而我们在这方面的教育刚刚开始。行为上，在我国，开斗气车、开"英雄车"、开"霸王车"的现象随处可见，这种低俗汽车文化的极端表现，也是诱发交通事故的主要因素之一。

艺术是人对世界进行精神掌握的一种特殊方式，是人类精神文明的有机组成部分。艺术概念一般有3种含义：泛指人类活动的技艺，包括一切非自然的人工制品；指按照美的规律进行的各种创作，既包括各种具有审美因素的实用品的制作，也包括各种艺术创作；专指绘画、雕塑、建筑、音乐、舞蹈、戏剧、文学等专供观赏的各种艺术作品。艺术品是被制作的人工制品，制作的意图是给予它以满足审美兴趣的能力。

汽车凝结了人类智慧的结晶，和谐地将科学技术与艺术相统一，并绽放出绚丽的文化光芒和艺术的光辉。本书将汽车作为艺术品，并运用汽车构造、汽车行驶理论、汽车造型理论的知识对不同车型进行评价和赏析，探索汽车艺术的主旨和广泛的内涵。力求从汽车设计的艺术性、技术性和实用性出发，以艺术的眼光来综合评价汽车，服务于科学、理性、积极的汽车文化的形成。

1.2　汽车工业的发展现状

随着世界汽车工业的不断发展壮大，汽车工业在世界经济发展中的地位越来越突出，汽车工业逐渐成为各主要汽车生产国的支柱产业，并对世界经济发展和社会的进步产生巨大的作用和深远的影响。美国、德国、法国、意大利和英国的汽车工业在国民生产总值中占3%~9%的比例。

汽车工业是世界制造业中创汇最高的产业之一。汽车既是高价值产品，又是大批量的产品，因而它能够创造巨大的产值。目前，美国汽车工业年产值达5 219亿美元，日本汽车工业总产值达568 628亿日元。

与汽车工业相关的行业广泛，涉及机械制造、石油、钢铁、有色金属、橡胶、电子、塑料、玻璃、油漆、道路建设、运输、汽车维修和汽车销售等，因此汽车工业的发展将会带动这些相关行业的发展，并提供大量的就业机会。目前，世界主要汽车生产国的汽车工业与相关产业提供的就业机会占全国总就业机会的10%~20%。中国汽车工业与相关产业的就业人数已达到相当规模。德国、日本、中国汽车产业及相关产业就业人数分别为773万人、

725万人、1 605万人，分别占总就业人数的17.3%、10.8%、2.07%。

现阶段，世界汽车产量和需求持续增长，产品结构有所变化；世界汽车工业全球化趋势步伐加快；世界汽车工业正在进行新的技术革命。总体看来，汽车工业表现出如下3个特点。

1）跨国集中化

十年前，全世界有几十家百万辆级独立的大型轿车整车生产企业。如今，通过兼并、重组形成了6家超大型企业集团（通用、戴姆勒-克莱斯勒、福特、丰田、大众、雷诺日产6大集团）和3个独立制造商（本田、宝马、标致-雪铁龙）的格局。他们生产着世界80%以上的汽车，控制着大部分资金、技术和市场，使较小的企业难以生存。现在，大规模的兼并重组已基本完成，已经联合的企业也可能出现反复，虽然还有可能出现大型并购，但集中化仍将是今后的发展趋势。跨国集中化主要表现在以下几个方面：

（1）生产经营国际化：为了绕过贸易壁垒和降低生产经营成本，跨国公司几乎都是从全球的角度来制定经营战略，选择最合适的地点进行生产，以实现生产要素的最佳组合。全球化选择OEM件，在销售市场所在地或者靠近市场的地方进行最终装配，利用当地资源，就地销售，这就是汽车的生产经营国际化趋势。

（2）产品国际化：许多具有共性的产品，为满足国际市场的需求已经失去民族性，追求的是国际性、通用性和竞争能力，"某国制造"正在被"某公司制造"所取代。许多产品通过技术转让或许可证贸易在多国生产的方式已经司空见惯。

（3）市场国际化：在国际市场中，汽车贸易是最大的商品。工业发达国家的汽车进出口量很大，是世界汽车市场的主体。跨国公司将市场延伸到世界各地，根据市场开发产品，根据市场组织生产，市场成为组织生产经营活动的源头和核心。

（4）资本国际化：跨国汽车公司为扩大市场，积极同发展中国家在汽车生产上进行合资、合作和当地设厂生产。另一方面，发达国家的汽车公司相互持股，分别在对方国家设厂，形成了"你中有我，我中有你"的局面。

（5）技术合作国际化：技术互补和技术转让是技术国际化的两个方面。面对激烈竞争的汽车市场，企业若要保持技术竞争的优势，就必须加大研究和开发力度，但所需费用昂贵，有时一家企业难以支撑，因此往往开展技术联盟，实现优势互补，共享技术成果。

2）需求多样化

随着人们生活水平的提高和社会的进步，汽车消费的一个突出特征是消费者的个性化选择更多，差别更大，对汽车多样化需求的趋势越来越明显，个性化是轿车消费的发展趋势。今后的汽车不再是简单的代步工具，人们追求个性化、特色化的思想会日益普遍，更加注重休闲、个性的人性化设计，用户个性化的追求成为一种时尚，消费者开始对轿车更挑剔起来，有着不断增加的个性化要求。轿车的工具性、使用性作用被弱化，多样化、个性化得到加强，以满足不同消费者的审美情趣和文化品位，也使不同驾驶理念的轿车选装配件更多地被消费者所接受和青睐。此外，用户对汽车产品的安全、环保和节能也提出越来越高的要求。

3）生产能力过剩

从供给与需求平衡的角度看，全球汽车工业生产能力过剩是一个长期的现象，并且近年来呈现出逐年加重的趋势。2002年全球生产汽车5 796万辆，而全球生产能力总和约7 500

万辆，生产能力过剩1 704万辆，产能过剩23%。生产能力过剩，使得汽车企业之间的竞争十分激烈，导致行业平均利润水平下降。汽车工业的发展主要依托新兴汽车需求市场的发展。世界上产销量和保有量最大的三个传统汽车市场是北美、西欧和日本。由于这些地区市场经济起步早，市场发育和市场机制完善，汽车需求市场已趋于饱和，需求增长相对较慢，市场需求主要以车辆的更新为主，而发展中国家（地区）非传统汽车市场需求发展很快。随着亚太、东欧、南美经济的持续发展，汽车市场成长迅速，其发展前景越来越被国际汽车大公司看好。据估计，未来十年，世界汽车市场的增长动力将主要来自亚洲、东欧和南美洲。

目前，全球几乎所有主流车企都在大力推进新能源汽车技术的发展，美国、日本和欧洲等发达国家政府纷纷出台各种扶持和优惠政策，在技术研发、税收和补贴等方面提供支持来大力推动新能源汽车发展，引导新能源汽车产业从由政府主导到市场消费推动。虽然新能源汽车目前还处于产业化和商业化的初期阶段，但发展新能源汽车已成为全球汽车产业未来发展的重点方向。

1.3 汽车公害

汽车自诞生以来，历经百余年的发展，在给人类社会带来便利、舒适的同时，犹如双刃剑一样也给社会造成了一些负面影响，如环境污染、能源消耗和交通安全等。汽车技术和汽车工业发展的过程也是人类不断认识和解决这些问题的历程。

1) 汽车尾气污染

作为现代城市交通的主要交通工具，汽车也成为大气环境主要的流动污染源。1943年9月8日，美国洛杉矶上空出现了一种奇怪的烟雾，带有刺激性的浅蓝色的烟雾在城市上空飘扬，经久不散，几千人受害，400余人死亡。此后，又多次出现这一现象。1951年，斯密特（Smit）博士指出：导致光化学烟雾的元凶是汽车排放的化学物质。这一结论引起了美国的震惊。根据有关分析，汽车废气中各种气体成分有1 000多种，其中对人体健康危害最大的有一氧化碳、碳氢化合物和氮氧化物等，这些有害物质会造成人们的呼吸道疾病、生理机能障碍以及鼻黏膜组织病变，急性污染中毒甚至会导致心脏病恶化而猝死。同时，其中所含的多种致癌物质进入人体会产生持续刺激，还可能引发癌症。

鉴于汽车尾气的危害，人们认识到需要对汽车尾气排放的有害物质加以限制。目前，国外执行的汽车排放标准主要有欧、美、日三大体系，其中欧洲标准应用较广。在亚洲，泰国、印度和韩国等国家的城市已于2000年左右先后实施了"欧洲二号"标准或与之相当的标准。自20世纪90年代以来，我国的汽车尾气治理提上日程，治理步伐不断"提速"。1993年，我国颁布相当于欧洲20世纪70年代的汽车尾气排放标准，2000年1月1日该标准提高为20世纪90年代初欧洲的标准，即欧洲Ⅰ号标准，不达标的汽车不得生产和销售。2003年，北京和上海相继实施国家机动车第二阶段排放标准，该标准将相当于"欧洲二号"排放标准。从2008年初开始北京已率先执行相当于"欧洲四号"排放标准的汽车尾气排放标准。环境保护部（生态环境部）、国家质量监督检验检疫总局在2016年12月23日联合发布《轻型汽车污染物排放限值及测量方法（中国第六阶段）》，即轻型车"国六"标准，该标准相当于"欧洲六号"排放标准。

2）汽车噪声污染

人们生活在声音的世界里，有各种各样的声音，既有动人、悦耳的，也有使人烦恼的。所谓"噪声"，是指人们不需要的，使人们讨厌的干扰声。噪声影响着人们的神经系统，使人急躁、易怒，也影响着人们的睡眠，让大家疲倦无劲。汽车噪声是由汽车产生的不同频率、不同声强组合在一起而形成的杂乱的声音，是城市噪声的主要来源，约占75%的比例。汽车噪声一般为80~100 dB。人们长期生活在85~90 dB的噪声环境中，就会得"噪声病"。汽车的噪声不仅和车辆、发动机类型有关，而且与使用过程的车速、发动机的转速状态、载荷及道路条件有关。汽车噪声包括发动机噪声、汽车行驶的噪声等，有时汽车喇叭噪声和制动噪声也属于汽车噪声。

在噪声法规方面，欧洲、美国、日本等一些发达国家和地区都已颁布汽车噪声法规，规定了汽车噪声限值和相应的测试规范，同时，还制定了大量的包括发动机等在内的总成噪声试验标准。在汽车降噪技术方面，汽车上安装了排气消声器，排气消声器具有吸声衬里或特殊形式的气流管道，可有效地降低气流噪声。此外，将现有的道路路面改造成低噪声路面，可以降低车辆轮胎与路面的摩擦噪声。在市政道路规划和建设方面，道路要尽可能与居民住宅楼、居民小区保持合理的距离，实在无法避开时，应扩大与人居建筑之间缓冲区的距离。

3）石油危机

石油是千百万年以前的古生物在地壳变动中埋入地下，逐级演变成有机碳氢化合物的混合物，因此地球上的石油资源是有限的。目前全世界已经探明的石油储量只有2 707亿吨，而现在每年石油消耗量已达到44亿吨，当前交通领域的需求增长占石油总需求增长约2/3（100万桶/日）。预计到2035年车用石油需求仍有上升，但燃料效率的显著提高和非石油燃料的推广，车用石油需求增长的减缓，使得石油需求增量逐渐减弱。1973年，石油输出国组织为了维护这些国家的利益，采取联合行动限制石油的生产，并同时将油价提高四倍，发达国家再也不能随心所欲地消耗廉价的石油了。这就是震撼全球的"石油危机"，给人类敲响了警钟。

应对石油危机，各国都在能源法规和汽车节能技术上开展工作。欧洲和日本都是缺油地区和国家，因此他们设计的汽车相对美国汽车而言，耗油量较低。美国政府近年来也认识到美国汽车必须减少油耗。1975年美国政府颁布了《能源政策和储备法》，制定了有史以来第一个油耗法规——"企业平均油耗标准"（Corporate Average Fuel Economy，CAFE），强制限制汽车的油耗，同时对大油耗豪华轿车（售价高于3万美元）征收10%的奢侈税，并出台了"油老虎车税法"。

4）汽车与道路交通安全

汽车作为高速行驶的交通工具，在行驶中如果控制不当，就容易撞上行人、障碍物或其他车辆，造成车内乘员的伤亡。美国著名学者乔治·威仑在他的经典著作《交通法院》中写道："人们应该承认，交通管理已成为今天国家的最大问题之一。它比消防问题严重，因为每年由于交通事故死亡的人数比火灾更多，遭受的财产损失更大。它比犯罪问题严重，因为它与整个人类有关，不管是强者或弱者，富人或穷人，聪明人或愚蠢人，每一个男人、女人、小孩或者婴儿，只要他们在道路上或者在街上，每一分钟都有可能死于交通事故。"1899年，在美国纽约，一个先生在帮助一个妇女下电车时，不幸被一辆路过的汽车撞死，这是历史上第一起汽车交通事故。自汽车问世以来的100余年中，全球死于交通事故的人数逐年增加，但从 2004 年开始，每年因交通事故死亡的人数开始出现递减趋势。截止到 2010 年累计死亡约 5 300 万人，相当于第一次世界大战死亡人数的三倍以上，超过第二次世界大战的死亡人数。

为了保障汽车的安全性能，减少交通事故的发生，世界各汽车大国基本上都有汽车安全法规。美国是最早进行机动车安全性研究的国家，至今已经拥有一整套详尽的安全法规。国情不同，汽车安全研究的侧重点也不同，美国的道路设施比较好，车、人混杂的路面比较少，车速比较高，发生事故时车内乘员受到伤害的比例比较高，因此就比较注重乘员保护方面。而在欧洲，由于汽车撞行人的事故比较多，则比较注重行人保护。当然，汽车本身的安全性能也是不可忽视的因素。汽车安全性能好，往往可以避免或减少伤亡。

5）交通阻塞与停车场问题

道路交通环境中要求人、车、路三大要素协调发展，但是由于汽车的大量生产和使用，道路系统是永远跟不上汽车的发展的，且道路的通行能力是有限的，于是，交通阻塞问题就产生了。交通阻塞，使人们对汽车能够带来高效率出行的梦想破灭了。另外，停车问题也随之产生。由于停车场地面积远远少于汽车的数量，人们往往会因为找不到合适停车的地方而烦恼，有时还会因为停车不落实而发生车辆的损失（损伤或被盗等）。

解决交通阻塞问题是提高道路的通行能力的根本途径，同时要从根本上搞好城市交通规划，使人们所居住的城市交通状况符合该城市的人口布局、经济发展和人们生活水平的需要。世界上许多著名的大城市（如中国香港、新加坡、东京）由于土地狭小，采取了限制汽车发展的做法，并建立发达的城市公共交通体系。另外一些城市（如洛杉矶），由于城市布局分散，在那里没有汽车简直寸步难行，从而采取了鼓励小汽车发展的政策。因此，各城市采用什么样的做法，要根据自身的条件而定。

1.4　世界汽车工业发展趋势

21 世纪世界汽车工业面临着一场深刻的革命，将使汽车工业发生巨大变化，把汽车工业推向新的历史阶段。

世界汽车工业的发展呈现出三种趋势：

①汽车工业全球性联合改组的步伐越发加快，其特点是跨国界的重组和联合。

②广泛采用平台战略，汽车产业链包括投资、生产、采购、销售及售后服务、研发等主要环节日益全球化。

③新能源汽车技术成为未来汽车企业竞争取胜的关键。

1）汽车工业全球性联合重组的步伐加快

自 20 世纪 90 年代以来，由于全球汽车生产能力过剩，普遍达到 30% 乃至 40%，而且世界上还在不断地新建汽车企业，加之各国对安全、排放和节能的法规日趋严格，产品开发成本、销售成本大幅度提高，许多企业不能适应汽车市场的激烈竞争或者竞争能力很弱，促使汽车工业全球性产业结构调整步伐明显加快，汽车跨国联盟已成为世界汽车工业发展的潮流。许多发达国家的汽车公司通过扩张、合并和兼并等手段，扩大了自身规模，降低了汽车成本，增强了自身竞争力。强强联合使汽车技术、产品和企业国际化的特征更加明显，汽车企业更具实力和竞争力。

当前世界汽车工业的重组具有两大特点：一是跨国界、跨地区的重组与联合，特别是汽车工业先进国家间的重组。例如，西欧企业与美国企业、西欧企业与日本企业、美国企业与日本企业的重组等。二是集中在具有庞大规模的跨国公司之间的重组，重组的规模远远超过了以往的案例。近年来，一些大型车企的归属权也发生了变化，两个重组并购规模庞大的案例如下：2008年，福特汽车与印度塔塔（TATA）公司签订协议，将包括路虎、捷豹、罗孚、Daimler和Lanchester在内五个品牌的使用权以26.5亿美元的价格出售给塔塔公司；2010年8月2日，吉利控股集团正式完成对福特汽车公司旗下沃尔沃轿车公司的全部股权收购。全球汽车工业寡头垄断的格局已经形成，并有进一步强化的趋势。国际上经常讨论并形成的主流性结论是，全球将仅存五六家整车制造跨国公司，也就是所谓的400万辆俱乐部，其他的非俱乐部成员将不能独立生存。寡头垄断的形成是汽车工业成熟的标志，是企业间激烈竞争和一系列兼并的结果。汽车工业是规模经济效应最显著的行业之一，产量越大，越有利可图。汽车工业的发展趋势必然由分散走向集中，最后形成寡头垄断格局，这是各个汽车生产厂商追求规模经济效应的必然结果。但是近年来，随着"互联网+"的不断兴起，一股新兴势力正蔓延到汽车制造行业。2015年被称为"互联网造车"元年，阿里巴巴、腾讯、谷歌、百度等互联网企业纷纷曝出投身智能汽车领域的消息。越来越多的新兴产品加入汽车制造业的行业，必然会对现有的汽车工业格局带来一定的变化。

2）世界汽车工业广泛采用平台战略，汽车产业链日益全球化

平台战略就是令越来越多的车型共用一个平台，其核心是提高零部件的通用性，尽最大可能实现零部件共享。零部件大规模的生产和全球范围的采购，客观上要求整车生产企业内部实施平台共享战略。这一战略首先在轿车生产中取得成功，20世纪90年代则被成功地引入了轻型卡车领域。目前各大汽车厂商普遍采用平台共享战略，以降低成本和增加利润。1999年，在产量达百万辆的平台上所生产的汽车，已占全球产量总数的14%以上。从发展趋势看，各大厂商正致力于建立全球共用平台，平台上不同车型产品（无论是整车还是零部件）的生产活动将部署在最有利于其发展的地区，以充分发挥规模效应。平台共享战略的目的，一是借助通用零部件更大规模的生产，摊销不断增多的车型数量和不断缩短的产品生命周期而导致的高昂开发成本；二是能够以较低的成本增加产品系列，也就是说车型数量的增加、产品多样性的提高，并不意味着必须增加厂商的额外成本；三是降低开发成本和缩短产品的开发、更新周期。总之，平台战略能够实现成本降低目标和产品多样性目标的良好统一，在产品创新时间不断缩短和每一种款式产量规模较小的前提下，通过实施平台战略来挖掘补偿潜力，由此达到理想的规模效应批量，降低单件成本，加快实现盈亏平衡。

汽车产业链的全球性配置，具体体现为国际主要汽车制造公司利用全球资源，实现投资、开发、生产、采购和销售的优化配置，以适应各地区不同的环境和市场偏好的需要。产业链中主要环节的分布，不再局限于某一国的地理范围，而是日趋立足于全球平台操作。例如，过去跨国公司在本国建立、保持研发机构，对于目标国市场采取复制产品的方式进行投资，而现在则采取将各个功能活动和能力分配给全球市场的方式。也就是说，不同国家市场多样性的重要性优先于产品的设计和开发，全球化经营已成为跨国公司在全球竞争舞台上生存和发展的方向性战略。另一方面，汽车产业的政府发展战略从过去主要依赖本国的生产能力、知识、人力资源、基础设施、零部件供应商、市场特征和顾客偏好，转向利用从国际竞争意义上理解的本国比较优势，进而采取比较优势战略和开放型竞争战略。

汽车产业链的全球性配置导致了一系列具有深远意义的变化。首先，它改变了国际汽车产业的竞争格局。一方面，逐步形成了为数不多的全球性跨国公司。另一方面，一些曾经在本国市场经营状况尚可或相当不错的企业（如英国的罗孚、瑞典的萨博和沃尔沃等），难以具备独立的经济生存能力和进一步扩张能力，只有迅速从地区制造商角色转化为全球制造商角色，才可能获得生存和发展。其次，它导致出现了新的专业化分工协作模式。最重要的一个变化是整车装配与零部件企业之间呈现分离趋势，零部件企业与整车装配企业之间以合同为纽带的网络型组织结构日趋增加。随着专业化水平的提升，一家零部件企业以多系列、大规模生产面对较多的整车装配企业，以满足整车企业零部件全球采购的需要。零部件工业的区域化特点正在被国际化所替代。另外，它使汽车产品日益具备全球性特征。整车制造企业零部件的全球采购以及零部件工业的国际化，模糊了汽车产品的"国家特征"，使其成为典型的国际化产品。

3）新能源汽车技术成为未来汽车企业竞争取胜的关键

汽车市场竞争实质上是现代科技的较量，是技术创新的竞争。当前世界各大汽车公司都把主攻方向从实施精益生产、提高规模效益转向微电子技术和信息技术等高新技术，对汽车工业的开发、生产、销售、服务和回收的全过程进行提升。围绕安全、环保和节能等问题，采用新能源、新材料和新工艺开发研制新车型，占领技术制高点。以新能源车辆为核心的技术创新成为各汽车企业竞争未来市场的撒手锏。

目前，全球几乎所有主流车企都在大力推进新能源汽车技术的发展，美国、日本和欧洲等发达国家和地区纷纷出台各种扶持和优惠政策，在技术研发、税收和补贴等方面提供支持来大力推动新能源汽车发展，引导电动汽车产业从由政府主导到市场消费推动的方向发展。2014年新能源汽车生产7.85万辆，销售7.48万辆；2015年新能源汽车产量达34.05万辆，销量33.11万辆；2016年新能源汽车生产51.7万辆，销售50.7万辆，同比分别增长51.7%和53%；2017年新能源汽车生产79.4万辆，销售77.7万辆，同比分别增长53.8%和53.3%。虽然新能源汽车目前还处于产业化和商业化的初期阶段，但发展新能源汽车已经成为全球汽车业未来发展的重点方向。关于以电动汽车为主的新能源汽车的发展将在第8章详细叙述。

第 2 章
汽车发展史

2.1 车轮和车的发明史

2.1.1 车轮和车的发明

在原始社会，人类通过生产实践发现，将圆木置于重物的下面，然后拖着走，重物即可由一个地方移到另外一个地方，这就是早期的木轮运输。后来人们发现用直径大的木轮运输速度较快，于是木轮的直径越来越大，逐渐演变为带轴的轮子，这便形成了最早的车轮雏形（图2-1）。关于车轮的发明，有两种主流的说法：一是认为车轮是我们中华民族的祖先首先发明的，认为中国汉字中的"车"字就是车轮的象形；二是在公元前3500年，最早的车轮出现在美索不达米亚（Mesopotamia，今叙利亚东部和伊拉克境内），没有人知道制造早期车轮的工匠姓名，也许他们是从陶工那里得到启发，因为陶工们用旋转的轮子制造陶器。早期的轮子用实木制成，是用木钉把木板固定在一起，然后把它安装在车轴上。这种实心车轮装在运泥炭的马车或原始的双轮马拉战车上，十分笨重，拖动起来也十分吃力。美索不达米亚的工匠们挖掉了一些木料，造出了带有两个大洞的车轮，这就是最早的带辐条的车轮。车轮的发明节省了人的体力，开创了人类使用交通工具的新纪元。

到罗马帝国时代（公元前27—公元476年），西欧的塞尔特（Celt）人制造出第一辆前轴可以旋转的车。后来，罗马的制车匠对塞尔特人的四轮车进行了改进，用旋转式前轴转动方向，用整片的轮辋与轮箍增加强度，用包有金属边的轮毂减少摩擦，使四轮马车的性能大为提高。此后的1 000多年时间里，这种用作长途运输的马车（图2-2）成为世界各国主要的运输车辆。这些马车不仅能拉货，同时也能载人远行。马车是人类历史上使用时间最长、最有影响力的陆地交通运输工具。

图2-1 早期的车轮

图 2-2 罗马四轮马车

2.1.2 中国古代的车

中华民族是最早使用车辆的民族之一。传说在 5 000 年前黄帝就制造了车辆，所以黄帝又称"轩辕黄帝"。"轩"是古代一种有帷幕而前顶较高的车，"辕"是车的纵向构件，指车前驾牲畜的两根直木。不过，黄帝造车的传说迄今为止尚未找到确凿的史料记载。中国有关车辆的最早史料记载，是在公元前 2000 多年夏朝初期的大禹时代。有一位名叫奚仲的"车正"（掌管车辆的官员），他发明的车由两个车轮架起车轴，车轴固定在带辕的车架上，车架附有车厢，用来盛放货物。这是有记载的中国第一辆车。有记载称早在公元前 1600 年的商代，我国的车工技术已达到相当高的水平，能制造出相当高级的两轮车，采用辐条做车轮，外形结构精致、华美，做工也十分复杂。公元前 1100 年左右，出现了农用牛车，如图 2-3 所示。这种车用于耕作、运输，每辆车一次性运载量也大大提高了。

图 2-3 农用牛车

在历代车辆发展过程中，有重要技术价值的还要数指南车和记里鼓车。在三国时期（约在公元 230 年），有一位技术高明的巧匠叫马钧，发明了指南车（图 2-4）。指南车是一种双轮独辕车，车上立一个木人伸臂指南。只要一开始行车，不论向东或向西转弯，木人的手臂始终指向南方。记里鼓车是早在公元 3 世纪时，由中国最先发明的记录里程的仪器。记里鼓车（图 2-5）上有两个木人，车每行驶 500 m，木人就用木槌在鼓上敲一下。可惜，中国制造指南车和记里鼓车的资料未能保存下来。现在我们看到的指南车和记里鼓车，基本上是依据宋代一位精通机械的进士燕肃当时制造的样式重新制造的。指南车和记里鼓车都是利用齿轮传动原理工作的。它的出现，体现了 1 700 多年前中国车辆制造工程技术已达到很高的水平，体现了中国古代技术的卓越成就。

图 2-4 马钧发明的指南车

图 2-5 记里鼓车

公元 200 年左右，我国出现了中式手推车，如图 2-6 所示。这种车有别于今天的园圃用推车，前者所载货物放在轮子上方，而后者所载货物则放在轮子后边，有些手推车还装有帆，以便于推行。

2.1.3 古代自走式车辆的幻想与探索

一直以来，发明一种自走式车辆替代人力或畜力驱动的幻想促使人类进行了不断的探索与研究。1420 年，有人制造出一种滑轮车（图 2-7）。人坐在车内，借用人力使绳子不停地转动滑轮。车虽然走了起来，但由于人力有限，这辆车的速度不能充分发挥，比步行还要慢。后来，大画家达·芬奇设想了一种车，利用发条机构使一个带齿的圆盘进行水平旋转，旋转的力通过带有齿轮的车轴和车轮连接起来，车就可以前进了。但他仅仅提出了设想，并没有进行实际的研究。1649 年，德国钟表匠汉斯·郝丘制造了一辆发条式的汽车（图 2-8）。但是这辆发条车的速度不到 1.6 km/h，而且每前

图 2-6 中式手推车

进 230 m，就必须把钢制发条卷紧一次，这个工作的强度太大了，所以发条车也没有得到发展。

图 2-7 滑轮车

图 2-8 汉斯·郝丘制造的发条车

2.2 蒸汽汽车的发展史

17 世纪后期，随着火药爆发力、蒸汽压力、活塞运动机构等技术和发明纷纷提出，1705 年托马斯·纽可门（Thomas Newcomen）的活塞往复运动压板式蒸汽机作为扬水泵终于付诸实用。接着，在 1759—1769 年，詹姆斯·瓦特（James Watt）进一步改良了蒸汽机（图 2-9），将利用蒸汽冷凝产生真空从而产生动力的方式改为直接利用蒸汽压力的方式，制成了以曲轴变往复运动为回转运动的人类最初的通用动力机械，使蒸汽机进入了实用时期，同时也加速了依靠自身动力驱动车轮回转的车辆的诞生。蒸汽汽车是在 18 世纪后半期开始进入实用阶段的。19 世纪末期已经有制作得非常精巧的汽车问世。可以说这些技术是产生今天以内燃机为动力的现代汽车的母体。从这个意义上讲，不断发展并一直延续至今的汽车的历史是与蒸汽汽车的历史密切相连的。

图 2-9 瓦特发明的蒸汽机

真正意义上的第一辆汽车是 1769 年，古诺（1725—1804）制造的一辆用蒸汽机驱动的车。古诺是法国巴黎附近的一所军营中的一位工程师。由于当时法国社会矛盾激烈，对外战事频繁，古诺觉得打仗时士兵用人力推动大炮又慢又累，便想用别的动力拖动大炮。恰在这时，瓦特的蒸汽机研制成功了。古诺便用他天才的想象力将蒸汽机装在一辆三轮车上，以蒸汽产生的动力来拖动大炮。就这样，一个三轮怪物轰动了整个军营。它有一个木制的架子，架子的前头有一个大肚子铜炉，用它产生的蒸汽压力带动连杆来驱动一个前轮。架子的后部是两个较大较细的木制车轮。这辆车噪声极大而且浓烟滚滚，其行驶速度大约为 4 km/h，每隔十几分钟就要停下来补充燃料。在时间就是生命的战场上，古诺觉得还是人推更快点。第二年，古诺用这辆蒸汽三轮车拖动大炮做了一次行驶试验，试车结果却是车子一头撞在了墙上，伴随着第一辆蒸汽汽车的出现，第一次交通事故也出现了。在这之后，古诺又仿造了另一辆同样的车，并成功地进行了试车。现在，该车的实物保存在巴黎科学技术馆内。这也是世界上公认的第一辆蒸汽汽车,如图 2-10 所示。该车主要技术数据如下。车长:7.32 m;车高:2.2 m;牵引能力:4~5 t;前轮直径:1.28 m;后轮直径:1.5 m;时速:3.5~3.9 km;连续行走时间:12~15 min。

图 2-10　古诺发明的世界第一辆蒸汽汽车

18 世纪末,在欧美各国出现了一个研究和制造蒸汽汽车的热潮,各种用途的蒸汽汽车相继问世。

1801 年,英国工程师理查德·特雷维西克(Richard Trevithick)将他改进设计的高压蒸汽机装在一辆大型的三轮车上(图 2-11)。该车采用后轮驱动,轮直径达 2.5 m。由于车身高大,开车的人和乘车的人都要费很大的劲才能攀上车去。不幸的是,在一次试车中,由于上坡时发生了故障,手忙脚乱之际,锅炉因缺水而被烧毁。但特雷维西克并没有因此而气馁,他又花了两年时间重新造了一辆,这辆车可乘坐 8 名乘客,每小时能行驶 9.6 km,是世界上第一辆乘用车(Passenger Car)。

图 2-11　特雷维西克和他制造的第一辆蒸汽乘用车

1805 年,美国人奥利弗·埃文斯(Oliver Evans)首次制造了装有蒸汽机的水陆两用汽车(图 2-12)。这种水陆两用汽车是美国费城当局为了疏通费城港,委托埃文斯负责制造的,原来是打算制造疏浚船,不料船制成以后,发现作业场地不在海岸边,不得不考虑将这艘蒸汽船运送到有港口的地方。于是,埃文斯在船底装上4个车轮,用船上的蒸汽机驱动,把船运到了港口。因此疏浚船成了水陆两用车,也成为现代水陆两用汽车的鼻祖。

图2-12 埃文斯和他制造的水陆两用蒸汽汽车

1825年,英国公爵哥尔斯瓦底·嘉内(Goldsworthy Gurney)制成了第一辆蒸汽公共汽车(图2-13)。这辆车的发动机装在后部,后轴驱动,前轴转向。它采用了巧妙的专用转向轴设计,最前面两个轮并不承担重,可由驾驶人利用方向舵柄轻便地转动,然后通过一个车辕,引导前轴转动,使转向轻松自如。1831年,嘉内利用这辆车开始了世界上最早的公共汽车运营业务,在相距15 km的格斯特夏和切罗腾哈姆之间做有规律的运输服务,跑完单程的时间约45 min。所以这辆车也被认为是世界上最早的公共汽车。

图2-13 第一辆蒸汽公共汽车

总体来说,19世纪还是马车盛行的时代,蒸汽汽车的迅速发展引起了马车商人的不满,他们利用各自的势力让政府不支持蒸汽汽车,并且对蒸汽汽车横加指责。以保守著称的英国人最先对蒸汽汽车发难。1865年,英国议会针对蒸汽汽车专门制定出一项《机动车道路法案》,其中第3条规定,"每一辆在道路上行驶的机动车辆必须遵守两个原则:其一是至少要由3个人来驾驶一辆车;其二是3个人中必须有1个人在车前50 m以外步行作引导,并且要手持红旗不断摇动,为机动车开道。"在第4条中又规定,"机动车在道路上行驶的速度不得超过4 mile/h(约6.4 km/h),通过城镇和村庄时,则不得超过2 mile/h(约3.2 km/h)。"这项法案被人们称作"红旗法"。

2.3 电动汽车的发明史

电动车辆最早出现在英国，1834年在英国的布兰顿演示过托马斯·戴文波特（Thomas Davenport）发明的蓄电池车，采用的是不可充电的玻璃封装蓄电池。

1859年，法国人格斯通·普兰特（Gaston Plante）发明了可充电的蓄电池，他的同事卡米勒·福尔（Camille Faure）于1881年改进提高了这种铅酸电池的充电容量，为电动汽车的发展铺平了道路。同年在法国巴黎街上出现了世界上第一辆以可充电池为动力的电动汽车，它是法国工程师古斯塔夫·特鲁夫（Gustave Trouve）装配的以铅酸电池为动力的三轮车。图2-14是19世纪末由马车改装而成的电动汽车，行驶在街道上。

1895—1910年是早期电动汽车发展的黄金时期。英国的伦敦电动出租汽车公司1897年生产了15辆电动出租车（图2-15）。1900年，BGS公司生产的电动汽车创造了单次充电行驶180 mile[①]的最长里程记录。1899年法国人卡米勒·杰纳茨（Camlle Jenatzy）用铝钨合金制造了一辆呈子弹头形状的电动赛车（图2-16）。车身内塞满了电池，只给驾驶员留出放腿的空间。此车装有充气轮胎，为了尽可能减少空气阻力，使用了冲压轮胎，整车质量约为4 000 lb[②]。该车创造了每小时61 mile的当时的世界纪录。

图2-14 由马车改装而成的电动车

图2-15 19世纪末的电动出租车

图2-16 卡米勒·杰纳茨驾驶的电动汽车

---

① 1 mile = 1 609.34 m。
② 1 lb = 0.454 kg。

1899—1916 年，Baker 电气公司是美国最重要的电动汽车制造商。到 1912 年，美国有 34 000 辆电动汽车注册。1901—1920 年，英国伦敦电动汽车公司生产了后轮轮毂电机式、后轮驱动、斜轮转向和充气轮胎的电动汽车。1907—1938 年，底特律电气公司生产的电动汽车不仅具有低噪声、清洁可靠的优点，而且最高车速达到 40 km/h，续驶里程为 129 km。

伴随着 19 世纪 20 年代查尔斯·科特林（Charles Kettering）发明了内燃机汽车电动马达解决了汽油车的起动问题，以及石油价格的下降，尤其是亨利·福特大批量生产的福特 T 型车（其价格从 1909 年的 850 美元降到 1925 年的 260 美元），内燃机汽车价格、使用方便性、续驶里程等方面的优势使电动汽车逐步走向衰落。到 19 世纪 30 年代，电动汽车几乎消失了。

2.4 内燃机汽车的发明史

2.4.1 内燃机的发明

现代汽车是伴随着内燃机的发明而出现的，而内燃机的发明可以追溯到 17 世纪 70 年代。早在 1670 年，荷兰的数学、物理和天文学家海更斯用火药作为燃料，利用其点燃后迅速产生的气体膨胀推力推动活塞运动，就制造出了世界上第一台"内燃机"。虽然内燃机起源于用火药爆炸获取动力，但因火药燃烧难以控制而未获成功。

1794 年，英国人斯特里特提出从燃料的燃烧中获取动力，并且第一次提出了燃料与空气混合的概念。1833 年，英国人赖特提出了直接利用燃烧压力推动活塞做功的设计。直到 1860 年，比利时出生的法国发明家雷诺尔（Lenoir）模仿蒸汽机的结构，设计制造出第一台实用的煤气机（图 2-17）。这是一种无压缩、电点火、使用照明煤气的内燃机。雷诺尔首先在内燃机中采用了弹力活塞环，安装了蓄电池点火系统，这台煤气机的热效率为 4% 左右。

图 2-17 雷诺尔和煤气机

1876 年，德国发明家尼古拉·奥托（Nikolaus August Otto）依据四冲程工作原理，首创四冲程活塞循环，设计并制造出较为经济的四冲程往复式活塞内燃机（图 2-18），仍以煤气为燃料，采用火焰点火，转速为 156.7 r/min，压缩比为 2.66，热效率达到 14%，运转平稳。在当时，无论是功率还是热效率，都是最高的。它与现代内燃机的原理很接近，是第一台能代替蒸汽机的实用内燃机。奥托内燃机获得推广，性能也在提高。1880年单机功率达到11~15 kW（15~20马力），到1893年又提高到150 kW。由于压缩比的提高，热效率也随之增高，1886年热效率为15.5%，1897年已高达20%~26%。

图2-18 奥托和四冲程循环发动机

德国人戴姆勒（Daimler）是第一个尝试通过提高发动机转速（500~1 000 r/min）来提高发动机功率并将其用于驱动汽车的人。戴姆勒的发动机专利可以追溯到1884年，他于1889年申请了双缸V型发动机专利，并大批量生产。1890年，德国人狄塞尔（Diesel）提出了压缩空气带燃油喷射后同时着火的概念，并在1892年申请了专利，于1893年制造出了样机（图2-19）。该样机的热效率达到26%，大大高于同时期的其他热力机。狄塞尔借助高压（7 MPa）空气将燃油喷入气缸，因为那时没有高压液体燃油泵，空气喷射需要高成本的高压空气泵和大容积储气罐，限制柴油机只能用于固定发电装置和轮船。直到1920年，小型高速压燃发动机才开始用作汽车动力源。

图2-19 狄塞尔和压燃式发动机

1957年，德国人汪克尔（Wankel）发明了转子发动机（图2-20）。转子发动机的特点是利用内转子圆外旋轮线和外转子圆内旋轮线相结合的机构，无曲轴连杆和配气机构，可将三角活塞运动直接转换为旋转运动，其零件数比往复活塞式汽油机少40%，质量轻、体积小、转速高、功率大。1958年，汪克尔将外转子改为固定转子行星运动，制成了功率为22.79 kW、转速为5 500 r/min的新型旋转活塞发动机。该机具有重要的开发价值，因而引起了各国的重视。但是，汪克尔发动机存在密封难、油耗和排放高等问题，因此在20世纪

70年代的石油危机后，转子发动机又被往复活塞式发动机取代。目前，只有马自达汽车公司买下转子发动机生产许可证后，一直在少量生产转子发动机，主要安装在高档跑车上。可以说，转子发动机是生在德国，长在日本。

图2-20　汪克尔和转子发动机

2.4.2　内燃机汽车的发明

1885年，卡尔·本茨造出了一台单缸汽油发动机，并将它装在一辆三轮车上，这也是世界公认的第一辆汽车（图2-21）。该车自身质量为254 kg，装有3个实心轮胎的车轮，发动机为单缸四冲程汽油机，排量为785 mL，最大输出功率为0.655 kW（0.89马力），最高时速为15 km。该车具备现代汽车的一些基本特征，如采用电火花点火、水冷、钢管车架、钢板弹簧、后轮驱动、前轮转向、手把制动等。本茨的汽车噪声极大，因而遭到人们的厌恶，但本茨并未因此而放弃。也正是这辆其貌不扬、其声如雷的汽车，开辟了汽车历史的新时代。1886年1月29日，本茨在德国取得汽车专利证（No.37435），一代"世界汽车之父"也就宣告诞生了。1886年1月29日也被公认为汽车的诞生日。

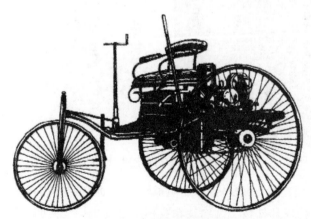

图2-21　卡尔·本茨发明的世界第一辆三轮汽车

同样在1885年，就在卡尔·本茨研制三轮汽车的同时，另一位德国工程师戈特利布·戴姆勒（Gottlieb Daimler）和他的助手威廉姆·迈巴赫（Wilhelm Maybach），也在坎施塔特从事以汽油机为动力的车辆的研究，并于1885年制造出一台风冷立式单缸二冲程汽油机，排量为 264 mL，最大功率达到 2.72 kW（3.7 马力）（600 r/min）。由于外形的缘故，这一专利发动机又被称为"老爷钟"。两人把这台发动机安装在以橡木为车架的单车上，从而制成了世界上第一辆摩托车（图 2-22）。戴姆勒于同年 8 月 29 日获得专利，成为世界摩托车工业的鼻祖；而他的助手迈巴赫则是世界上第一位摩托车骑士。

1886 年 8 月，戴姆勒以妻子生日礼物的名义，订购了一辆四轮马车，将卧式发动机改成了立式，取名"立钟"，并把"立钟"装在了为妻子生日买的马车上。就这样，世界上第一辆四轮汽车（图 2-23）诞生了。这辆车发动机排量为 0.462 L，最大功率为 0.81 kW（1.1 马力），最高时速为 16 km，并且取得了从斯图加特到康斯塔特的试车成功。

图 2-22　戴姆勒发明的第一辆摩托车

图 2-23　戴姆勒发明的四轮汽车

虽然本茨和戴姆勒在同一个国度相距不到 100 km 的两个地方从事汽车研制，但他们从未见过面，所以本茨和戴姆勒的研究成果均得到承认，他们均被公认为世界第一辆现代汽车的发明者。

1895 年，法国科学院正式把这种乘人的车辆定名为"汽车"（Automobile），该词源自希腊文的"Auto"（自己）和拉丁文的"mobile"（运动），即自己运动的车辆。

2.4.3　汽车技术的发展完善

汽车刚发明时，并没有马上在各种路面车辆中显示出很强的竞争力。20 世纪初，销量最大的还是蒸汽车，电动车也比汽车发展得充分。在欧洲的城市公共交通中，有轨电车和无轨电车占据着优势地位。汽车经过几十年的发展完善，才在路面车辆中占据了主导地位。德国人发明了汽车，但在促进汽车初期发展方面作出贡献最多的却是法国人。1889 年法国人标致（Peugeot）研制成功齿轮变速器、差速器；1891 年法国人首次采用前置发动机后轮驱动，开发出摩擦片式离合器；1895 年法国人开发出充气式橡胶轮胎；1898 年法国的雷诺 1 号车采用了箱式变速器、万向节传动轴和齿轮主减速器；1902 年法国的狄第安采用了流传至今的狄第安后桥半独立悬架。其次，1893 年德国人发明了化油器；1896 年英国人首次采用石棉制动片和转向盘。

1）发动机的完善

1901 年，迈巴赫又发明了蜂窝状的冷却水箱，为高效率的冷却打下了基础。早期的汽车是靠手摇转动曲轴来起动发动机的，这种方式既费力又不方便，1917 年，美国凯迪拉克公司研制了第一个电起动器，它是用一个小电动机带动与曲轴相连的飞轮转动来起动发动机的。这项发明的关键在于认识到电动机能在瞬时超负荷运转，所以一个小电动机就可以带动曲轴转动至发动机点火起动。该项成果在本质上解决了内燃机汽车起动不便的问题，在一定程度上促进了内燃机汽车的产业化发展和当时处于优势的电动汽车的消亡。

2) 传动系统的完善

汽车在传动轴与发动机之间安装变速器以达到发动机在一定的转速内工作，而汽车可以有不同的行驶速度。变速器主动齿轮与发动机连接，从动齿轮与驱动轴连接，行驶中换挡时，由于两个齿轮转速不同而啮合困难，强行啮合就有打齿的危险。开始人们在变速器的前后各装一个离合器，换挡时，用这两个离合器将变速器中的齿轮轴与发动机和驱动轴都脱开。但是由于惯性，两齿轮转速达到同步还得有一段时间，再加上两个离合器配合操纵很复杂，使行驶换挡非常困难。1929 年，凯迪拉克公司首先研制出同步器，它是通过同步器中锥面相互摩擦使两个齿轮转速相同时才允许啮合。这样只要有一个离合器就行了，换挡时既轻便又不打齿，换挡时间也大大缩短了。

3) 制动系统的完善

汽车制动器开始是照搬马车上的结构，即用手制动器带动一个单支点的摩擦片来抱住后轮。但是汽车所需的制动力要比马车大得多，而且汽车倒退时这种制动器常常失灵。当时一些汽车在底部安装一根拖针，当汽车在坡路上下滑时，拖针会扎入地下使车停住。后来在车上又增加了脚制动器，控制传动轴的转动。1914 年开始出现轮内鼓式制动器。1919 年，法国海斯柏诺—索扎公司制成用脚踏板统一控制的四轮鼓式制动器，并由变速器驱动一个机械伺服机构来增加制动力，使制动效果大为改善。1921 年，美国的杜森伯格公司又推出了液压助力器，由一个主液压缸来放大制动力。以后又出现了气动助力的制动器。制动装置逐渐形成了脚制动控制轮边制动、手制动控制传动轴制动的普遍的结构形式。

4) 行驶系统的完善

初期的汽车还有使用实心木轮的，但很快大部分汽车都采用了自行车所用的辐条式铁制车轮，外套实心橡胶轮。这种实心轮当车速超过 16 km/h 时，车就会振动严重，使驾驶人和乘客颠簸得无法忍受。1888 年，邓禄普发明了用于自行车的充气轮胎后，1895 年，法国的米其林兄弟（Andre and Edouard Michelin）制造出了用于汽车的充气轮胎。当时这种轮胎虽然改善了汽车的舒适性，但漏气问题却成了驾驶人最头痛的事。当时汽车轮子还是不可拆卸的，所以补胎和换胎都要费很多时间。为了解决这个问题，先是出现了辅助轮缘（stepney）。当轮胎漏气后，靠这个轮缘行驶到最近的修车场去更换轮胎。后来出现了可拆卸的车轮，轮胎也分为内胎和外胎两层，外胎中用金属丝予以加强，从而使轮胎寿命大大延长，更换轮子也成了一件比较容易的事。

5) 对道路建设的促进

当汽车发展起来后，公路却还是由碎石和土填成的，汽车行驶时不仅颠簸，而且扬起大量尘土。后来发现沥青既可以消除尘土又可使路面平坦。1910 年，英国成立了"公路署"，专门负责修筑沥青公路。1914 年开始出现水泥公路。1924 年，意大利首先建造了高速公路，当然它还达不到现代高速公路的标准。1942 年，为了战时的需要，德国修筑了符合现代标准的高速公路。以后，尤其是第二次世界大战之后，欧美各国都相继修筑大量的高速公路，其中美国的高速公路修得最长，多达 70 000 km。高速公路的特点是每个行驶方向都有两条以上的行车道，相反方向的行车道之间有草地或灌木的隔离带，行车道之间没有平面交叉，也没有陡坡、急弯和其他不利于汽车行驶的障碍。在高速公路上行驶的汽车车速一般都在80 km/h以上，欧洲一些国家车速可超过120 km/h，这就使得汽车的运行效率大为提高。

2.4.4 汽车的大量生产和销售

汽车技术的日益成熟使生产销售成为可能。1901年，美国人奥得尔生产和销售了425辆奥斯莫比尔牌（Oldsmobile）轿车，1905年达6 500辆，从此开始了汽车大量生产的新纪元。1913年，福特首先发明了科学设计的汽车流水生产线，并且很快被其他汽车厂商所仿效而广泛采用。福特汽车公司的T型轿车从1908年到1927年共生产1 500万辆，这一大量生产的世界纪录，到20世纪60年代才被德国大众公司的甲壳虫型轿车打破。据记载，到1923年美国已有2/3的家庭拥有一辆轿车。为了使汽车能大量销售，在1927年以前，汽车技术集中解决经济性（包括购置、使用和维修费用在内）、可靠性和耐久性这类基本要求。例如1915年以前，前轮因转向而没有装设制动装置。而在这以后，出现了机械式四轮制动方式，大大提高了汽车的安全可靠性。1926年，汽车上开始有了液压制动器。为了提高燃油经济性，这一时期汽油机的压缩比有了提高，一些载货车上采用了更省油的柴油发动机。1905年，在美国的圣·路易斯发生了最早的汽车被盗事件，于是发明了带钥匙的点火开关。刮水器、制动灯和反光镜等也逐渐在这一时期被开发和使用。1922年，在仪表板上出现了燃油表。1929年出现了车用收音机。随着技术的发展，现代汽车的基本要素均已具备。

2.5 中国汽车工业的发展

1928年年底，张学良在东北"易帜"后，投资沈阳迫击炮厂筹办民生工厂。1931年5月试制成功我国第一辆汽车，命名为民生牌75型汽车，开辟了中国自制汽车的先河。该车装配47.8 kW（65马力），6缸发动机，装载量为1 816 kg。除发电机、电气设备和后桥等外购，其他均为自制。

中华人民共和国成立以来，汽车工业经历了创建、成长和全面发展三个历史阶段，已经取得了举世瞩目的成就。

2.5.1 创建阶段（1949—1965年）

中华人民共和国成立之初，毛泽东、周恩来等第一代国家领导人非常关注汽车工业的发展，他们亲自参与建立中国汽车工业的重大决策，将建设一座现代化的载货汽车工厂列入苏联援助中国建设一批重点工业项目中，并在中央重工业部下属机器工业局筹备组建期间，开始了筹建的前期工作。1953年7月15日，毛泽东主席亲笔题名的第一汽车制造厂在吉林省长春市动工兴建，在中央动员、全国支援和参与建设者的奋力拼搏下，实现了党中央提出"力争三年建成长春汽车厂"和"出汽车、出人才、出经验"的目标，国产第一辆解放牌载货汽车（图2-24）于1956年7月13日驶下总装配生产线，从此结束了中国不能制造汽车的历史，圆了中国人自己生产国产汽车之梦。

1957年5月，第一汽车制造厂（简称一汽）开始仿照国外样车自行设计轿车；1958年先后试制成功CA71型东风牌小轿车和CA72型红旗牌高级轿车。东风轿车作为国内第一辆

图 2-24　国产第一辆解放牌载货汽车

自主研制的轿车,商标是一条腾飞的金龙与车头前毛泽东主席手书的"东风",代表"东方巨龙"的发达和自强。毛泽东主席等国家领导人亲自试乘了东风牌小轿车,十分高兴地说:"坐上自己制造的汽车了。"之后,红旗牌高级轿车被列为国家礼宾用车,并用作国家领导人乘坐的庆典检阅车。

20 世纪 60 年代,国民经济实行"调整、巩固、充实、提高"方针,在国家和省市支持下,形成了一批汽车制造厂、汽车制配厂和改装车厂,其中,南京、上海、北京和济南 4 个较有基础的汽车制配厂,经过技术改造成为继一汽之后第一批地方汽车制造厂,发展汽车品种,相应建立了专业化生产模式的总成和零部件配套厂,为今后发展大批量、多品种生产协作配套体系形成了初步基础。

1966 年以前,汽车工业共投资 11 亿元,形成"一大(长春一汽)四小(南京、上海、北京和济南汽车制造厂)"5 个汽车制造厂,年生产能力近 6 万辆、9 个车型品种。1965 年年底,全国民用汽车保有量近 29 万辆,其中,国产汽车 17 万辆(一汽累计生产 15 万辆)。

2.5.2　成长阶段(1966—1980 年)

这个历史阶段,主要是贯彻中央的精神,建设三线汽车厂,以中、重型载货汽车和越野汽车为主,同时发展矿用自卸车。

1964 年,国家确定建设以生产中型载货汽车和越野汽车为主的第二汽车制造厂(简称二汽)、四川汽车制造厂(简称川汽)和陕西汽车制造厂(简称陕汽)。二汽是国内自行设计、自己提供装备的工厂,采取了"包建"(专业对口老厂包建新厂、小厂包建大厂)和"聚宝"(国内的先进成果移植到二汽)的方法,同时在湖北省内外安排新建、扩建 26 个重点协作配套厂。一个崭新的大型汽车制造厂在湖北省十堰市兴建和投产,1975 年 6 月,二汽 5 t 载重车鉴定定型并形成生产能力(图 2-25)。与此同时,川汽、陕汽和与陕汽生产配套的陕西汽车齿轮厂(简称陕齿),分别在四川省重庆市大足县(今重庆市大足区)和陕西省宝鸡市(现已迁至西安)兴建和投产,主要生产重型载货汽车和越野汽车。

图 2-25 二汽 5 t 载重车下线

20 世纪 60 年代中后期,国家提出"大打矿山之仗"的决策,矿用自卸车成为其重点装备,上海 32 t 矿用自卸车(图 2-26)试制成功投产之后,天津 15 t、常州 15 t、北京 20 t、一汽 60 t(后转本溪)和甘肃白银 42 t 电动轮矿用自卸车也相继试制成功投产,缓解了冶金行业采矿生产装备需求。

图 2-26 我国第一台 32 t 矿用自卸车

在此期间,一汽、南汽、上汽、北汽和济汽 5 个老厂分别承担了包建和支援三线汽车厂(二汽、川汽、陕汽和陕齿)的建设任务,其自身投入技术改造扩大生产能力。地方发展汽车工业,几乎全部仿制国产车型重复生产;据粗略统计,生产解放牌车型的有 20 多家,北京 130 车型 20 多家,跃进车型近 20 家,北京越野车近 10 家;改装车生产向多品种、专业化发展,生产厂点近 200 家。1980 年大中轻型客车生产 13 400 辆,其中,长途客车 6 000 多辆;汽车零部件品种增多,厂家增加到 2 100 家;摩托车工业初步形成,1980 年 24 个厂家生产 4.9 万辆。

汽车工业成长阶段，1980年生产22.2万辆，是1965年产量的5.48倍；1966—1980年生产各类汽车累计163.9万辆；1980年全国民用汽车保有量169万辆，其中，载货汽车148万辆。

2.5.3 全面发展阶段（1981年—）

在改革开放方针指引下，汽车工业进入全面发展阶段，主要体现在：汽车老产品（解放、跃进、黄河车型）升级换代，结束30年一贯制的历史；调整商用车产品结构，改变"缺重少轻"的生产格局；建设轿车工业，引进技术和资金，国产轿车形成生产规模；行业管理体制和企业经营机制改革，汽车、摩托车车型品种、质量和生产能力大幅增长。

1981—2018年，全国生产各类汽车累计23 458.2万辆。至2016年年底初步统计，在全国共建立了2 978多家外商及港澳台商投资企业，注册资本52 310.55亿元人民币。

20世纪90年代以来，我国汽车产业高速发展，推动了整个国民经济的强劲增长。表2-1的数据（近年我国汽车工业主要经济指标统计）表明，二十几年来，汽车工业总产值、工业增加值和利税等均增长4~5倍，都大大高于国民经济有关指标的平均水平。2017年，全国GDP增量中，汽车产业的贡献率近5%。2002年我国汽车产量超过韩国，进入世界5大汽车强国行列。2006年超越德国，成为世界第三大汽车生产国。2016年汽车工业总产值占工业总产值的4.31%，2017年汽车工业总产值占工业总产值的4.32%。

表2-1 近年我国汽车工业主要经济指标统计

年份	实现利税/亿元	汽车工业总产值/亿元	汽车工业增加值/亿元	占全国GDP比例/%
1990	24.6	492.6	120.5	0.65
1995	226.8	2 216.5	540.7	0.92
2002	752	6 224.6	1 518.8	1.44
2004	1 063.6	9 463.0	2 187.0	1.60
2010	5 119	19 231	4 399	4.66
2015	9 932	27 906	6 851	4.05
2016	无	32 071	7 645	4.31
2017	无	35 759	7 925	4.32

注：

（1）2010年数据为1—11月份数据，当年国家统计局只提供2月、5月、8月、11月数据，不提供全年数据。

（2）2016年、2017年国家统计局不再提供增值税指标，因此无法计算利税总额。

2.6 典型汽车公司发展史

上面分别介绍了国际汽车和汽车工业的发展史以及我国汽车工业的发展史，为了更好地了解汽车工业发展的历程，在此简述几个历史悠久的著名汽车公司发展的历史，作为汽车工业发展的缩影，体现汽车工业不平凡的发展历程。

2.6.1 宝马汽车发展史

宝马（BMW）公司成立于1916年3月7日，最初以制造流线型的双翼侦察机闻名于世，当时这家公司的名字叫 BFW（Bayerische Flugzeug - Worke），又叫"巴伐利亚飞机制造厂"，公司创始人为吉斯坦·奥托（Gustan Otto）。

1917年7月20日，吉斯坦·奥托退休后，BFW 公司便开始重组，1918年8月正式命名为"巴伐利亚机械制造厂股份公司"，简称 BMW（Bayerische Motoren - Worke）。1918年11月，第一次世界大战结束，德国成为战败国，他们的飞机被"凡尔赛条约"列为"战争武器"禁止生产，而宝马汽车厂直到1923年方可生产汽车。

1923年年末，宝马公司开始在慕尼黑（Munich）生产摩托车，而挂有 BMW 商标的 R32 摩托车（图2-27）则首次在市场上销售。

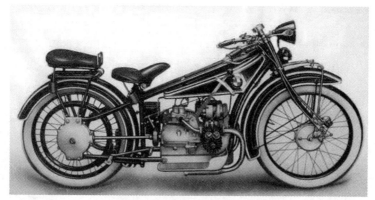

图2-27　宝马 R32 摩托车

1925年，BMW 开始研制汽车。1929年7月，BMW 推出首款汽车"BMW 3/15 PS DA 2"。该车型一直生产至1932年年底，历时近7年。

1933年，在德国的柏林车展上，BMW 展示了他们最新的303型（图2-28），它是在工程师费迪拿（Fritz Peidler）协助下完成，配用一台并列6气缸、双化油器，气缸容积为1 173 mL，功率可发出 22 kW 的高性能双门四座轿车，车头盖占了车身的一半，两边通风隔设计相同，以中线分开，前后轮距2 365 mm，车厢空间充足、舒适。

图2-28　宝马303型

303型之后再延伸至315、319、320及3231型，BMW的创作源泉川流不息。另外，似乎BMW对跑车情有独钟，他们的315型经过改良后，功率增至29 kW，外形更像一辆跑车，极速达130 km/h，此车还以耗油量低、安全和容易操控而驰名于世。

1937年，BMW开始制造游客车（Touring Car），现在统称为三厢式四门房车，并获得成功，它是一款4/5门房车，名326型，对象是中上阶层的家庭，326型采用双化油器，功率为37 kW，这款车共生产16 000辆，这在第二次世界大战前是一个难能可贵的数字。

第二次世界大战前最后一款房车是325型和加长版的326型，后者配上一台3.5 L发动机，但只制造了410辆。在第二次世界大战期间，325型和326型均被纳粹党征用在军事上，而在第二次世界大战期间，所有民用的汽车都停止生产。但第二次世界大战前最令人回味的是327型和328型跑车，最有历史性的代表是富有独特跑车风格的319型，此车曾于1936年6月在德国纽伦堡举行的大赛中胜出，甚至在战后，此车仍生产了一段时间。

BMW的成功，327型和328型跑车（图2-29）是功不可没的，两车的车身非常纤细，双座位设计，是从319型改良过来的，整车质量只有775 kg，最高功率为59 kW，而极速高达160 km/h，堪称是一辆纯正血统的跑车，也是随时可以上场比赛的一匹宝马。

图2-29　宝马328型跑车

1945年，第二次世界大战结束，德国接受无条件投降，当时西德的物资严重匮乏，汽油短缺，制造摩托车和三轮车是车厂当务之急，它们符合当时德国国民的低购买力需求。BMW在全面复兴前，在1945—1947年，曾为一家美国公司做了三年飞机发动机研究和开发工作。而遭到破坏的慕尼黑工厂则从头做起，开始用铝生产各种容器。1948年，BMW筹集了足够资金，重建了一家摩托车工厂，同时着手开发和研制R51摩托车，宝马又回到了老本行——摩托车制造。德意志银行为宝马的重振雄风提供了必要的财政支持。

1952年10月，BMW终于再投产汽车，制造的汽车是第二次世界大战之前的501型四门房车，沿用那台6气缸、2 L发动机，单化油器，功率为48 kW，其他设备则是全新，其性能和耐用性获得一致好评。

由于其他设备是全新设计的，新的豪华轿车将会重达1 360 kg，虽然最高时速可以达到135 km，可是加速到96 km/h需要半分钟还多。到1955年501型被502型取代时总共制造了 5 692 辆。自此，宝马公司的车型研发和生产步入正轨。20 世纪 70 年代早期，宝马开始在慕尼黑建造办公大楼（图 2-30），这座大楼充分利用高技术的建设方法建成了 4 气缸的外形，大楼建成代表着宝马公司重新回到了德国汽车工业的主导地位。

2.6.2 福特汽车发展史

1903 年亨利·福特创立了福特汽车，自 1914 年至今不断生产福特汽车的 Rouge 车辆制造中心见证了福特公司的发展历程，可以说福特公司的历史就是 Rouge 车辆制造中心发展的历史。

福特认为，唯有自给自足，采用"垂直综合"（Vertical Integration）方法，才可改变汽车的生产模式，使汽车生产的成本大大减低。该生产模式就是使整车的每一个部件，如铁矿、橡胶、玻璃以及发动机等所有的汽车组件，均在一个厂区内提炼、加工、制造和装嵌。Rouge 厂房设立之前，福特汽车原本是在 Highland Park（高地公园）厂房出产的，该厂多次因为供应商缺货而停工，这更加强了亨利·福特要自给自足的决心。所以福特在 Rouge 厂房之外，

图 2-30　宝马公司慕尼黑总部大楼

会依靠福特集团在密歇根、明尼苏达和威斯康星州所拥有的多达 2.8×10^7 m² 的树林、铁矿和矿场提供制车所需的原材料。为将这些物料带到 Rouge，福特需要拥有自己的铁路运输网络。在 20 世纪二三十年代的福特生产全盛时期，可见到大型火车不停地将各地出产的原料运到 Rouge，然后原料就在这里变成不同的零件，再装嵌成一辆辆汽车驶离厂区。

Rouge 有自己的船坞、炼铁和玻璃的熔炉，还有滚碾机厂，轮胎厂，压制厂，发动机铸造厂，底盘、变速箱和水箱的生产厂，漂染厂，甚至连生产整车所需工具的厂房也有。在 Rouge 之内，每日最高可熔化 6 000 t 钢铁，500 t 玻璃，每 49 s 便有一部新车制成出厂，亨利·福特曾形容 Rouge 是一个"由原料直至完成品工序均无停顿的地方"。

占地广大的 Rouge，在生产高峰期曾有 10 万人同时工作，可以说是一个无人居住的城市。要令这个城市运作正常，厂内自设 16 列火车、长达 160 km 的轨道、定时的公车服务，以及 24 km 长的柏油路，使员工可快捷地四处走动。另外，基本设施方面，还有多个消防局、警察局、雇有全职医护人员的医院，以及 5 000 个负责厂房维修的工人。

由 Rouge 出厂的第一辆汽车，并非亨利·福特希望能大大减低成本的 T 型车，在 T 型车的生产线还未完全由 Highland Park 转到 Rouge 之前，一款大量生产的拖拉机 Fordson 成为由 Rouge 出产的第一辆交通工具。1927 年，举世期待作为取代 T 型车的全新福特汽车——A 型车（图 2-31），正式在 Rouge 出厂。A 型车是第一款被亨利·福特喻为"由原料至完成"都在 Rouge 进行的大量生产的汽车。

图 2-31 福特 A 型车

随着产量和销售量增加，福特汽车已逐渐演变为一个全球化的汽车企业集团，在全球 23 个国家共有 35 条福特的生产线，而 Rouge 仍然扮演着福特"中心"的角色。不过，自 20 世纪 60 年代开始，福特的高层已经察觉到社会在转型。从环保角度，美国政府订立了空气及水质管制条例，如一处厂房内的设施越多，其整体排污量便越高，这间接要求福特要相继关闭或出售部分厂房，继而依赖外界的供应商。到 20 世纪 80 年代，原先由福特拥有的船坞和制铁厂已先后被卖掉，Rouge 的占地亦减少了 45%，工作量和雇员人数同时大幅下跌，在经济压力下，更多厂房面临关闭的命运。

到 1992 年，Rouge 只剩下生产 Mustmg（野马）跑车的责任，如果这款美国经典跑车停产，福特 Rouge 厂房也可能全面倒闭。1997 年，福特董事局达成协议，允许将这座最大而又最旧的福特车厂重建为一个先进的汽车生产场地。

2.6.3 丰田汽车发展史

1933 年，丰田喜一郎投资 13 万美元在其家族的棉纺厂成立了汽车部，即丰田汽车公司的前身。同年 5 月第一辆命名为 AA 的车（图 2-32）问世。1934 年，A1 型汽车研制完成并开始小批量生产。作为一款大型轿车，该车外壳呈流线型，很美观，模仿当时的克莱斯勒 Airflow 车型，配备 6 气缸、3.4 L 发动机，输出功率为 45.6 kW（62 马力）。

1937 年，Toyoda 公司共生产汽车 4 013 辆，其中 AA 型轿车和 AB 型敞篷车只占 577 辆。也正是在这个时期，公司决定把名称改为 Toyota（丰田）。据传，是一位女占卜师建议这么改的，因为在日语中 Toyota 的书写符号和外形更优美，而且有 8 个字符，8 在日本是个幸运数字。

初期的丰田公司坚守一个信条：模仿比创造更简单，如果能在模仿的同时给予改进，那就更好。丰田喜一郎认为汽车首先必须是安全、牢固、经济，而不是创新。所以在很长一段时间内，所有的丰田车都具有模仿的痕迹和特点。

1945 年，日本战败。整个日本列岛满目疮痍，经济遭到毁灭性打击，道路被摧毁，原材料奇缺。不过丰田公司很快从战争的废墟中振作起来。由于战后道路状况极差，公司将生产重点放在客货两用车和四轮驱动车上，而不是轻型轿车。直到 1955 年，丰田才推出一款

图 2-32 丰田 AA 型轿车

设计精巧、排量 1.5 L 的小轿车,命名为皇冠 RS,两年后又以 Toyopet 的名称将其出口到美国。其实该车极为传统,没有使用任何现代技术,只是做得十分精巧而已,加上配置齐全,结实牢靠,价格也不贵。皇冠车促使丰田公司迅速在美国、委内瑞拉、泰国和南非等国设立了销售网点,其后又在上述国家建立了工厂。价廉物美的丰田车风行全球大市场。1962 年,丰田开始进军欧洲。这一年,丰田汽车产量首次突破了百万大关。20 世纪 60 年代是丰田大发展的时代,其汽车产量在 1961 年还只是 20 万辆,10 年后便猛增至 200 万辆,翻了 10 倍,一跃成为世界第三大汽车制造商。

同其他制造商相比,丰田更早地明白世界才是它的市场。为此,丰田在世界上许多国家都开设工厂。继在美国、秘鲁、南非、泰国设厂之后,丰田 1991 年在中国办厂,1993 年在英国办厂,2001 年在法国办厂。目前丰田在全世界开办的汽车制造厂总数已达 56 家。当然,丰田的产品也是可圈可点的。1966 年,丰田推出了排量为 1 000 mL 的 Corolla 轿车,此车除了车身美观之外,设计非常传统,采用当时已并不属于先进技术的前置式发动机、后轮驱动、车轴硬朗、鼓式制动器。但重要的是 Corolla 秉承了 1950 年已退休的创始人丰田喜一郎的价值理念,即汽车应该在实用之上追求完美、操作舒适、配置齐全、做工考究、价格具有竞争力。所以,虽然 Corolla 没有什么神奇之处,但它给购车人的感觉却是物有所值。这样,Corolla 很快就在全球风靡一时。现在 Corolla 累计总产量已经超过 2 500 万辆。当然 Corolla 目前的款型,除了名称以外,同 1966 年的原型车已有了天壤之别。

2.6.4 劳斯莱斯汽车发展史

"世界汽车中可称为贵族的,唯有劳斯莱斯。"劳斯莱斯成为英国王室专用车已有数十年历史,爱德华八世、女王伊丽莎白二世、玛格丽特公主、肯特公爵等众多英王室成员的座驾都是劳斯莱斯。沙特国王、日本王子都对劳斯莱斯情有独钟。该品牌的高贵地位,是公司造车文化和品牌文化精心培养的结晶。

劳斯莱斯公司的创始人是磨坊主的儿子亨利·莱斯与贵族出身的查利·劳斯,两个天才的人物携手,共同创造出一辆名车。

1903 年,身为工程师的亨利·莱斯为自己买了一辆法国德科维尔(Decauville)轿车,但这辆车经常出故障,让莱斯非常失望。他发誓要自己设计出一辆2缸发动机汽车。1904年,第一辆完全由莱斯自己设计制造的汽车驶出他自己工厂的大门。

1902年查利·劳斯开始做汽车生意,他的"劳斯公司"很快成为英国最有实力的汽车经销商之一。但劳斯一直想把自己的名字与高质量的汽车联系在一起。1904年他在曼彻斯特看到莱斯生产出的2缸发动机汽车,受到极大震撼,意识到这就是他想要的高质量的汽车。这辆车用按钮起动,运行十分平稳流畅,噪声很小,而且不像当时的汽车那样经常出现故障。同年12月,第一辆莱斯汽车在巴黎展览会上展出,引起巨大轰动。随后一项历史性协议在英签署,劳斯公司成为唯一有权在英销售莱斯汽车的公司,莱斯汽车也正式更名为"劳斯莱斯"。

劳斯莱斯高贵的品质来自它高超的质量,秉承了英国传统的造车艺术——精练、恒久、巨细无遗。令人难以置信的是,自1904年到现在,超过60%的劳斯莱斯仍然性能良好。创始人亨利·莱斯就曾说过:"车的价格会被人忘记,而车的质量却长久存在。"

劳斯莱斯汽车最与众不同之处在于它大量使用了手工劳动,在人工费相当高昂的英国,这必然会导致生产成本的居高不下,这也是劳斯莱斯价格惊人的原因之一。直到今天,劳斯莱斯的发动机还完全是用手工制造的。更令人称奇的是,劳斯莱斯车头散热器的格栅完全是由熟练的工人用手和眼来完成的,不用任何丈量的工具。而一台散热器需要一个工人一整天时间才能制造出来,然后还需要5 h对它进行加工打磨。

每辆劳斯莱斯车头上的那个吉祥物——带翅膀的欢乐女神,她的产生与制造的过程,更是劳斯莱斯追求完美的一个绝好的例证。这尊女神像的制作过程也极为复杂。它采用传统的蜡模工艺,完全用手工倒模压制成型,然后经过至少8遍的手工打磨,再将打磨好的神像置于一个装有混合打磨物质的机器里研磨64 min。

近代的劳斯莱斯公司经过几次经济困难,大众汽车公司、宝马汽车公司、劳斯莱斯汽车公司和英国Vickers公司(主营国防装备和发动机)在劳斯莱斯汽车生产权和商标使用权方面进行多轮争夺和谈判,现在劳斯莱斯汽车公司已经属于宝马汽车公司所有。虽然劳斯莱斯品牌不再属于英国,但它仍然秉承劳斯莱斯的传统和文化,仍然属于这个世界。

劳斯莱斯名车系列如图2-33~图2-37所示。

图2-33 劳斯莱斯银魅

图 2-34 劳斯莱斯银天使

图 2-35 "幻影Ⅲ"（1936年问世，采用12缸发动机，时速100 mile）

图 2-36 1955年一代名车"银云"面世

图 2-37　1998 年颇具现代气息的"银天使"面世

第3章
汽车构造和行驶理论

3.1 概述

3.1.1 汽车分类

按照不同的分类方法和分类依据，汽车有不同的分类形式，下面仅就常见的车型和常用的汽车分类方法进行简要介绍。

1. 依据 GB/T 3730.1—2001 标准分类

根据 GB/T 3730.1—2001 把汽车分为乘用车和商用车，如图3-1所示。

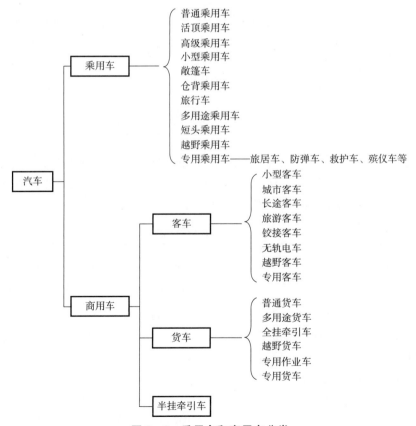

图3-1 乘用车和商用车分类

（1）乘用车：在设计和技术特性上主要用于载运乘客及其随身行李和临时物品的汽车，包括驾驶员座位在内最多不超过9个座位。它也可以牵引一辆挂车。

（2）商用车：乘用车以外在设计和技术特性上用于运送人员和货物的汽车，并且可以牵引挂车。

2. 依据 GB 9417—1989 标准分类

依据 GB 9417—1989 中国汽车分类标准，按用途将汽车分为8类。

（1）轿车。指具有2～9个座位（包括驾驶员座位），用于载人及其随身物品的汽车。轿车可按发动机排量分级，见表3-1。

表3-1 轿车的分级

类型	微型	普通型	中级	中高级	高级
发动机排量/L	<1.0	1.0～1.6	1.6～2.5	2.5～4.0	>4.0

（2）客车。指具有9个以上座位（包括驾驶员座位），用于载人及其行李的汽车。客车可分为单车和铰接式、单层和双层式客车等。客车可按车身长度分级，见表3-2。

表3-2 客车的分级

类型	微型	轻型	中型	大型	特大型
车身长度/m	<3.5	3.5～7	7～10	10～12	>12（铰接式） 10～12（双层）

（3）载货汽车。指用于载送货物的运输汽车，按其总质量分级，见表3-3。

表3-3 载货汽车的分级

类型	微型	轻型	中型	重型
总质量/t	<1.8	1.8～6	6～14	>14

（4）越野汽车。指可用于非公路或无路地区行驶的汽车，属于高通过性的汽车。越野汽车可以是轿车、客车、载货汽车或其他用途的汽车。常见的轮式越野汽车都装备越野轮胎并采用全轮驱动。越野汽车可按其总质量分级，见表3-4。

表3-4 越野汽车的分级

类型	轻型	中型	重型
总质量/t	<5	5～13	>13

（5）自卸汽车。指载货汽车中货厢能自动举升、货厢栏板能自动打开并倾卸散装货物的汽车。它可大大减轻卸货的工作量，提高生产效率，主要用于工矿企业。

（6）牵引汽车。指专门或主要用于牵引挂车的汽车，分为半挂牵引汽车和全挂牵引汽车两种。半挂牵引汽车后部设有牵引座，用于牵引和支撑挂车前端（图3-2）；全挂牵引汽车本身独立，带有货厢，其外形与载货汽车相似，但其长度和轴距较短，在其尾部设有拖钩，用来拖带挂车（图3-3）。牵引汽车都装有挂车的制动装置及挂车的电气接线板等。

图 3-2 半挂牵引汽车及挂车

图 3-3 全挂牵引汽车及挂车

(7) 专用汽车。指用于完成特定作业任务的、根据特殊的使用要求设计或改装而成的汽车。其种类很多，如冷藏车、集装箱车、售货车、检阅车、起重机车、混凝土搅拌车、公安消防车、救护车等。

(8) 半挂车。指由半挂牵引车牵引，其部分质量由牵引车承受的挂车。半挂车按厂定最大总质量分级，见表 3-5。

表 3-5 半挂车的分级

类型	轻型	中型	重型	超重型
总质量/t	<7.1	7.1~19.5	19.5~34	>34

3. 按汽车装备的动力设备分类

按汽车装备的动力设备，汽车可分为活塞式内燃机汽车、电动汽车、燃气轮机汽车和太阳能汽车等。

(1) 活塞式内燃机汽车。活塞式内燃机汽车占目前汽车的绝大多数，内燃机使用的燃料主要是汽油和柴油。由于环境保护法规对汽车排放物的控制越来越严以及世界石油资源的不足，各种代用燃料的使用已经成了目前的时尚。目前的代用燃料主要有：液化石油气（LPG）、压缩天然气（CNG）、合成液体石油及醇类等。活塞式内燃机按活塞的运动方式又可分为往复活塞式内燃机和旋转活塞式内燃机。

(2) 电动汽车。电动汽车是指以电动机为动力并以蓄电池为能源的汽车。该类汽车的优点是不需要石油燃料、零排放并可在特殊环境下（太空、海底或真空）工作。

(3) 燃气轮机汽车。燃气轮机与活塞式内燃机相比，其功率大，质量小，转矩特性好，对燃油无严格限制，但耗油量高，噪声大，制造成本较高。

(4) 太阳能汽车。该类汽车以太阳能为动力，汽车上装有太阳能吸收装置和光电转换装置，目前太阳能汽车的研制仍处于试验阶段。

4. 按汽车行驶道路条件分类

按汽车行驶道路条件，可分为公路用车和非公路用车。

(1) 公路用车。公路用车指适宜在公路和城市道路上行驶的汽车。公路用车的外廓尺寸（总长、总宽、总高）和单轴负荷等均受交通法规限制。

(2) 非公路用车。非公路用车分为两类：一类是汽车外廓尺寸和单轴负荷等参数超过交通法规的限制，只能在矿山、工地、机场和专用道路等非公路地区使用的汽车；另一类是汽车能在无路地面上行驶的高通过性汽车，这类汽车称为越野汽车。越野汽车可以是轿车、客车或其他用途的汽车。

5. 越野汽车按总质量分类

(1) 轻型越野汽车：总质量≤5 t，如北京 BJ2020。
(2) 中型越野汽车：5 t＜总质量≤13 t，如东风 EQ2080。
(3) 重型越野汽车：总质量＞13 t，如斯泰尔。

6. 按汽车行驶机构的特征分类

按汽车行驶机构特征，可分为轮式汽车和其他类型行驶机构的汽车。

(1) 轮式汽车。轮式汽车又可分为非全轮驱动和全轮驱动两种类型。汽车的驱动形式常用"$n \times m$"表示，n 是车轮总数（在一个轮毂上安装双轮辋和轮胎的车轮仍算一个车轮），m 为驱动轮数。如解放 CA1091 型汽车属于 4×2 型，北京 BJ2020 型汽车属于 4×4 型，东风 EQ2080 型汽车属于 6×6 型等。

(2) 其他类型行驶机构的汽车。这类汽车有履带式、车轮-履带式、雪橇式、气垫式、水陆两用式及步行式等无车轮的汽车。如雪鸥履带式雪上汽车。

3.1.2 国产汽车编号规则

为了表明汽车的生产厂家、汽车类型及主要的特征参数，我国制定了汽车产品型号编制规则，规定国产汽车型号由汉语拼音字母和阿拉伯数字组成，包括首部、中部和尾部三部分内容，如图 3-4 所示。

首部由两个汉语拼音字母组成，是企业名称代号。例如，CA 代表中国第一汽车集团公司，BJ 代表北京汽车公司等。中部由四位阿拉伯数字组成，左起首位数字表示汽车类型，中间两位数字是汽车的主要特征参数，最末位是产品的生产序号。

图 3-4 汽车编号组成

a—企业名称代号；b—车辆类别代号；c—主参数代号；d—产品序号；e—企业自定代号

尾部分为两部分：前部分由汉语拼音字母组成，表示专用汽车分类代号，例如 X 代表厢式汽车，G 代表罐式汽车，C 代表仓栅式汽车等；后部分为企业自定代号。当同一种汽车结构略有变化需加以区别时，可用汉语拼音字母或数字表示，位数由企业自定。基本型汽车一般没有尾部。

3.1.3 车辆识别代号（VIN）

车辆识别代号（Vehicle Identification Number，VIN）称为 17 位编码，是国际上通行的标识机动车辆的代码，是制造厂给每一辆车指定的一组字码，可谓一车一码，就如人的身份证一样，使每一辆车在世界范围内具有唯一识别性。当每一辆新出厂的车被刻上 VIN 代号时，此代号将伴随着车辆的注册、保险、年检、维修与保养，直至回收或报废而载入每辆车的服役档案。利用 VIN 代码可方便地查找车辆的制造者、销售者及使用者。VIN 位于易于看到并且能够防止磨损或替换的部位。所选择的部位一般在仪表与前风挡左下角的交界处、发动机前横梁上、左前门边或立柱上、驾驶员左腿前方或前排左座椅下方等处。为了与国际标准靠拢，我国颁布了国家标准 GB 16735—2004《道路车辆识别代号（VIN）》。此标准为我国汽车生产的强制性标准，在每一辆出厂的汽车上必须标有 VIN 代号。

车辆识别代号（VIN）由三部分组成，如图 3-5 所示。

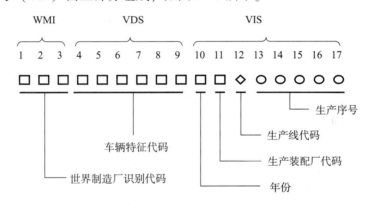

图 3-5 车辆识别代号（VIN）的组成

第一部分：世界制造厂识别代码（WMI），它具有世界车辆制造厂的唯一性。WMI 共有 3 位字码，由制造厂以外的组织预先指定，用来代表生产国、厂家和车辆类别。例如，LFV 为中国一汽大众，LFW 为中国第一汽车集团公司，WDB 为德国奔驰，WBA 为德国宝马，KMH 为韩国现代等。其中，第一位字码代表生产国，为国际汽车厂通用。例如，1 为美国，2 为加拿大，3 为墨西哥，J 为日本，L 为中国，Z 为意大利等。

第二部分：车辆特征代码（VDS），由 6 位字码组成，如果制造厂所用字码不足 6 位，应在剩余位置填入制造厂选定的字母或数字，以表现车辆的一般特征。其代码及顺序由制造厂决定。

第三部分：车辆指示部分（VIS），是 VIN 的最后部分，由 8 位字码组成。一般情况下，

VIS 部分的第 1 位字码指示年份（也有一部分汽车制造厂的车辆指示部分的第 1 位字码并不指示年份，如奔驰（欧款）、宝马（欧款）、雪铁龙、菲亚特、福特在欧洲及亚洲生产的汽车等）；第 2 位字码指示生产厂址；后 6 位指示生产序号。

3.2 汽车的构造

3.2.1 汽车的总体构造

汽车通常由发动机、底盘、车身和电气（电子）设备等四部分组成。图 3-6 所示为典型轿车的总体构造。

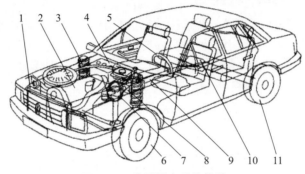

图 3-6 典型轿车总体构造
1—散热片；2—发动机；3—悬架；4—蓄电池；5—转向盘；6—转向轮；7—离合器；
8—变速箱；9—传动轴；10—后桥；11—驱动轮

1. 发动机

发动机是汽车的动力装置，它由机体与曲柄连杆机构、配气机构、燃料供给系统、冷却系统、润滑系统、点火系统（汽油发动机用）和起动系统组成。其作用是使供入其中的燃料燃烧而发出动力。根据所用燃料的不同，分为汽油机和柴油机。随着环保和能源问题的日益突出，人们还在研究用燃料电池和太阳能电池作为汽车的动力源。

2. 底盘

底盘是汽车的整体构架，用来支撑汽车的重力，将发动机动力传送至驱动车轮使汽车行驶，使汽车能按驾驶员的意图转向和停车，保证汽车能够安全正常行驶。底盘由传动系统、行驶系统、转向系统和制动系统四个系统组成。

3. 车身

车身是形成驾驶员和乘员乘坐空间的装置，也是存放行李及其他物品的工具。轿车车身由本体、内外装饰和车身附件等组成，除客车有一整体的车身外，一般载重汽车车身由引擎室、驾驶室和车厢三部分组成。车身既要为驾驶员提供方便的操作条件，又要为乘员提供舒适的环境；既要保护全体乘员的安全，又要保证货物完好无损，即车身既是保安部件又是承载部件。在现代汽车中，它又是技术与艺术有机结合的艺术品。

4. 电气设备

电气设备的功用是：保证发动机正常运行、汽车安全行驶和乘员乘坐舒适。电气设备分布于汽车发动机、底盘和车身。电气设备是汽车的重要组成部分，它由电源、发动机点火系统（汽油机）和起动系统、照明和信号装置、空调仪表和报警系统以及辅助电器等组成。对于高级轿车，更多地采用了现代新技术，尤其是电子技术，如微处理机、中央计算机系统及各种人工智能装置等，从而显著地提高了汽车的性能。

3.2.2 汽车发动机

汽车的动力来自发动机。发动机是将液体燃料或气体燃料和空气混合后直接输入机器内部燃烧产生热能，热能再转变为机械能的装置。根据发动机将热能转变为机械能的主要构件形式，车用发动机可分为活塞式内燃机与燃气轮机两大类。活塞式内燃机按活塞运动方式分为往复活塞式和旋转活塞式两种。往复活塞式内燃机在汽车上应用最为广泛。

1. 汽车发动机的分类

1）按使用燃料分类

发动机按照所使用燃料的不同可分为汽油机、柴油机、煤气机、气体燃料发动机和多种燃料发动机等。

2）按着火方式分类

发动机根据所使用的燃料不同，着火方式也不相同，具体可分为点燃式发动机（汽油机属于此类）和压燃式发动机（柴油机属于此类）。

3）按冷却方式分类

发动机按照冷却方式的不同可分为水冷发动机和风冷发动机。水冷发动机利用在气缸体和气缸盖冷却水套中进行循环的冷却液作为冷却介质进行冷却；风冷发动机利用流动于气缸体和气缸盖外表面散热片之间的空气作为冷却介质进行冷却。水冷发动机冷却均匀、工作可靠、冷却效果好，被广泛应用于现代车用发动机。

4）按进气状态分类

发动机按照进气状态可以分为增压式发动机和非增压式发动机。汽油机常采用非增压式，柴油机常采用增压式。

5）按燃料供给方式分类

发动机按燃料供给方式可分为化油器式发动机、汽油喷射式发动机和直接喷射式发动机等。

6）按行程数分类

对于往复活塞式发动机，每一次能量转换都必须经过将可燃混合气或空气吸入气缸，并对其进行压缩后，使可燃混合气着火燃烧而膨胀做功，再将生成的废气排出气缸这样一个连续的工作过程。该过程称为发动机的一个工作循环。根据每一个工作循环所需活塞行程数又可将往复活塞式内燃机分为四行程发动机与二行程发动机。若完成一个循环需要活塞往复四个行程，称为四行程发动机，完成一个循环需要活塞往复两个行程的便称为二行程发动机。汽车发动机广泛采用的是四行程发动机。

7）按气缸数分类

发动机按照气缸数可分为单缸发动机和多缸发动机。现代车用发动机多采用4缸、6缸、8缸、12缸发动机。

8）按气缸的布置分类

多缸发动机按照气缸的布置不同可分为直列式发动机、对置式发动机、V型发动机、W

型发动机、斜置式发动机和卧式发动机等。直列式发动机的各个气缸排成一列，一般是垂直布置的。为了降低高度，有时把气缸布置成倾斜的（斜置式发动机），甚至水平的（卧式发动机）。气缸排成两列，两列之间的夹角小于180°（一般为90°）呈V形的发动机，称为V型发动机；两列之间的夹角等于180°时称为对置式发动机。

2. 发动机的组成

发动机的基本组成如图3-7所示，其包括8个子系统。

1）机体组

机体组包括气缸盖6、气缸体7及油底壳16等。气缸盖和气缸体的内壁共同组成燃烧室的一部分，是承受高温、高压的机件。机体作为发动机各机构、各系统的装配基体，其本身的许多部分又分别是曲柄连杆机构、燃料供给系统、冷却系统和润滑系统的组成部分。在进行结构分析时，常把机体列为曲柄连杆结构。有的发动机将气缸体分铸成上下两部分，上部称为气缸体，下部称为曲轴箱。

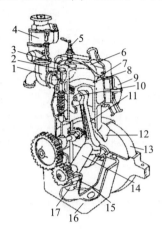

图3-7 单缸四冲程汽油机结构示意图
1—进气管；2—进气门；3—排气门；4—化油器；
5—火花塞；6—气缸盖；7—气缸体；8—活塞；
9—水泵；10—活塞销；11—连杆；
12—曲轴箱；13—飞轮；14—曲轴；
15—机油管（最高位置）；16—油底壳；
17—机油泵

2）曲柄连杆机构

曲柄连杆机构包括活塞8、连杆11和曲轴14等。这是发动机借以产生动力，并将活塞的往复直线运动转变为曲轴旋转运动而输出动力的机构。

3）配气机构

配气机构包括进气管1、进气门2、排气门3、气门打开关闭的液力挺杆总成、凸轮轴和凸轮轴正时齿轮等。其作用是使可燃混合气及时充入气缸并及时从气缸排出废气。

4）燃料供给系统

燃料供给系统包括汽油箱、汽油泵、汽油滤清器、油管、空气滤清器、化油器、进气歧管、排气歧管和排气消声器等。其作用是根据发动机各种工况要求，配制具有一定数量和浓度的可燃混合气供入气缸，并将燃烧后生成的废气排出发动机。

5）点火系统

点火系统包括电源（蓄电池和发电机）、分电器、点火开关、点火线圈和火花塞5等。其作用是保证按规定时刻及时点燃气缸中被压缩的可燃混合气。

6）冷却系统

冷却系统主要包括水泵9、散热器风扇、节温器、水温表以及气缸体7和在气缸盖6里铸出的水套等。其功用是散发受热机件的热量于大气之中，以使发动机在最适宜的温度下工作。

7）润滑系统

润滑系统包括油底壳16、机油集滤器、机油泵、限压阀、润滑油道及油管、油温和油压传感器、油温和油压表、油标尺等。润滑系统的功用是将润滑油不断地供给做相对运动的零件以减少它们之间的摩擦阻力,减轻机件的磨损,并部分地冷却摩擦零件,清洗摩擦表面。

8)起动系统

起动系统包括起动机、冷起动加热器及其附属装置,用以使静止的发动机起动并转入自行运转。

3. 四冲程汽油发动机的工作过程

四冲程发动机,完成一个工作循环活塞在气缸中需往复运动四次,即进气、压缩、膨胀(做功)、排气四个冲程,如图3-8所示。

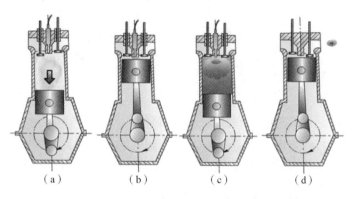

图 3-8 汽油发动机工作过程(彩插)
(a)进气冲程;(b)压缩冲程;(c)做功冲程;(d)排气冲程

1)进气冲程

活塞在曲轴和连杆的带动下由上止点运动到下止点,曲轴在带动活塞运动的同时,通过正时齿轮带动配气机构运动,此时凸轮轴的进气凸轮通过配气机构的传动机件将进气门打开,随着活塞的下行,活塞上方的气缸容积增大,形成一定真空度,将在化油器中形成的可燃混合气吸入气缸。

2)压缩冲程

随着曲轴的运动,将活塞由下止点推到上止点,此时气缸盖上的进排气门同时关闭,气缸成为密封的空间,随着活塞的上行,活塞上方的气缸容积逐渐缩小,使混合气受压缩而温度升高,当压缩到上止点时,由凸轮轴控制的点火系统向火花塞提供高压电,形成强烈电火花将可燃混合气点燃,推动活塞做功。

3)做功冲程

进排气门仍处在关闭状态,强大的燃气压力推动活塞从上止点向下止点运动,通过活塞销和连杆传给曲轴,使曲轴产生很大的扭矩和很高的转速,带动发动机自身的各个系统工作和向汽车传动系统输出动力。

4)排气冲程

做功结束,曲轴受飞轮的惯性力矩作用继续旋转,带动活塞从下止点向上止点运动,此时配气机构将排气门打开,燃烧后的废气在上行活塞的驱赶下从排气孔经排气管排出,活塞到达上止点,排气冲程结束。这是一个工作循环的终结,随后又重复上述过程。

四冲程发动机一个工作循环,活塞上下运动四次,进排气门各打开一次(凸轮轴转360°,曲轴转720°),完成一次做功。

4. 四冲程柴油机的工作过程

四冲程柴油机的工作过程与四冲程汽油机的工作过程基本相似，不同点如下：进气冲程被吸入气缸的是空气。压缩冲程被压缩的仍是空气。在压缩冲程快结束时，柴油在高压油泵作用下，以很高的压力被送到装在缸盖上的喷油器中，经喷油器作用将高压柴油呈雾状喷入燃烧室与具有 773～973 K（500～700 ℃）高温的压缩空气混合，并立即自燃产生高压推动活塞做功，这与汽油发动机需要点火不同。做功冲程和排气冲程与汽油机相同。

5. 动力性指标

发动机动力性指标包括有效转矩和有效功率等。

1）有效转矩

发动机通过飞轮对外输出的转矩称为发动机的有效转矩，用 T_{tq} 表示，单位为 N·m。有效转矩与外界施加于发动机上的阻力矩相平衡。发动机的转矩是由气体作用在活塞上的力通过连杆推动曲轴而产生的。

2）有效功率

发动机通过飞轮对外输出的功率称为发动机的有效功率，用 P_e 表示，单位为 kW。它等于有效转矩与曲轴转速的乘积。发动机的有效功率可以用台架试验方法测定。在测功器上测定有效转矩和曲轴转速，然后运用以下公式算出发动机的有效功率（单位为 kW）：

$$P_e = T_{tq} \times \frac{2\pi n}{60} \times 10^{-3} = \frac{T_{tq} n}{9550}$$

式中 T_{tq}——有效转矩，单位为 N·m；

n——曲轴转速，单位为 r/min。

发动机产品铭牌上标明的功率及相应的转速称为标定功率和标定转速。按内燃机台架试验国家标准规定，发动机的标定功率分为 15 min 功率、1 h 功率、12 h 功率和持续功率四种。鉴于汽车发动机经常在部分负荷下，即较小的功率下工作，仅克服上坡阻力和加速等情况下才短时间内使用最大功率，为了保证发动机有较小的结构尺寸和质量，汽车发动机经常用 15 min 功率作为标定功率。

3.2.3 汽车的传动系统

传动系统的基本功用是将发动机发出的动力传递给驱动轮，使汽车正常行驶。常见的机械式传动系统的组成如图 3-9 所示，主要由离合器 1、变速器 2、万向传动装置（由万向节 3 和传动轴 8 组成）及驱动桥 4（包括主减速器 7、差速器 5、半轴 6 和驱动桥壳）组成。

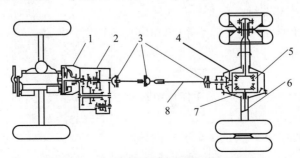

图 3-9 机械式传动系统的组成及布置

1—离合器；2—变速器；3—万向节；4—驱动桥；5—差速器；6—半轴；7—主减速器；8—传动轴

1. 传动系统的功能

1）降速增矩

汽车的起步与驱动，要求作用在驱动轮上的驱动力足以克服各种外界的阻力，如地面对车轮的滚动阻力、空气对车身的阻力等。汽车发动机发出的转矩若直接给车轮，所得到的驱动力很小，不足以驱动汽车运动；另一方面，发动机的转速较高，一般在每分钟数千转，这一转速直接传到驱动轮上，汽车将达到几百公里的时速，这样高的车速既不实用，也不可能。因此，要求传动系统应具有降速增矩的作用，使驱动轮的转速降低到发动机转速的若干分之一，相应地使驱动轮的转矩增大到发动机转矩的若干倍。一般把驱动轮得到的转矩与发动机的输出转矩之比（或发动机转速与驱动轮转速之比）称为传动系统的传动比。汽车在使用过程中，其使用条件要求车速和驱动力在很大范围内不断变化，而发动机的有利转速范围很窄，为了使发动机能保持在有利转速范围内工作，而驱动力和转速又可以在足够大的范围内变化，应当使传动系统的传动比能在最大值与最小值之间变化，即传动系统应有变速的作用。因此在传动系统中设置了主减速器7和变速器2以满足上述要求。

2）实现汽车倒驶

汽车除了前进外，在某些情况下还需要倒向行驶，而发动机一般是不能反向转动的，这就要求传动系统能够改变驱动轮的转动方向，以实现汽车的倒向行驶，因此在变速器中设置一个倒挡。

3）中断动力传递

发动机起动后，汽车行进中换挡以及对汽车进行制动时，要暂时切断动力的传递路线，为满足此要求，在发动机与变速器之间设置一个可由驾驶员控制分离或接合的机构，称为离合器。另外在变速器中设置空挡，即各挡位齿轮都处于非传动状态，满足汽车在发动机不停止转动时能较长时间中断动力的传递。

4）差速作用

汽车在转弯行驶时，左右驱动车轮在同一时间内滚动的距离不同，如果两侧的驱动轮用一根刚性轴驱动，则两轮转动的角速度必然相同，因而在汽车转弯时必然产生车轮相对地面滑动的现象，这将使转向困难，汽车动力消耗增加，传动系统内部某些零件和轮胎磨损加剧。为避免这些情况的出现，在驱动桥内部安装了差速器，使左右驱动车轮以不同的角速度旋转。动力由主减速器先传到差速器，再由差速器分配给左、右半轴，最后传到左、右驱动轮上。

2. 传动系统的布置形式

传动系统在汽车上的布置方式，根据发动机的形式和性能、汽车总体结构形式、汽车行驶系及传动系统本身的结构形式等因素的不同有多种。发动机前置、后轮驱动（简称前置后驱，FR）方式是典型的传动系统布置形式，也称传统布置形式。此外还有发动机前置、前轮驱动（简称前置前驱，FF）方式，发动机后置、后轮驱动（简称后置后驱，RR）方式，发动机中置、后轮驱动（简称中置后驱，MR）方式和全轮驱动（4WD）等，如图3-10（a）、（b）、（c）、（d）、（e）所示。

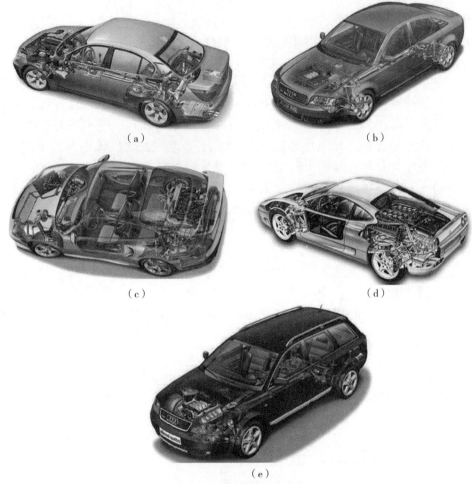

图 3-10 传动系统的布置形式
(a) 宝马 5 系的前置后驱（FR 方式）；(b) 奥迪 A6 的前置前驱（FF 方式）；
(c) 保时捷 911 的后置后驱（RR 方式）；(d) 法拉利 F360 的中置后驱（MR 方式）；
(e) 奥迪 Allroad 的 quattro-4WD 方式

3.2.4 汽车的行驶系统

1. 行驶系统的组成和作用

汽车行驶系统由车架、车桥、车轮和悬架等组成。因用途和行驶条件不同，行驶系统的结构形式也有所差异。通常广泛应用的轮式结构传动系统，各总成及部件之间的连接是：车轮分别安装在车桥上，车桥通过悬架与车架相连接；车架是整个汽车的基体，同时把行驶系统连接成一个整体，它构成了汽车的装配基础，如图 3-11 所示。

2. 汽车行驶系统的主要作用

(1) 支撑汽车的全部质量。
(2) 将传动系统传来的扭矩转化为汽车行驶的驱动力。
(3) 承受并传递路面作用于车轮上的各种反力及力矩。
(4) 减少振动，缓和冲击，保证汽车平稳行驶。

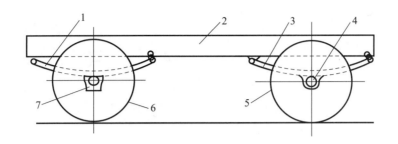

图 3-11　轮式汽车行驶系统的组成及受力情况
1—前悬架；2—车架；3—后悬架；4—驱动桥；5—后轮；6—前轮；7—从动桥

3. 汽车行驶系统的基本类型

汽车行驶系统的基本类型为轮式，另有履带式、半履带式、车轮-履带式和水陆两用式等几种，用于特种用途汽车或工程用车。汽车行驶在比较坚实的道路上，其行驶系统中直接与路面接触的部分是车轮，这种行驶系统称为轮式行驶系统，这样的汽车便是轮式汽车；若行驶系统中直接与路面接触的部分是履带，则称为履带式汽车；若行驶系统中直接与路面接触的部分既有车轮又有履带，则称为半履带式汽车或车轮-履带式汽车。应用较多的是轮式汽车行驶系统。

图 3-12 所示为半履带式汽车。其结构特点是前桥装有滑橇或车轮，用来实现转向，后桥装有履带，以减少对地面的单位压力（比压），避免汽车下陷，同时履带上的履刺也加强了附着作用，具有很高的通过能力，主要用在雪地或沼泽地带行驶。

图 3-12　半履带式汽车

图 3-13 所示为履带式汽车。由于在汽车前后桥上都装有履带，故称为履带式汽车。图 3-14 所示为车轮-履带式汽车。它有着可以互换使用的车轮和履带。水路两用汽车除具有一般轮式汽车的行驶系统外，还备有一套在水中航行的行驶机构。

图 3-13　履带式汽车

3.2.5 汽车的转向系统

1. 转向系统的功用和组成

汽车在行驶过程中,需要按照使用工况和道路情况改变行驶方向,控制汽车改变行驶方向的机构,称为汽车转向系统。汽车行驶方向的改变是由驾驶员通过操纵转向系统来改变转向轮(一般是前轮)的偏转角度实现的。转向系统不仅可以改变汽车的行驶方向,使其按驾驶员规定的方向行驶,而且还可以克服由于路面侧向干扰力使车轮自行产生的转向,恢复汽车原来的行驶方向。

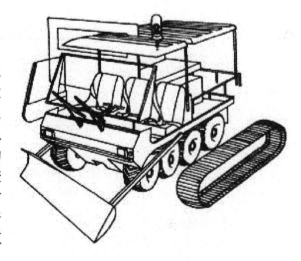

图 3-14 车轮-履带式汽车

2. 汽车转向系统的分类

根据转向能源的不同,汽车转向系统可以分为机械转向系统和动力转向系统两大类型。汽车转向系统由转向器和转向传动机构两大部分组成。图 3-15 所示为汽车机械转向系统示意图。当驾驶员转动转向盘 1 时,通过转向轴 2 和 4,将转向力矩传给啮合副,啮合副作为减速装置主要由蜗杆和曲柄销组成,其作用是将加在转向盘上的力增加若干倍后并改变传动方向传给传动机构。转向传动机构包括转向垂臂 13、直拉杆 12、转向节臂 11、横拉杆 8 以及左、右梯形臂 7 和 9 等机件。转向器的输出力矩使转向垂臂摆动,通过直拉杆推动转向节臂,使左转向节 10 围绕主销偏转。同时通过左梯形臂、横拉杆和右梯形臂带动右转向节一起偏转,使装在转向节上的两个前轮同时朝一个方向偏转以实现汽车的转向。动力转向系统是在机械转向系统基础上加设一套转向加力装置而形成的。

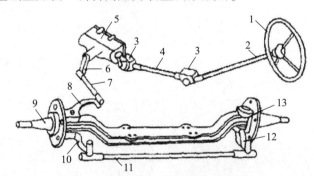

图 3-15 汽车机械转向系统示意图

1—转向盘;2,4—转向轴;3—万向节;5—转向器;6,10—左转向节;
7,9—梯形臂;8—横拉杆;11—转向节臂;12—直拉杆;13—转向垂臂

3.2.6 汽车的制动系统

1. 制动系统的功能

使行驶中的汽车降低速度甚至停车,使下坡行驶的汽车的速度保持稳定以及使已经停驶的汽车保持不动,这些统称为汽车的制动。使汽车产生制动作用的一系列专门装置称为制动

系统。

2. 制动系统的组成及类型

1）行车制动系统和驻车制动系统

一般汽车应包括两套独立的制动系统：行车制动系统和驻车制动系统。行车制动系统是由驾驶员用脚来操纵的，故又称脚制动系统。它的功用是使正在行驶中的汽车减速或在最短的距离内停车。驻车制动系统是由驾驶员用手来操纵的，故又称手制动系统。它的功用是使已经停在各种路面上的汽车驻留原地不动。但是，在紧急情况下，两套制动系统可同时使用，以增加汽车的制动效果。经常在山区行驶的汽车以及某些特殊用途的汽车，为了提高行车的安全性和减轻行车制动系统性能的衰退及制动器的磨损，还应装备辅助制动系统，用以在下坡时稳定车速。

2）汽车制动系统的组成

汽车制动系统主要由四部分组成：

（1）制动器：产生制动力矩，阻止车轮转动的装置。

（2）制动操纵机构：控制制动器工作的机构，如操纵手柄和制动踏板等。

（3）制动传动机构：将操纵力传到制动器的机构。

（4）制动力的调节机构：用来调节前后车轮制动力的分配的机构。

3）人力制动系统、动力制动系统和伺服制动系统

按照制动能源不同，制动系统还可分为人力制动系统、动力制动系统和伺服制动系统三种。以驾驶员的肌体作为唯一制动能源的制动系统称为人力制动系统；完全靠发动机的动力转化而成的气压或液压作为制动能源的制动系统是动力制动系统；兼用人力和发动机动力作为制动能源的制动系统称为伺服制动系统。

3. 制动系统的工作原理

图 3-16 所示为一种简单的液压制动系统的工作原理示意图。它由制动器、操纵机构和液压传动机构组成。制动器主要由旋转部分、固定部分和张开机构组成。旋转部分是制动鼓 8，它固定在车轮轮毂上，随车轮一起旋转。它的工作面是内圆柱面。固定部分包括弧形制动蹄 10 和制动底板 11 等。制动底板用螺栓与转向节凸缘（前轮）或桥壳凸缘（后轮）固定在一起。在固定不动的制动底板上，有两个支承销 12，支承着两个弧形制动蹄 10 的下端。弧形制动蹄的外圆面上装有摩擦片 9，上端用制动蹄回位弹簧 13 拉紧压靠在轮缸活塞 7 上。制动蹄可用液压轮缸（或凸轮）等张开机构使其张开。液压轮缸也安装在制动底板上。

制动系统不工作时，制动鼓的内圆面与制动蹄摩擦片的外圆面之间保留有一定的间隙，使制动鼓可以随车轮自由旋转。制动时，踩下制动踏板，推杆便推动主缸活塞，使主缸中的油液以一定压力流入制动轮缸，通过轮缸活塞使两弧形制动蹄的上端向外张开，从而使摩擦片压紧在制动鼓的内圆面上。制动蹄就对旋转着的制动鼓产生摩擦阻力矩，其作用方向与车轮旋转方向相反。制动鼓将该力矩传到车轮后，由于车轮与路面间的附着作用，路面对车轮产生制动力，迫使整个汽车产生一定的减速度。制动力越大，减速度也越大。当松开制动踏板时，制动蹄回位弹簧 13 即将弧形制动蹄拉回原位，制动作用即行解除。

制动系统的传动机构采用单一的气压或液压回路的制动系统为单回路制动系统，这种制动系统只要有一处损坏而渗漏，整个制动系统即行失效。故我国自 1988 年 1 月 1 日开始规定，所有汽车均使用双回路制动系统或多回路制动系统，即所有行车制动系统的气压或液压

管路分属于两个或多个彼此独立的回路。这样，即使其中一个回路失效，还能利用其他回路获得部分制动力。

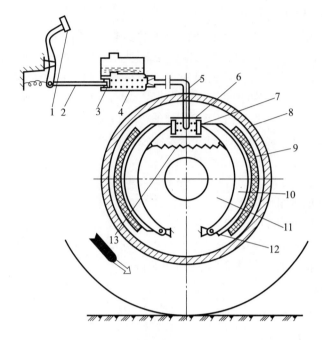

图 3-16 制动系统工作原理示意图

1—制动踏板；2—推杆；3—主缸活塞；4—制动主缸；5—油管；6—制动轮缸；7—轮缸活塞；8—制动鼓；9—摩擦片；10—弧形制动蹄；11—制动底板；12—支承销；13—制动蹄回位弹簧

3.2.7 汽车车身与附属设备

1. 概述

汽车车身是运送乘员、货物和驾驶员的场所，车身应为驾驶员提供良好的驾驶操作条件，为乘员提供舒适的乘坐条件（隔离汽车行驶时的振动、噪声、废气以及恶劣气候等影响），并保证完好无损地运载货物且装卸方便。车身结构和设备还应保证行车安全和减轻事故后果。

车身应具有合理的外部形状，能保证有效地引导周围的气流，以减少空气阻力和燃料消耗，且有助于提高汽车的动力性、燃油经济性和行驶稳定性，并改善发动机冷却条件，保证车身内部通风良好。

随着汽车工业的发展和汽车消费群体对汽车文化内涵的理解和追求，车身的类型、设施和色彩等方面所包含的内容越来越受到人们的重视。现代汽车车身除了保证其基本功用外，还应以其优雅的雕塑形体、装饰件和内部覆饰以及悦目的色彩使人获得美感享受，尽量满足人们对它越来越高的物质享受和精神追求。现在以及未来的车身必须是一件精致的艺术品，才能获得消费者的赏识。

2. 车身的基本组成

轿车车身主要由车身壳体、车门、车窗、车前板制件和座椅等组成；载货汽车和专用汽车还包括货厢和其他专用设备。按受力情况，车身可分为：

（1）非承载式车身。其特点是保留车架，车身与车架通过弹簧或橡胶柔性连接。车架的刚度大，承受发动机及底盘各部件的重力及它们工作时通过支架传递的力、汽车行驶时由路面通过悬架传来的力。车身承受本身重力与所装载的客货重力及汽车行驶时所引起的惯性力和空气阻力。大多数客车及载货汽车采用这种车身。

（2）半承载式车身。半承载式车身是介于承载式与非承载式车身之间的一种结构形式。其特点是保留车架，车身与车架刚性连接，车身除承受非承载式中所述各载荷外，还分担车架的部分载荷。车身对车架有加固作用。

（3）承载式车身。其特点是无车架，车身便作为发动机和底盘各总成的安装基础，上述各种载荷均由车身承受。现代轿车多采用这种形式的车身。图3-17所示一汽大众汽车有限公司生产的捷达轿车采用的就是承载式车身壳体。该车身没有明显的骨架，是由外部覆盖件和内部钣件焊合而成的空间结构。其车身壳体的纵向承力构件有前纵梁24、门槛17、地板通道20、后纵梁13、上边梁7和前挡泥板加强筋22；横向承力构件有前座椅横梁21、地板后横梁14、前窗框上横梁4、前窗框下横梁3、后窗框上横梁6、后窗台板8和后围板9；垂直承力构件有前立柱（A柱）、中间立柱（B柱）和后立柱（C柱）等。车身主要钣件有前挡泥板23、前地板19、后地板15、前围板2、顶盖5、后轮罩12和后翼子板11等。这些构件和钣件利用搭接、翻边等连接方式按先后顺序点焊组装成后地板总成、左右侧围总成、前地板与前围总成、顶盖等，最后拼装焊合成整个车身壳体。汽车附属设备主要包括车内仪表、风窗刮水器、风窗洗涤器、遮阳板、玻璃升降器、各种密封件、门锁、门铰链、后视镜、拉手、点烟器、微波炉、小型电冰箱以及通风、取暖、冷气和空调装置。

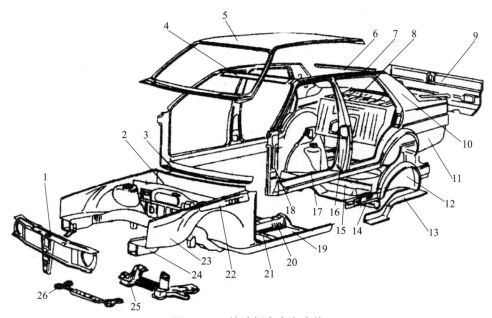

图3-17 捷达轿车车身壳体

1—散热器框架；2—前围板；3—前窗框下横梁；4—前窗框上横梁；5—顶盖；6—后窗框上横梁；7—上边梁；8—后窗台板；9—后围板；10—后立柱（C柱）；11—后翼子板；12—后轮罩；13—后纵梁；14—地板后横梁；15—后地板；16—中间立柱（B柱）；17—门槛；18—前立柱（A柱）；19—前地板；20—地板通道；21—前座椅横梁；22—前挡泥板加强筋；23—前挡泥板；24—前纵梁；25—副车架；26—前横梁

3.3 汽车行驶理论

3.3.1 汽车行驶基本概念

要使静止的汽车开始行驶,并且在行驶中保持一定的速度或加速度,就必须对汽车施加一个与行驶方向相同的推动力,以克服阻碍汽车运动的各种阻力。这个推动汽车行驶的力称为牵引力。汽车牵引力来源于汽车发动机运转时产生的扭矩通过传动机构传送到驱动轮产生的驱动力。根据力系平衡的原理,汽车行驶时其牵引力必须等于汽车行驶总阻力。

3.3.2 汽车行驶阻力

汽车行驶中通常会遇到的阻力有滚动阻力、空气阻力、坡度阻力和加速阻力。

1. 滚动阻力 F_f

滚动阻力主要是由于轮胎和路面的变形而产生的,主要有以下几个方面:

(1) 道路塑性变形损失。车轮滚动时会推移土壤,轮胎与路面之间产生摩擦,土壤受挤压产生塑性变形等都要消耗一定的能量。

(2) 轮胎弹性迟滞损失。汽车行驶时,使轮胎在径向、切向及侧向都会产生变形,并处于变形、恢复的循环中,其中有一部分能量要消耗在轮胎组织的内摩擦上,称为弹性迟滞损失,使轮胎发热,并向大气散出热量。

(3) 其他损失。汽车行驶时,还包括从动轮轴承、油封处的损失,悬架零件间的摩擦和减振器内的损失等。

滚动阻力的大小一般用下列公式计算:

$$F_f = Gf$$

式中　G——汽车重力,单位为 N;

　　　f——滚动阻力系数。

滚动阻力系数 f 表示单位车重的滚动阻力。汽车在不同路面或不同的运行条件下行驶时的滚动阻力系数是不一样的。滚动阻力系数的大小由试验确定,其影响因素主要有以下几个:

(1) 路面的类型、平整度、坚硬程度和干燥状况。表 3-6 所示为车速在 50 km/h 以下时,不同路面上的滚动阻力系数 f 的数值。

表 3-6　不同路面上的滚动阻力系数 f 的数值

路面类型	滚动阻力系数 f	路面类型	滚动阻力系数 f
良好的沥青或混凝土路面	0.010 ~ 0.018	压紧土路(雨后的)	0.050 ~ 0.150
一般的沥青或混凝土路面	0.018 ~ 0.020	泥泞土路(雨季或解冻期)	0.100 ~ 0.250
碎石路面	0.020 ~ 0.025	干沙	0.100 ~ 0.300
良好的卵石路面	0.025 ~ 0.030	湿沙	0.060 ~ 0.150
坑洼的卵石路面	0.035 ~ 0.050	结冰路面	0.015 ~ 0.030
压紧土路	0.025 ~ 0.035	压紧的雪道	0.030 ~ 0.050

(2) 轮胎的结构。保证轮胎有足够的强度和寿命的前提下,减少帘布层数,可以使胎体减薄而减小滚动阻力系数;子午线轮胎比普通轮胎的滚动阻力系数小,而且车速的变化对它的影响较小;胎面花纹磨损的轮胎,比新轮胎的滚动阻力系数小。

(3) 轮胎的气压。气压降低时,在硬路面上轮胎变形大,滚动阻力系数增大;气压过高,在软路面上行驶时,路面产生很大的塑性变形,并会留下轮辙,也使滚动阻力系数增大。

(4) 行车速度。车速在 50 km/h 以下时,滚动阻力系数变化不大。在 100 km/h 以上时增长较快。车速达某一高速,如 150~200 km/h 时,滚动阻力系数迅速增长,因为这时轮胎将出现驻波现象,即轮胎周缘不再是圆形而呈明显的波浪状。这时车辆的滚动阻力会显著增加。

2. 空气阻力 F_w

空气阻力是在汽车行驶时,空气与汽车表面相互摩擦产生的摩擦阻力和车身前后所受的压力差而产生的阻力的合成。空气阻力与汽车的正面投影面积(或称迎风面积)以及汽车与空气的相对速度的平方成正比,它还与汽车外部轮廓形状和表面质量有关。汽车正面投影面积越大,车速越高,空气阻力在汽车行驶总阻力中所占比例也越大。对高速行驶的汽车,空气阻力是汽车行驶的主要阻力。现代汽车努力改进车身设计,用流线型较好的外形减小空气阻力。

3. 坡度阻力 F_i

当汽车上坡时,汽车重力(总质量)在平行于路面的方向上产生一个分力,其方向与汽车行进方向相反,这个力为上坡阻力。下坡时则相反,其质量在平行于路面方向的分力与汽车行进方向相同,形成了下坡助力。坡道阻力的大小取决于汽车的总质量以及路面的纵向坡度。

4. 加速阻力 F_j

加速阻力也称惯性阻力,是阻止汽车改变速度的惯性力。当汽车加速时,产生的惯性力作用方向与汽车的行驶方向相反,称为加速阻力;减速时则产生惯性助力,推动汽车行进。当汽车等速行驶时,加速阻力为零。

汽车行驶的过程中,受到的各种行驶阻力必须与驱动力平衡。表示汽车驱动力与行驶阻力之间关系的等式,称为汽车的驱动力平衡方程,即 $F_t = F_f + F_w + F_i + F_j$。该式说明了汽车行驶中驱动力与各行驶阻力的平衡关系,其平衡关系不同,则汽车的运动状态不同。

若 $F_j = F_t - (F_f + F_w + F_i) > 0$,即 $F_t > F_f + F_w + F_i$ 时,汽车将加速行驶。

若 $F_j = F_t - (F_f + F_w + F_i) = 0$,即 $F_t = F_f + F_w + F_i$ 时,汽车将等速行驶。

若 $F_j = F_t - (F_f + F_w + F_i) < 0$,即 $F_t < F_f + F_w + F_i$ 时,汽车将无法起步或减速行驶直至停车。

可见,汽车行驶的必要条件是:$F_t > F_f + F_w + F_i$,该式为汽车的驱动条件,它反映汽车的行驶能力,但还不是汽车行驶的充分条件。

3.3.3 汽车的使用性能

汽车的使用性能是指汽车能适应使用条件而发挥最大工作效率的能力。汽车驾驶员了解和掌握汽车使用性能的目的在于根据使用要求和使用条件,更好地利用其使用性能,减少不正确的使用方法,以便最大限度地发挥汽车的工作效率。

评价汽车使用性能的指标很多,主要使用的性能评价指标有:

1. 汽车的动力性

汽车的动力性直接影响着汽车的平均行驶速度和运输生产效率。汽车的平均行驶速度是汽车动力性的总指标。从尽可能获得高的平均行驶速度的观念出发,汽车动力性通常以汽车的加速时间、最高车速和最大爬坡能力来表示。

1) 加速时间

加速时间是指提高汽车行驶速度达到指定水平的加速过程所需的时间。它对于市区运行车辆的平均行驶速度影响很大,特别是轿车对加速时间尤为重视。常用原地起步连续换挡加速时间和直接加速时间来表示汽车的加速能力。加速时间越短,表示汽车的加速性能越好。实际试验中常采用下列两种方法评定。

(1) 最高挡或次高挡加速性能,也称超车加速性能。它由汽车用最高挡或次高挡由某一预定的中速全力加速至另一预定高速时所经过的时间或距离来评定。这段时间越短,则超车加速能力越强,从而可以减少超车过程中的并行时间,有利于保障行车安全。

(2) 起步连续换挡加速性能,也称原地起步加速性能。它由汽车以起步挡起步,并以较大的加速度且选择恰当的换挡时刻逐步换至最高挡后,加速到某一高速($80\% v_{max}$以上)所需的时间与距离来评定。原地起步加速时间是衡量高档次轿车动力性能的重要指标。一般认为高速轿车 0~100 km/h 的加速时间应在 10 s 以内,跑车或竞赛汽车的加速时间可达 4 s。

2) 最高车速

最高车速指汽车在水平的良好路面上满载行驶时所能达到的瞬时最高车速(km/h)。它对于长途运输车辆的平均行驶速度影响较大。

3) 最大爬坡度

最大爬坡度指汽车满载在干燥硬实路面上使用最低挡发出最大牵引力的情况下等速行驶爬越最大坡度的能力。它对于山区行驶车辆的平均行驶速度有很大影响。轿车一般不强调爬坡能力,因为轿车最高车速大,加速时间短,经常在较好的道路上行驶;货车则不同,它需要在各种地区的各种道路上行驶,所以必须具有足够的爬坡能力。所谓坡度,是指坡道的垂直高度与坡道的水平长度之比值,通常用百分数表示。例如,坡道水平长度为 100 m,坡道的终点比起点升高了 10 m,这个坡道的坡度为 10%。

需要进一步加以说明的是,最大爬坡度代表了汽车的极限爬坡能力,它应比实际行驶中遇到的道路最大坡度超出很多,这是因为应考虑到在实际坡道行驶时,在坡道上停车后顺利起步加速、克服松软坡道路面的大阻力、克服坡道上崎岖不平路面的局部大阻力等要求的缘故。越野汽车要在坏路或无路条件下行驶,因而爬坡能力是一个很重要的指标,它的最大爬坡度可达 60% 或更高。

影响汽车动力性的主要因素包括以下几个方面:

1) 发动机参数的影响

(1) 发动机最大功率的影响。发动机最大功率越大,汽车的动力性越好,最高车速、加速能力、爬坡能力必然也越好,但发动机功率也不宜过大,否则在常用条件下,由于发动机负荷率过低而导致油耗的增加。

(2) 发动机最大转矩。发动机的最大转矩大,传动比一定时,汽车的加速和上坡能力就强。

2) 传动系统挡数的影响

变速器的挡数增加时，发动机在接近最大功率工况下工作的机会增加，发动机的平均功率利用率高，后备功率增大，有利于汽车加速和上坡，提高了汽车中速行驶时的动力性。挡数多，可选用最合适的挡位行驶，使发动机尽可能在大功率工况下工作，提高了功率利用的平均值。

3) 变速器传动比的影响

变速器的传动比对汽车的动力性影响最大。Ⅰ挡的传动比越大，汽车的牵引能力和爬坡能力就越强。但只有在附着条件的限制之内，汽车的动力性才能充分发挥。变速器其余各挡的传动比应按等比级数分配，保证汽车在换挡加速过程中功率利用程度最高。

4) 汽车流线型的影响

汽车流线型影响汽车的空气阻力系数，对汽车的动力性也有影响。因为空气阻力和车速平方成正比，克服空气阻力消耗的功率和车速的立方成正比，所以汽车的流线型对汽车的最高车速有很大影响。

5) 轮胎尺寸与形式的影响

汽车的驱动力与驱动轮的半径成反比，而车速与驱动轮的半径成正比。因此，轮胎半径对与动力性有关的驱动力和车速是矛盾的。在良好路面上行驶的汽车，由于附着力较大，允许用小直径的轮胎，可得到较大的驱动力。车速的提高可以用减小主减速器传动比来解决。轮胎尺寸和主减速器传动比的减小，使汽车质心高度降低，提高了汽车行驶的稳定性，有利于汽车的高速行驶。软路面上行驶的汽车，车速不高，要求轮胎半径大些，主要是为了增加附着系数。

6) 使用因素的影响

使用因素主要包括发动机技术状况、汽车底盘技术状况、驾驶技术和汽车运行条件等。

(1) 发动机技术状况。发动机技术状况不良，其功率、转矩下降，汽车动力性下降。

(2) 汽车底盘技术状况。汽车传动系统各传动元件的松紧度与润滑、前轮定位的调整、轮胎气压、制动性能的好坏、离合器的调整、传动系统的润滑油质量等都直接影响汽车的动力性。

(3) 驾驶技术。熟练的驾驶操作，适时迅速地换挡以及正确选择挡位，对发挥和利用汽车动力性均有很大影响。

(4) 汽车运行条件。气候温度过高和过低，容易造成发动机过热和过冷，使发动机的功率下降；当汽车在高原地区行驶时，由于空气稀薄，发动机的充气量和压缩压力降低，导致发动机功率下降；汽车在使用过程中，道路条件的不断变化，如遇泥泞土路和冰雪路面等，车轮的滚动阻力增加，附着系数减小，也使发动机功率大大降低。

2. 汽车的燃油经济性

汽车的燃油经济性是指汽车以最小的燃油消耗完成单位运输工作的能力。提高燃油经济性，将减少单位运输量的燃油消耗，降低运输成本。汽车的燃油经济性常用一定运行工况下汽车行驶百公里的燃油消耗量或一定燃油量能使汽车行驶的里程来衡量。

在我国及欧洲，燃油经济性指标的单位为 L/100 km，即每行驶 100 km 所消耗的燃油升数。它的数值越大，汽车燃油经济性越差。美国和日本均采用 mile/gal（英里/加仑）作为燃油经济性的单位，即一加仑燃油所能行驶的英里数。这个数据越大，汽车燃油经济性能越好。

等速行驶百公里燃油消耗量是常用的一种评价指标，它是指汽车在一定载荷（我国标准规定轿车为半载、货车为满载）下，以最高挡在水平良好路面上等速行驶100 km的燃油消耗量。通常是测出每隔10 km/h或20 km/h速度间隔的等速百公里燃油消耗量，然后在图上连成曲线，作为等速百公里燃油消耗量曲线，并用它来评价汽车的燃油经济性，如图3-18所示。

但是，等速行驶工况并没有全面反映汽车的实际运行情况，特别是在市区行驶中频繁出现的加速、减速、怠速、停车等行驶工况。因此，在对实际行驶车辆进行跟踪测试统计的基础上，各国都制定了一些典型的循环行驶试验工况来模拟实际汽车运行状况，并以其百公里燃油消耗量来评定相应行驶工况的燃油经济性。

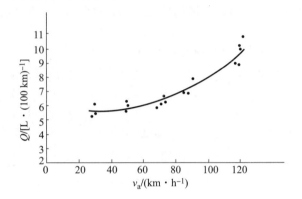

图3-18　汽车等速百公里燃油消耗量曲线

汽车燃油经济性主要取决于汽车的行驶阻力和发动机的有效燃油消耗率。下面从汽车的结构因素和使用因素两方面来说明对汽车燃油经济性的影响。

1）汽车结构因素的影响

（1）发动机方面的影响。发动机方面影响燃油经济性的主要因素有发动机的种类、压缩比、发动机功率利用率等。

①发动机种类的影响。可精确控制混合气浓度的电控汽油喷射式汽油机逐步取代了化油器式发动机，该类型的汽油机燃油利用率高，并且尾气排放低。柴油机由于热效率高，有效燃油消耗率比汽油机低30%~40%，而且柴油价格较汽油低。随柴油机技术的不断改善，扩大柴油机的使用范围是当前汽车发动机技术发展的趋势之一。

②压缩比的影响。发动机的压缩比提高时，热效率增加，使发动机的动力性、经济性得以改善，发动机油耗率有所降低。汽油机压缩比提高到一定程度后，会产生爆燃，并且会增加NO_x的排放量，所以压缩比的提高应有一定的限度。

③发动机功率利用率的影响。选用小排量发动机可提高发动机的负荷率。在保证动力性足够的前提下，装用小功率的发动机以提高发动机的功率利用率，降低耗油量。

（2）传动系统方面的影响。在一定的行驶条件下，变速器应尽量用较高挡位，这样发动机的负荷率较高，有效燃油消耗率较低，所以汽车燃油消耗量较低。变速器挡位增多以后，选择恰当的挡位机会增多，这样使汽车处于燃油消耗量较低的机会增多。但挡位数太多，会使结构复杂，操作不便。

（3）空气阻力的影响。空气阻力与汽车的迎风面积、空气阻力系数和行驶速度的平方成正比。车速越高，阻力越大，汽车的燃油经济性也越差。改善汽车外形，减小空气阻力系数，可以减少中高速行驶的空气阻力，有显著的节油效果。

（4）汽车质量的影响。当汽车的总质量增加时，单位行程的燃油消耗量增加，减小汽车质量是降低油耗最有效的措施之一。减小汽车质量方面采取的措施主要有：采用高强度轻材料，如高强度低合金钢、铝合金、塑料和各种纤维强化的材料制造汽车零件；改进汽车结构，如采用前轮驱动、承载式车身等，以及各种零件的薄壁化和小型化。

（5）汽车轮胎的影响。汽车轮胎的选用，主要影响动力性和经济性。公认子午线轮胎综合性能好，尤其是滚动阻力小，与一般斜交轮胎相比可节油6%~8%。

2）使用方面因素的影响

对于一定的车型而言，一般通过改善汽车的技术状况，提高驾驶员的操作技术水平，选择良好的运行条件等手段来达到提高汽车燃油经济性的目的。

（1）汽车的技术状况。为保持汽车的技术状况良好，必须正确执行汽车的维护制度，正确地维护和调整，特别是对燃油消耗量影响最大的燃油供给系统和点火系统，要经常保持良好的工作状况。在汽车底盘方面，首先是要保持正常的润滑，以减少传动系统和行驶系统中的摩擦阻力。另外还要保证前轮定位的正确性和正常的轮胎气压，以减少燃油消耗。但特别要注意的是，燃油和润滑油的质量对汽车的燃油消耗量也有很大的影响。

（2）驾驶员的操作技术水平。良好的驾驶技术可以大大降低汽车的燃油消耗量，不同技术水平的驾驶员在相同使用条件下驾驶同一类型的汽车，其燃油消耗量可相差20%~40%。降低燃油的消耗除了合理起动、预热保温、平稳起步、缓慢加速，安全、合理地使用制动外，对挡位的选择也有一定的要求。即，使汽车以接近于各挡的经济车速行驶，在条件允许的情况下尽量采用高速挡行驶等。

（3）运行条件的影响。汽车在不好的路面上行驶，油耗量将明显增加；在高原山区工作的汽车，由于空气稀薄，充气量不足，发动机功率下降，油耗也将增加。这就说明运行条件对汽车的油耗量的影响很大。运行条件的不同，克服行驶阻力所消耗的功率以及发动机的工况都将随之发生变化。

3. 汽车的制动性

汽车的制动性是指汽车在行驶中能强制地降低行驶速度并短距离内停车，在下坡时能控制汽车保持稳定的安全车速，且在制动过程中能维持车辆行驶方向的稳定性。制动性能的好坏直接影响行车安全，也关系到汽车动力性的有效发挥。汽车制动性的优劣主要从汽车的制动效能、制动效能的恒定性和制动时汽车方向的稳定性三个方面来评价。

1）汽车的制动效能

汽车的制动效能是指汽车迅速降低车速直至停车的能力。一般用制动距离和制动减速度来评价。

（1）制动距离。制动距离是指汽车速度为v_0时，从驾驶员脚踏制动踏板开始到汽车停止行驶为止所经过的距离。它与汽车的行驶安全有直接的关系。制动距离与制动踏板力、车辆载荷、制动器起作用的时间、路面附着条件、制动的起始车速、发动机是否接合等许多因素有关。在测试制动距离时，应对踏板力或制动系统压力、路面附着系数、起始车速以及车辆的状态加以规定。制动距离与制动器的热状况也有密切关系。若无特殊说明，一般制动距离是在冷试验的条件下测得的。起始制动时制动器的温度在100 ℃以下。

（2）制动减速度。制动减速度是检验汽车制动器效能的最基本的指标之一，其大小直接影响制动距离的长短。制动减速度的大小反映了地面制动力的大小，因此它与制动器制动力（车轮滚动时）及地面附着力（车轮抱死拖滑时）有关。

2）制动效能的恒定性

以上所述的制动效能是指汽车行车制动系统在冷制动的情况下（即制动器起始温度在 100 ℃ 以下）的制动效能。汽车在高速制动、短时间重复制动或下长坡连续制动时，制动器的温度常在 300 ℃ 以上，有时高达 600~700 ℃，使摩擦片内的有机物发生分解，产生气体和液体，在摩擦表面形成有润滑作用的薄膜，此时制动器摩擦系数下降，摩擦力矩会显著减小，从而使制动效能显著下降，这种现象称为制动器的热衰退。制动效能的恒定性主要指的是行车制动系统抗热衰退的性能。

抗热衰退的性能与制动器摩擦副材料及制动器结构有关，热衰退是目前制动器不可避免的现象，只是程度上有所差别。衡量抗热衰退性能一般用连续制动时制动效能占冷制动效能的百分数作为评价指标。ISO/DIS 6597 规定，被试车辆以一定的车速连续制动 15 次，每次的制动强度为 -3 m/s^2，最后的制动效能应不低于冷试验制动效能的 60%。对于山区行驶的货车和高速行驶的轿车，抗热衰退性能有较高的要求。一些国家规定，大型货车必须装备辅助制动器，以保持山区行驶的制动效能。

盘式制动器由于具有较好的散热效果、良好的制动稳定性，因而在高速轿车中广泛应用。

当汽车涉水后，由于制动器被水浸湿，制动效能也会降低，这种现象称为水衰退现象。为保证行车安全，汽车涉水后应踩几次制动踏板，使制动蹄和制动鼓摩擦生热迅速干燥，制动效能才会恢复正常。

3）制动时汽车的方向稳定性

所谓制动方向的稳定性，是指汽车在制动过程中维持直线行驶的能力，或按预定弯道行驶的能力。一般试验中常规定一定宽度（指 1.5 倍的车宽或 3.5 m）的试验通道，制动时方向稳定性合格的车辆，一般不允许产生不可控制的效应使它离开这条通道。制动方向的稳定性是用制动时不应发生制动跑偏、侧滑以及失去转向能力的性能来衡量的。

(1) 制动跑偏。制动跑偏是指制动时原期望汽车按直线方向减速停车，但有时汽车却自动向左或向右偏驶的现象。跑偏的现象多数是由技术状况不佳而造成的，经过维修、调整是可以消除的。

(2) 制动侧滑。制动侧滑是指汽车制动时某一轴的车轮或者两轴的车轮发生横向滑动的现象。侧滑与车辆设计、车速及路面情况有关。一般在较高的车速或较滑的路面上制动时，也可能发生后轴侧滑。

制动跑偏和制动侧滑的区别在于，制动跑偏时虽然行驶方向出现了偏离，但车轮与地面没有产生相对滑移现象；联系在于，严重的跑偏有时会引起后轴侧滑，易于发生侧滑的汽车也有加剧跑偏的趋势。

(3) 制动时失去转向能力。制动时失去转向能力是指制动时不能按预定弯道行驶和转向，而沿切向方向驶出，或直线行驶制动时转动转向盘不能改变方向仍按直线行驶的现象。制动时丧失转向能力主要是由于转向轮抱死而失去控制方向的作用。

制动侧滑与丧失转向能力有着非常密切的联系。理论分析与实践证明，制动过程中若是只有前轮抱死或前轮先抱死拖滑，汽车基本能维持直线减速行驶或停车，不会产生严重的侧滑现象，但此时驾驶员转动转向盘无效，失去控制方向的能力，对在弯道行驶的汽车是十分危险的。若后轮比前轮提前一定时间先抱死拖滑，汽车在轻微侧向干扰力作用下就会引起后轴侧滑，特别是高速制动，易产生剧烈的回转运动，即制动"甩尾"现象。路面越滑、制动距离和制动时间越长，后轴侧滑就越剧烈。采用自动防抱死装置和制动力自动分配装置的控制系统可以有效地防止或减少上述三种情况的出现，从而使汽车在紧急制动时保持良好的方向稳定性。

4. 汽车的稳定性

汽车的稳定性是指汽车在行驶中抵抗倾覆和侧滑的能力。汽车稳定性的破坏会使汽车失去操纵，导致整车出现侧滑、回转，甚至翻车的危险。由于上述两个性能之间有着密切的关系，故常统称为操纵稳定性。

汽车的稳定性包括纵向稳定性和横向稳定性。

1) 汽车的纵向稳定性

这是指汽车在上下坡时，抵抗绕前桥或后桥翻车的能力。现代汽车的重心位置较低，一般均能满足纵向稳定性要求，但越野车常常因使用条件的特殊，需要爬陡坡，货物装载过高，下陡坡车速过快或制动过急，则可能发生车辆纵向倾覆的事故。

2) 汽车的横向稳定性

这是指汽车抵抗横向倾覆和横向侧滑的能力。汽车在横向坡道行驶时，如汽车重力在平行于横向坡道上的分力和转弯时汽车的横向惯性力达到一定值时，汽车将沿横向力的作用方向而滑移甚至出现横向翻车。通常有以下几种情况：

（1）汽车在横向坡度较大的道路上曲线行驶，汽车重心偏离车身中心，使汽车侧滑或向一侧翻车，如图3-19所示。

（2）汽车转弯时，车速过快、转弯半径小或转向盘的回转速度快，因转弯产生的离心力过大，可能使汽车发生横向翻车，如图3-20所示。

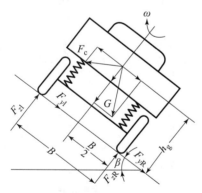

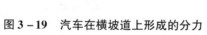

图3-19 汽车在横坡道上形成的分力

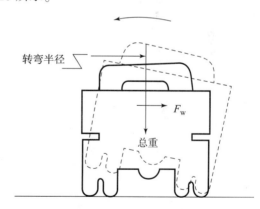

图3-20 汽车转弯时产生的离心力

（3）汽车在泥泞、冰雪道路上行车，由于车轮与路面间附着系数较小，当车速较快或紧急制动时，容易发生侧滑。

5. 汽车的通过性与机动性

汽车的通过性是指汽车能以足够的平均速度通过各种道路和障碍物的能力。

1) 评价汽车通过性的主要参数

评价汽车通过性的主要参数有汽车的最小离地间隙、接近角与离去角、纵向通过半径与横向通过半径、最小转弯半径及外廓尺寸等，如图3-21所示。

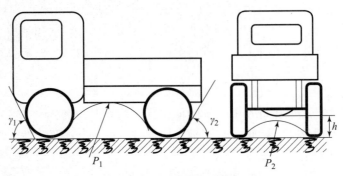

图 3-21 汽车通过性参数

P_1—纵向通过半径；P_2—横向通过半径；h—最小离地间隙；γ_1—接近角；γ_2—离去角

（1）最小离地间隙。最小离地间隙是指汽车满载、轮胎气压合乎规定，除车轮以外底盘的最低点与路面间的距离，它表示汽车无碰撞地越过障碍物的能力。多数汽车底盘的最低点在后桥主减速器的下沿，最小离地间隙较大的汽车通过性较好。

（2）接近角与离去角。从汽车前端最低点向前轮外圆引出的切线与地面构成的夹角称为接近角，用 γ_1 表示；从汽车后端突出的最低部位向后轮外圆引出的切线与地面构成的夹角称为离去角，用 γ_2 表示。接近角和离去角是表示汽车接近和离开障碍的能力，γ_1 和 γ_2 越大，则汽车的通过性越好。

（3）纵向通过半径与横向通过半径。汽车前、后轮外圆与汽车中部最低点相切的圆弧半径，称为汽车的纵向通过半径；汽车前桥或后桥的左右车轮内侧与车桥最低点相切的圆弧半径，称为汽车的横向通过半径。

（4）最小转弯半径。汽车转弯时，当转向盘转到最大极限时，外侧前轮所滚过的轮迹中心至转向中心的距离称为最小转弯半径，如图 3-22 所示。汽车的最小转弯半径是汽车机动性的重要指标，它表明了汽车在最小面积内回转的能力。汽车前轮转向角越大，轴距越短，转弯半径就越小，汽车通过狭窄、弯曲道路和绕开障碍的能力就越高。

2）汽车通过性的影响因素

影响汽车通过性的主要因素包括结构因素和使用因素两个方面。

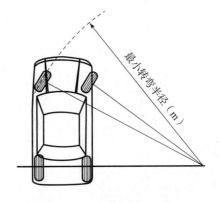

图 3-22 汽车最小转弯半径

（1）结构因素。

①发动机。汽车通过坏路或无路地带时，要克服较大的道路阻力，提高汽车的通过性，就必须提高单位汽车重力下发动机的扭矩或提高比功率。

②传动系统的传动比。要提高动力因数，需增大传动系统的传动比，以此来达到增大驱动力的目的，所以一方面越野汽车设有副变速器或分动器；另一方面增大越野汽车传动系统的总传动比来降低最低稳定的车速，减小车轮对松软路面的冲击，降低由此引起的土壤剪切破坏的概率，提高汽车通过坏路或无路地段的能力。

③液力传动。装有液力变矩器或液力耦合器的汽车，起步时转矩增加平缓，避免了对路面的冲击。同时，不用换挡也能提高转矩，可以有效地提高汽车的通过性。

④差速器。普通锥齿轮式差速器，由于具有在驱动轮间平均分配转矩的特性，当一侧车轮出现滑转时，另一侧车轮只能产生与滑转车轮相等的驱动力，使总驱动力降低而不能克服行驶阻力，汽车无法正常行驶。采用高摩擦差速器，可以使转得较慢的车轮得到较大的驱动力，从而使总驱动力增加，有利于提高汽车的通过性。若采用差速锁，两边车轮的驱动力可以按各自的附着力来分配，改善通过性的作用更明显。

⑤涉水能力。为了提高汽车的涉水能力，应注意发动机的分电器、火花塞、蓄电池、曲轴箱通风口和机油尺等处的防水密封，并保证空气滤清器不进水。

⑥前后轮距。若前、后轴采用相同的轮距，且轮胎宽度相同，后轮可以沿前轮压实的轮辙行驶，从而使全车的行驶阻力减小，以提高通过性。

⑦驱动轮的数目。增加驱动轮的数目，可以提高相对附着质量，获得较大的驱动力。越野汽车均采用全轮驱动。

（2）使用因素。

①轮胎气压。汽车在松软路面上行驶时，为了使轮胎与路面的接触面积增加，降低轮胎对路面的压力，使路面变形和轮胎受到的道路阻力减少，可采用降低轮胎气压的方法。而在硬路面上行驶时，应适当提高轮胎气压，这样可以减小轮胎变形，使行驶阻力减小。因此，有的越野汽车装有中央充气系统，驾驶员在驾驶室内可根据路面情况调整轮胎气压。

②轮胎花纹。轮胎花纹对附着系数影响很大。越野汽车应选用具有宽而深花纹的轮胎，这是因为在松软路面上行驶时，轮胎花纹嵌入土壤，使附着能力提高；而汽车在潮湿路面上行驶时，只有花纹的凸起部分与路面接触，提高了单位压力，有利于挤出水分，提高附着系数。

③拱形轮胎。在专用越野车上，不少使用了超低压的拱形轮胎。在相同轮辋直径的情况下，超低压拱形轮胎的断面宽度比普通轮胎大 2.0~2.5 倍，轮胎气压很低（只有 29.4~83.3 kPa）。若用这种轮胎代替并列双胎，其接地面积可增加到 3 倍。拱形轮胎在沙漠、雪地、沼泽和田间行驶有良好的通过性，但在硬路面上行驶会使行驶阻力增加，且易损坏轮胎。

④驾驶技术。驾驶技术对汽车通过性影响很大。为提高通过性，应注意以下几点：

a. 汽车通过松软地段时，应尽量使用低速挡，以便汽车具有较大的驱动力和较低的行驶速度，尽量避免换挡和加速，尽量保持直线行驶。

b. 驱动轮是双胎的汽车，如因双胎间夹泥而滑转，可适当提高车速，以甩掉夹泥。

c. 若传动系统装有强制锁止式差速器，应在汽车进入车轮可能滑转地段之前挂上差速锁。如果已经出现滑转再挂差速锁，土壤表面已被破坏，附着系数下降，效果会显著下降。当汽车离开坏路地段时，应及时脱开差速锁，以免影响转向。

d. 汽车通过滑溜路面时，可以在驱动轮轮胎上套上防滑链条，以提高车轮的附着能力。

6. 汽车的行驶平顺性

汽车的行驶平顺性是指保持汽车在行驶过程中乘员所处的振动环境具有一定舒适度的性能，其需要能够保证驾驶员与乘员不致因车身振动而引起不舒适和疲劳的感觉。对于载货汽车还包括保持货物完好的性能。由于汽车的行驶平顺性主要是根据乘员的舒适程度来评价的，所以又称为乘坐舒适性。行驶平顺性既是决定汽车舒适性最主要的方面，也是汽车性能的主要指标。

人体已适应于步行平均速度的振动频率，所以人们在行走时并无不适感觉。但汽车在行驶中受路面条件及车辆悬架结构的限制，产生远远大于人步行速度的振动频率和幅度，造成行驶平顺性变差，平顺性差除影响人员的舒适性、货物的完整性外，还会带来一些不良后果。如：

(1) 由于振动产生的动载荷，加速零件的磨损，降低汽车的使用寿命。振动还会使能量消耗增加，燃油经济性变差。

(2) 在不良道路上行驶，会因道路坎坷而被迫降低行驶速度，从而使运输生产率降低。因此，提高汽车的行驶平顺性，不仅关系到乘员的舒适性及运送货物的完整性，而且还直接影响汽车的燃油经济性、使用寿命、运输生产率及工作可靠性等。减少振动的有效方法是：适当降低车速并选择路面；维护好减振装置；合理使用轮胎；采用独立悬挂或空气弹簧悬架等新悬挂结构。

汽车行驶平顺性的评价方法，通常是根据人体对振动的生理反应及对保持货物完整性的影响制定的，并用振动的物理量，如频率、振幅、加速度等作为行驶平顺性的评价指标。目前常用汽车车身振动的固有频率和振动加速度均方根值评价汽车的行驶平顺性。试验表明，为了保持汽车具有良好的行驶平顺性，车身振动的固有频率应为人体所习惯的步行时身体上下运动的频率，它为 60~80 次/min（1.0~1.6 Hz），振动加速度的极限值为 $0.2g$~$0.3g$。为了保证运输货物的完整性，车身振动加速度也不宜过大。如果车身加速度达到 $1g$，未经固定的货物就有可能离开车厢底板，所以，车身振动加速度的极限值应低于 $0.6g$~$0.7g$。

7. 汽车的舒适性

汽车的舒适性是指行驶中的汽车，对其乘员身心影响程度的评价。长期以来，各汽车厂家都在积极采取改进措施，以提高汽车的舒适性。舒适性的好坏，主要取决于行驶平顺性、噪声、空气调节性能和居住性等因素。

空气调节性能与居住性都是影响汽车舒适性的重要因素。空气调节性能不好，会引起乘员胸闷、晕车等不适感觉，造成驾驶员反应迟钝，影响行车安全；居住性不好，会使驾驶员感到操作不便，易疲劳，乘员感到难以保持舒适的坐姿等。

1) 空气调节性能

汽车空气调节是指对车内空气质量进行调节，即不管车外的天气情况如何，将车内的温度、湿度和清洁度都保持在满足舒适要求的一定范围之内。汽车空气调节系统主要由四大装置构成，即通风装置、暖气装置、冷气装置和空气净化装置，并通过这四大装置来实现换气、温度和湿度的调节以及空气净化的三大功能。

(1) 换气功能是空气调节的最基本功能，将车外的新鲜空气引入车内，同时将车内气体排到车外，以保持车内二氧化碳浓度不超过规定值。为组织好换气，提高换气质量和效率，合理布置空气的出、入口非常重要。汽车设计和试制阶段，一般要进行风洞试验，测定车身表面空气压力的分布，将空气入口设置在正压大的部位，车内气体的出口设置在负压大的部位。轿车的进气口一般开在前挡风玻璃下的机罩上，排气口开在后排座位的车侧。

(2) 温度和湿度的调节包括冬季的加温除湿，夏季的降温除湿，使车内保持适宜的温度和湿度。冬季要求满足以下几点：

①脚下左右部位的温差尽可能小。

②头部的温度比脚部低 2~5 ℃，即所谓的"头凉脚热"。

③前后座位温差要小，特别是后排座位脚部，应有充足的热风流通。夏季制冷时则要求尽可能保持上下身相同的温度。

(3) 空气净化。在使用中一定要注意对空气进、出口及通道进行清洁维护，以免影响换气的质量。要保持车内二氧化碳浓度在规定范围内，同时保持每个乘员应有 0.3 ~ 0.5 m^3/min 的换气量。

2）居住性

汽车的居住性主要是指车内空间的分配、布置如何适应各种人体特征的要求，以使驾驶员和乘员经长时间行驶而不感到疲劳。

(1) 驾驶员的居住性。为了使驾驶员长时间驾驶而不感到过度疲劳，对汽车的居住性要求应满足下列条件：

①各操纵机构布置应合理，便于操作。

②各类操纵机构需要的操作力要适度。

③驾驶员座椅高度、前后位置等能适度调整，以满足不同体形驾驶员的需要和保证使驾驶员获得与各操纵机构相协调的位置和舒适的坐姿。

④保证良好的视野，以便于获取道路状况、各种信号标志和周围行车情况等必需的外部信息。

⑤易于辨认的仪表和警示灯等，以便及时发现汽车各装置工作状况和行驶状况的信息等。

(2) 乘员的居住性。为了使乘员长时间乘坐汽车而不感到乏力和疲劳，就必须给乘员提供能够随意选择乘坐姿势的宽敞的室内空间和舒适可靠的座椅。

由于汽车的外形尺寸有限，要给乘员提供宽敞的室内空间，一方面是要在有限的外形尺寸内制造出必要的空间；另一方面是要合理安排居住空间的形状，以便更有效地发挥有限居住空间的功效。车辆室内容积的确定，首先应考虑人体尺寸的参差不齐。通常是从成年女子 5% 分布值开始，到成年男子 95% 分布值之间，对人体的身长、坐高等尺寸进行测量（所谓 5% 分布值，以身长为例，是指不超过此高度者为 5%。95% 分布值的含义与此相同），然后以被测对象的尾椎点为基准，考虑适于汽车各种用途的坐姿以及供身体转动的足够空间，还要考虑不致因振动而令乘客触及车内装备件而受伤等，由这些因素决定车室空间的长、宽、高度尺寸。在汽车横截面积不变的情况下，采用发动机前置前轮驱动以及减少轮胎装置空间等可以扩大室内有效空间；采用曲面玻璃可以扩大乘员肩部空间。要使座椅舒适可靠，首先是座椅的长、宽、高基本尺寸与人体尺寸相适应，能按照乘员的体型进行尺寸调整。大多数汽车座椅靠背的倾角调整范围在 3° ~ 8°，长途客车的座椅靠背要求可以倾斜到 25°以上，以便乘员休息。座椅靠背的结构采用头枕式，可以提高其舒适性。要进一步提高座椅的舒适性，还需对座椅的振动特性进行测试，使其共振频率避开人体和悬架的共振频率。另外，座椅蒙皮的触感，室内装饰件的色彩、乘员的视野等也影响其居住性。

8. 汽车的操纵稳定性

汽车在其行驶过程中，会碰到各种复杂的情况，有时沿直线行驶，有时沿曲线行驶。此外，汽车还要经受来自地面不平、坡道、大风等各种外部因素的干扰。一辆操纵性能良好的汽车必须具备以下能力：

(1) 汽车的操纵性。根据道路、地形和交通情况的限制，汽车能够正确地遵循驾驶员通过操纵机构所给定的方向行驶的能力。

（2）汽车的稳定性。汽车在行驶过程中具有抵抗力图改变其行驶方向的各种干扰，并保持稳定行驶的能力。

操纵性和稳定性有紧密的关系。操纵性差，导致汽车侧滑、倾覆，汽车的稳定性就破坏了。如稳定性差，则会失去操纵性。因此，通常统称为汽车的操纵稳定性。汽车的操纵稳定性是汽车的主要使用性能之一，随着汽车速度的提高，操纵稳定性越来越显得重要。它不仅影响着汽车的行驶安全，而且与运输生产率与驾驶员的疲劳强度有关。

3.4 汽车使用寿命

汽车从开始使用到不能使用的整个时期，称为汽车的使用寿命。汽车使用寿命的实质，是指从技术和经济上达到汽车使用极限。汽车使用寿命可以用累计使用年数或累计使用里程数表示。部分国产汽车经济使用寿命见表 3-7。

表 3-7 国产汽车经济使用寿命

车型	解放		黄河	
	客	货	客	货
年限/a	9	9	10	9
里程/(10^4 km)	45	40	50	40

1. 研究汽车使用寿命的意义

汽车在正常使用过程中，其性能将随着使用年限（或行驶里程）的增加而逐渐下降，过早地报废汽车和无限制地延长汽车使用寿命，都将给汽车的使用带来严重的问题。国际范围内汽车产量逐年增长，汽车作为一种重要的商品，需要更大的市场，多数国家采用缩短汽车使用年限的方法，刺激汽车销售，无形中造成过早地报废汽车。这样一方面大量资源被浪费；另一方面报废汽车的再处理会产生大量有害物质。如果无限制地延长汽车的使用寿命，车辆老旧，其动力性、经济性及行驶安全性大幅度下降，直接造成燃油消耗增加和维修频繁，维修费用剧增，间接地造成严重的汽车公害和车辆平均技术发展速度下降、运输效率下降、运输成本增高等。研究汽车使用寿命的意义在于，合理地制定汽车使用寿命，确保在用车辆具有良好的使用性能，减少公害，节约能源，充分提高车辆的社会效益和经济效益。

2. 汽车终止使用原则和汽车使用寿命分类

根据汽车终止使用的原则不同，汽车使用寿命可分为物理寿命、技术使用寿命、折旧寿命和经济使用寿命。

（1）汽车物理寿命。汽车物理寿命又称自然寿命，是指汽车从全新状态投入使用开始，经过有形磨损，直到在技术上不能按原有用途继续使用为止的时间。它与各总成的设计水平、制造质量和使用维修等因素有关。通过恢复性修理，可延长车辆设备的物理寿命。

（2）汽车技术使用寿命。汽车技术使用寿命是指汽车从全新状态投入使用后，由于新技术的出现，使原有设备丧失其使用价值所经历的时间。技术进步越快，技术寿命就越短。

（3）汽车折旧寿命。汽车折旧寿命是指按国家规定的折旧率，把汽车总值扣除残值后的余额，折旧到接近于零所经历的时间或里程。汽车的折旧寿命一般介于技术使用寿命与物理寿命之间。

（4）汽车经济使用寿命。汽车经济使用寿命是指汽车从全新状态投入使用开始，到年平均总费用最低的使用年限。

年平均费用是车辆所使用年限内，每年平均折旧费用与该车的经营费用之和。汽车使用时间越长，每年分摊的折旧费越少，同时，由于汽车有形磨损增加，汽车的技术性能逐渐下降，使汽车运行所需要的经营费用（材料费用、工时费用和维修费用）随之增加。延长汽车使用年限使折旧费用的下降，会被经营费用的增加逐渐抵消，虽然汽车在技术上仍可继续使用，但年平均总费用上升，在经济上不宜继续使用。

汽车使用寿命的确定，应以汽车经济使用寿命为基础，从国家经济发展的实际情况出发，随着国家经济的发展和汽车技术的进步，合理的汽车使用寿命趋近于汽车经济使用寿命。

第4章
汽 车 造 型

造型就是塑造形体，是人类有意识的行为，不一定与艺术或美学有关系。造型包含3种形式。

(1) 实用的造型。这种造型有使用价值，但不对人产生精神感染，如老师上课常用的粉笔、机器上常用的齿轮等。

(2) 精神的造型。这种造型对人产生精神感染而不能作为生产或生活工具使用，如绘画、照片和艺术雕塑等。

(3) 综合的造型。这种造型既具有实用价值，又对人产生精神感染。汽车造型就属于这种造型形式。

汽车造型有4个影响因素：

(1) 机械工程学。从性能上考虑，要求动力性好和操纵稳定性好等；从结构上考虑，必须满足发动机、变速器、车轮、制动器和散热器等装置在车身上的安装要求。另外，如果是大量生产，则要强调降低成本，车身钣金件冲压加工的简易化，同时兼顾到维修简便性，即使发生撞车事故后，车身要易于修复。上述这些都属于机械工程学的范畴。

(2) 美学。要求汽车造型符合其应用的时代、社会、民族和地域的审美需求。

(3) 人机工程学。首先应确保乘员的空间，保证乘坐舒适，驾驶方便，并尽量扩大驾驶员的视野。此外，还要考虑上下车方便并减少振动，做到舒适性好。

(4) 空气动力学。要求汽车行驶时空气阻力小，并且还要解决汽车高速行驶的升力问题和横风不稳定问题。

4.1 汽车造型的发展史

汽车诞生100多年来，随着技术的发展和汽车设计理论的完善和提高，以及人们审美观念的变化，汽车无论是从车身造型、整车结构、底盘构造还是车载电气设备等，都有了翻天覆地的变化，而其发展过程中最富有特色、最具直观感的首先是车身外形的演变。汽车外形经历了马车型、厢型、流线型、船型、鱼型和楔型的演变过程。

1. 马车型汽车（1885—1915年）

汽车诞生时，主要精力集中在动力的更换上。本茨的第一辆三轮汽车和戴姆勒的第一辆四轮汽车都是无篷马车型的。原始的汽车没有车篷，是因为早期的发动机功率很小，一般只能乘坐2~3人，如果再给它装上一个笨重的车篷和车门，恐怕连自身也无法拉动。因此汽车无篷阶段持续了很长的时间。

1900年，德国人费迪南德·波尔舍设计了带球面挡风板的汽车（图4-1），这是流线型汽车的萌芽造型。

1908年，福特汽车公司生产了著名的T型轿车（图4-2）。该车可乘坐4人，车身由原来的敞开式改为封闭式，其舒适性、安全性都有很大提高。福特T型轿车是马车型汽车的典型代表。马车型时代，其实并没有形成汽车自己造型的风格，所以也可以说是汽车造型的史前时代。从19世纪末到20世纪初，世界上相继出现了一批汽车制造公司，如德国的戴姆勒和奔驰汽车公司、美国的福特公司、英国的劳斯莱斯公司、法国的标致和雪铁龙公司、意大利的菲亚特公司等。早期的汽车外形基本上沿用了马车的造型。因此，当时人们把汽车称为"无马的马车"。

图4-1　带球面挡风板的汽车　　　　　　　图4-2　1908年开始生产的美国福特T型轿车

2. 厢型汽车（1915—1934年）

随着车速的提高，迎面风使乘员难以忍受，为此考虑到改变汽车的外形，出现了厢型汽车。这种车避免了风吹、日晒和雨淋。因此，这种汽车一问世就受到公众的喜爱，人们纷纷购买。1895年，法国P&L公司生产了世界上首辆封闭式汽车（图4-3），是厢型汽车的开端。1915年福特汽车公司生产出一种新T型车（图4-4），人们将这种T型车作为厢型汽车的代表。这种车的车室部分很像一只大箱子，并装有门和窗，所以人们将这种汽车以及后来生产的类似的汽车称为厢型汽车。厢型汽车可以说是真正意义上汽车造型的初期阶段。

图4-3　1895年P&L公司生产的厢型汽车　　　图4-4　1915年美国生产的福特新T型车

厢型汽车重视了人体工程学,内部空间大,乘坐舒适,有"活动房屋"的美称。但随着人们对汽车速度的追求,厢形汽车的问题也暴露出来。厢形汽车空气阻力大,前窗玻璃、车顶特别是汽车后部产生的很强的空气涡流会造成汽车能量的消耗,影响汽车的前进,它的速度达不到人们希望的那么快。工程师们想尽办法来提高车速,如改进轮胎结构,以便减小车轮与地面之间的滚动阻力;降低车身高度,以减少迎风面积等。虽然这些措施都取得了一定的效果,但仍然不能令人满意,所以人们又开始研究一种新的车型——流线型汽车。

3. 流线型汽车

1934年,美国密歇根大学流体力学研究中心的雷依教授,采用模型汽车在风洞中试验的方法测量了各种车身的空气阻力,这是具有历史意义的试验。同年美国的克莱斯勒公司生产的"气流"小客车(Chrysler Aeroflow),首先采用了流线型的车身外形。遗憾的是,由于该型汽车的造型超越了当时的审美观,在销售时遭到惨败。但是,该型汽车的诞生宣告了汽车造型流线型时代的开始。1936年,福特汽车公司在"气流"轿车的基础上加以精炼,并采用了迎合顾客口味的商业化设计,成功地研制出了"林肯·和风"流线型轿车(图4-5)。该型车注意了车身造型的协调美,如散热器罩精美而具有动感。流线型车身的大量生产是从德国大众公司的甲壳虫(Beetle)开始的。甲壳虫不但能在地上爬行,也能在空中飞行,其形体阻力很小。波尔舍博士最大限度地发挥了甲壳虫外形的长处,使甲壳虫型汽车成为当时流线型汽车的代表作。从20世纪30年代流线型汽车开始普及到20世纪40年代末的20年间,是甲壳虫型汽车(图4-6)的黄金时代。

图4-5 "林肯·和风"轿车

但是,甲壳虫型汽车也有缺点:一是乘员活动空间明显变得狭小,特别是后排乘员,头顶几乎没有空间,产生一种压迫感;二是对横风的不稳定性。

4. 船型汽车(1949年—)

美国福特公司经过几年的努力,于1949年推出具有历史意义的新型福特V8型汽车(图4-7)。这种车型改变了以往汽车造型的模式,使前翼子板和发动机罩、后翼子板和行李厢罩融于一体,大灯和散热器罩也形成一个平滑的面,汽车车室置于两轴之间的设计方法,从外形看,整车就像一只小船,所以称为船型汽车。与甲壳虫型汽车相比,福特V8型汽车翼子板比甲壳虫型汽车平坦,后窗作了一定程度的倾斜。福特V8型汽车还从性能上解决了甲壳虫型汽车对横风不稳定的问题。

福特V8型汽车的成功,不仅仅在外形上有所"突破",而且还首先把人体工程学应用

图 4-6　德国大众公司的甲壳虫型轿车

图 4-7　福特 V8 型轿车

在汽车的设计上。强调以人为主体的设计思想，让设计师置身于驾驶员及乘员的位置来设计便于操纵、乘坐舒适的汽车。同时从理论上解决了两轮之间乘坐位置的颠簸最小，以及乘驾室前后空间过大会让驾驶员后方视野不好等问题。

从 20 世纪 50 年代开始一直到现在，不论是美国还是欧亚大陆，不管是大型车还是中、小型车，大都采用船型车身，从而使船型汽车成为世界上数量最多的一种车型。

船型汽车存在的问题是，由于车的尾部过分地伸长，形成了阶梯状，高速行驶时会产生较强的空气涡流，因此影响了车速的提高。

5. 鱼型汽车（1952 年—）

把船型车的后窗玻璃逐渐倾斜，倾斜的极限即成为斜背式。由于斜背式汽车的背部像鱼的脊背，所以这类车称为"鱼型汽车"。1952 年，美国通用汽车公司的别克轿车（图 4-8）开创了鱼型汽车时代。鱼型汽车和甲壳虫型汽车仅从背部来看很相似，区别在于鱼型汽车的背部和地面的角度比较小，尾部较长，围绕车身的气流也比较平顺，涡流阻力也较小。另一方面，鱼型汽车是由船型汽车演变而来的，所以基本上保留了船型汽车的长处，诸如车室宽大，视野开阔，车身侧面的形状阻力较小，造型更具有动感，乘坐舒适等。另外，鱼型汽车还特别地增大了行李厢的容积，所以更适合于家庭外出旅行等使用。正因为如此，鱼型汽车才得以迅速发展。

图 4-8　1952 年美国通用汽车公司的别克轿车

鱼型汽车存在的缺点：

①由于鱼型车后窗玻璃倾斜太甚，致使玻璃的表面积增大了 1~2 倍，强度下降，产生结构上的缺陷。

②由于鱼型车的造型关系，在高速时会产生一种升力，使车轮附着力减小，使汽车的行驶稳定性和操纵稳定性降低。

鱼型车的这一缺点，人们想了许多方法加以克服，例如在鱼型车的尾部安上一只翘翘的"鸭尾"，以克服一部分空气升力，这便是"鱼型鸭尾"式车型。

6. 楔型汽车（1963 年—）

为了从根本上解决汽车因采用鱼型结构而带来的升力问题，人们想了种种办法，进行了多次风洞试验，并查明了车身各部行驶中所受风压的情况（图 4-9）。从图 4-9 中可以看出，散热器罩等处的正压是水平方向的，不能起到抑制升力的作用，是阻碍汽车前进的空气阻力。船型汽车所产生的负压（即升力）相当大，特别是在发动机罩和车顶前部，鱼型汽车则更为严重。而楔型造型，即让车身前部呈尖形且向前下方倾斜，车身后部像刀切一样平直的造型，在发动机罩和车顶部所受负压较小，可以有效地克服升力问题。

1963 年美国人司蒂倍克·阿本提（Studebaker Avanti）第一次设计了楔型汽车（图 4-10）。"阿本提"诞生于船型车的盛行时代，尽管它的造型获得了专家们的高度评价，但在船型汽车盛行的年代，人们无法接受与之形成尖锐对比的楔型汽车，该车在市场销售中一败涂地，公司不得不宣布破产。不过，真正优秀的东西不会总被埋没，司蒂倍克·阿本提汽车的楔型设计于 1966 年和 1968 年分别被通用公司的奥兹莫比尔-托罗纳多和凯迪拉克-埃尔德拉多轿车所采纳、继承和发展。现在除了像法拉利、莲花、兰博基尼等跑车采用楔型外，绝大多数实用轿车都是采用船型和楔型相结合的方案。其中德国奥迪汽车公司 1982 年推出的奥迪 100 型轿车（图 4-11）开创了这一造型之先河，

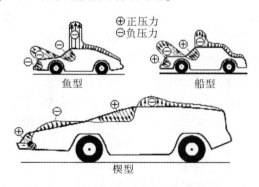

图 4-9　汽车行驶中的风压分布

是世界上第一种空气阻力系数小于0.3的大批量生产车型。

图4-10 司蒂倍克·阿本提轿车

图4-11 奥迪100型轿车

4.2 现代汽车设计流程

1. 制定产品开发规划

在汽车产品开始技术设计之前,必须制定产品开发规划。首先,必须确定具体的车型,就是打算生产什么样的汽车。其次是进行可行性分析,根据用户需求、市场情况、技术条件、工艺分析和成本核算等,预测产品是否符合需求,是否符合生产厂家的技术和工艺能力,是否对国民经济和企业有利。再次是拟定汽车的初步方案,通过绘制方案图和性能计算,选定汽车的技术规格和性能参数。最后是制定出设计任务书,其中写明汽车的形式、各个主要尺寸、主要质量指标、主要性能指标以及各个总成的形式和性能等具体要求。

2. 初步设计

汽车初步设计的主要任务是完成汽车的形状设计,主要包括以下内容:

1) 汽车总布置设计

总布置设计(又称初步造型)是将汽车各个总成及其所装载的人员或货物安排在恰当的位置,以保证各总成运转相互协调、乘坐舒适和装卸方便。为了保证汽车各部分合理的相互关系,需要定出许多重要的控制尺寸。在这个阶段,需要绘制汽车的总布置图

（图4-12），绘出发动机、底盘各总成、驾驶操作场所、乘员和货物的具体位置以及边界形状，也包括零部件的运动（如前轮转向与跳动）范围校核。经过汽车总布置设计，就可确定汽车的主要尺寸和基本形状。

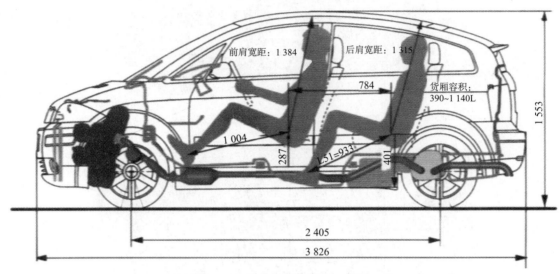

图4-12 汽车的总布置图（彩插）

2）效果图

效果图是表现汽车造型效果的图画。造型设计师根据总布置设计所定出的汽车尺寸和基本形状，就可勾画出汽车的具体形象。效果图又可进一步分为构思草图（图4-13）和彩色效果图（图4-14）两种。构思草图是记录造型设计师灵感的速写画。彩色效果图是在构思草图的基础上绘制的较正规的绘画，需要正确的比例、透视关系和表达质感。彩色效果图包括外形效果图、室内效果图和局部效果图，其作用是供选型讨论和审查之用。效果图的表现技法多种多样，可采用铅笔、钢笔，也可采用毛笔（水彩画或水粉画）等，而目前较流行的是混合技法——用麦克笔描画、喷笔喷染以及涂抹、遮挡等多种表现技法。只要效果良好，表现技法可不拘一格。

图4-13 汽车设计的构思草图

图4-14 汽车设计的彩色效果图（彩插）

3）制作缩小比例模型

缩小比例模型（图4-15）是在彩色效果图经过初步研讨和评审的基础上，进一步延伸造型设计师构思的表现方法。缩小比例模型常用 1∶5 的比例, 亦即真车尺寸的 1/5。造型泥是一种油性混合物, 又称油泥, 在常温下有一定硬度 (比肥皂硬些), 涂敷前需经烘烤。缩小比例模型具有立体形象, 比效果图更有真实感, 要求比例严格、曲线流畅、曲面光滑。雕塑一个缩小比例汽车模型, 需要从各个角度审视, 反复推敲, 精工细雕。

图 4-15 缩小比例模型 (油泥模型)

4) 召开选型讨论会

经过初步设计, 绘制出一批彩色效果图和塑制出几个缩小比例模型, 就可以召开选型讨论会。会议的目的是从若干个造型方案中选择出一个合适的车型方案, 以便作为技术设计的依据。选型讨论会主要讨论审美问题, 但也涉及结构、工艺等方面, 故通常由负责人召集造型设计师、结构设计师和工艺师等参加会议。选型讨论会审核通过后, 说明选定车型的造型构思基本成熟, 汽车的初步设计亦宣告结束。

3. 技术设计

技术设计包括确定汽车造型和确定汽车结构两个方面。

1) 确定汽车造型

(1) 绘制胶带图。胶带图是造型设计师在带有坐标网格线的薄膜纸上利用专用的不干胶带粘贴出汽车的线条和形状。胶带图的外形曲线数据取自选定的缩小比例模型, 可用来审查整车外形曲线的全貌。如发现某条曲线不美观或不符合要求, 可将胶带揭起重新粘贴, 直到满意为止。胶带图完成后, 由缩小比例模型放大的曲线又得到进一步修订。并且在这个过程中, 整车布置等方面的技术人员需要及时配合, 检查胶带图所表达的形状是否与内部结构干涉等问题。

(2) 绘制 1∶1 整车外形效果图。单纯由缩小比例的绘画表达汽车的外形效果尚嫌不够, 还需要绘制全尺寸的彩色效果图。现代造型设计非常重视等大的尺度感。缩小比例模型上某些圆角或曲线看上去很小巧雅致, 但放大到实车尺寸后可能就显得笨拙臃肿。因此, 汽车形状的最后确定, 不能从缩小比例的图样或模型直接放大, 而应经过 1∶1 效果图和 1∶1 模型的修正, 以符合等大的尺度感和审美要求。

(3) 制作 1∶1 外部模型。1∶1 外部模型是汽车外形定型的首要依据。根据缩小比例模型的放大数据, 结合胶带图和 1∶1 效果图的修订情况, 就可以制造 1∶1 外部模型。这个模型是在一个带有车轮的构架上涂敷造型泥经雕塑而成的。由于要用数以吨计的造型泥, 而且需要手工将油泥雕塑成圆滑光顺、平整、尺寸精确的模型, 所以制造一个 1∶1 外部模型的时间很长, 通常需要几个星期。

(4) 制作1:1内部模型。1:1内部模型用以审视汽车内部造型效果和检验汽车内部尺寸。采用真实的内饰材料或仿真材料制成，力求展示出一个与真车相同的室内环境。它的作用主要有两点：验证汽车内部造型效果，审查室内各部分造型是否协调，研究色彩和材料搭配是否恰当；验证内部尺寸，驾驶员和乘员可以置身其中直接获取汽车内部空间的感受。

(5) 造型的审批。在1:1外部模型、内部模型，胶带图，效果图完成后，需要交付企业最高领导层审批，使汽车最终定型。由于汽车造型设计是拓宽汽车销路的重要手段，各大公司都极为重视，一般会由企业最高领导、技术主管、聘任企业发展战略专家、车辆造型、设计和工艺等方面的专家组成造型审批委员会。

2) 确定汽车结构

汽车造型审定后，就可以着手进行汽车结构设计。汽车的结构设计，主要是确定汽车整车、部件（总成）和零件的具体结构和布置形式。设计师必须把所设计的汽车结构用图纸表达出来。图纸是设计师与企业中的工艺师、技工和其他人员交流的"工程语言"。设计一辆汽车，需要绘制数以千计的图纸。一些复杂的图纸，图面的长度可达 10~15 m。

4.3 汽车造型的美学基础

审美态度是在长期生活实践中形成的，虽然人的社会地位和经历各不相同，对客观事物的审美见解也因人而异，但这种因人而异的审美个性是孕育于社会的共性之中的，受到社会客观条件的制约。因此，对于特定的时代和社会环境以及特定的人群，总会有相同或相近的审美标准。

4.3.1 造型的美学规律

1. 运动与对比

世界是丰富多彩而统一的，世界上的事物都体现了既矛盾运动又对立统一的法则和规律，世界上的事物无时无刻不在矛盾、运动、变化中，没有矛盾就没有世界。矛盾存在于世界一切事物中，矛盾是客观存在的，矛盾也体现了互相对比、互相依存的关系，这就是既对立又统一的规律。自然界的物体既是以复杂的运动形式也是以复杂的对比关系而构织在一起的，事物的运动与对比的关系是事物现象的客观辩证的存在，充分体现了世界的变化性、多样性、复杂性和丰富性。运动和对比是不同形态的事物的反映，具有表现力的艺术形式能够把运动和对比鲜明地显示和反映出来。

2. 节奏与韵律

节奏是单一规则的变化，偏重于重复多样的对比美，而韵律体现了秩序复杂、和谐统一的多层次的变化规律，韵律更偏重有秩序的和谐美。节奏侧重于单一矛盾和单一变化，韵律侧重于多种矛盾节奏的多样变化统一，如直楼梯只是单一的间隔重复型节奏形态，而螺旋楼梯增加了螺旋形的曲线交替变化节奏和梯级的渐变节奏，则成为复杂的组合型节奏形态，所以能产生韵律。中国的万里长城由于依据山峦的逶迤起伏，就使其在空间上增加了新的间隔重复和交替变化，因而产生了韵律。各种不同的事物由于具有多姿的曲线与波形的节奏，有了变化多样的形态，才能形成优美的韵律。节奏象征着一种事物的有秩序的变化，有统一的多样也有规则的运动。而韵律则是多种的秩序变化和统一，是更多样的、规则的复杂运动。

黄金分割就是体现了多样统一的最和谐、最富韵律的形式比率。韵律是比节奏的矛盾差异更复杂、内容更深厚、层次更丰富、延续过程更长、变化秩序更严格的复合的节奏，是一种更精致的、综合性更强的节奏集群。

3. 平衡与对称

造型艺术反映了客观世界的矛盾差异和运动变化，反映了世界的复杂性与多样性以及和谐的秩序、规则的统一。平衡与对称便是世界的对立统一规律和形态式样的反映，也是简化造型的有效形式。平衡原是一个力学的概念，即天平左右两边距中间位置的长度相等且固定不变，两边如果质量相等，天平横杆便保持水平静止的状态，这就是平衡。如果两边质量不相等，横杆便会倾斜，就会破坏平衡，天平与杆秤的平衡性质均属于杠杆的原理。我们可以发现，平衡实际上体现了事物左右对称的原理，平衡与对称实际上是紧密地联系在一起的。要平衡就必须使各个方向上的张力相等，互相抵消以达到平衡，从运动状态变成静止状态。就像拔河比赛中因双方势均力敌而使绳子产生静止一样，中心点虽然停在原地方不动，却负载着很大的力量，这种平衡是张力的式样。

视觉中的平衡源于物理力的平衡原理，但它还有着自己的显著特点。在视觉中的位置、距离和比例是至关重要的，它等同于重力在物理平衡中的那种主宰地位。在实际情况下物理的力要成为心理的力才能够被人感觉，因为视觉平衡和物理平衡是不同的。真正物理力的平衡性是难以知觉的。如有些禽类只用一只脚支撑也可以安睡，看上去不平衡而其实是平衡的。造型艺术的形象因素诸如大小、粗细、肥瘦、方圆、聚散、浓淡、黑白和冷暖等造成的视觉平衡与相对应的物理力平衡并不一致。物理力平衡的物理因素只有物理重力和力臂长度，长度距离可见而物理的重力是看不到的，它是由看不见的物质的质量和重量所决定的，视觉平衡只是一种心理的感觉平衡，是可见的感觉形式上的平衡。在造型艺术形式中，建筑、雕塑的工艺美术品如玉雕、陶瓷和家具等，这些造型形式的空间体量性很强，从实用出发需要真正的物理平衡，如一座腾空跳跃的奔马雕塑，只有一条腿落地的视觉效果是不平衡的，但是由于艺术审美需要这样的动态，这种形象就必须保留。但是如果不进行物理力的平衡技术处理，不使它的受力对称，这个马的雕塑就无法站立起来。

4. 变化和统一

整个宇宙是一个变化统一的和谐整体。变化体现了各个事物的个性以及它们相互之间的矛盾差异，而统一则体现了各个事物之间的共性和整体关系。这种对立统一的因素存在于客观自然界的一切事物中，物质世界的美是因为在各种不同部分的结合中体现了变化与统一、整体与多样。变化统一的规律是客观基本规律，客观世界的万事万物无不遵循这一规律。造型艺术也不例外，人的生命体永不止息，决定了人总是喜欢多样变化的，由于人的生理极限和新陈代谢的生理规律，也决定了这种多样变化要受到极严格的统一的限制。这种多样变化也必须是秩序化的，在造型艺术中的多样变化必须是视觉生理机能所能把握和理解的。人们喜欢变化也喜欢统一，人们不喜欢单调和杂乱，因为单调使人困倦乏味而杂乱使人烦躁不安。人们喜欢的变化是统一之下的变化，喜欢的统一是变化中的统一，二者实际上是一个完整的结合整体。变化统一在于统一而不单调，多样而不杂乱，统一中有变化而变化中有秩序。

5. 复杂与单纯

世界上的事物是丰富多彩的并且体现了各种特性，复杂性与单纯性也是其中的重要属性。客观事物有简有繁，有的复杂琐碎和纷繁混乱，具有丰富变化和参差不齐的特点，有的单纯洗练和空旷稀疏，具有寡少单调和平静呆板的特点。艺术造型中采用以繁衬简和以简托繁的手段，可以形成单纯与繁复的差异对比，能够使艺术形象特征鲜明，主体突出。在造型艺术中，复杂性与单纯性应该是既矛盾又统一的整体，在有简有繁的形式中来表现丰富的形式变化，使艺术造型更加富有魅力。在造型艺术中的"繁"与"简"的概念和造型的要求应该融为一体，主题和周围的环境与背衬等也应该是一个复杂与单纯统一的整体。造型艺术往往以客体的次要部分来衬托主体的主要部分，在艺术形式上以跃动变化的、纷繁细密的形式与简洁明了的、概括集中的形式形成强烈对比。为了使主题突出，采用以繁衬简或以简衬繁的手段，通过造型艺术形式上的繁简对比，以及与环境客体的内外对比，突出地表现造型艺术作品的形象特征和精神风采。

6. 变形与夸张

造型艺术的技巧中常常采用变形与夸张的手段。变形是指客观事物反映到主体意识中，其形象所发生的有别于客观形象的一切改造。艺术是客观生活的反映，反映又包含了发射与折射的因素，而折射则必然造成变形。任何形式流派的艺术不论创作方法有什么不同，其形象的创作都是生活原型的过滤物。夸张与变形相联系亦是变形的发展，夸张也是艺术变形手段之一，是一种更为强烈的变形形式。所以变形与夸张是构成造型艺术形式因素的重要部分。在生活中的变形与夸张还包含了违反生活真实性和视觉形象客观性的因素。在造型艺术中，绘画、雕塑的变形、夸张是必不可少的造型手段，工艺美术也存在变形夸张的造型原则，而建筑的空间关系的处理渗透着某种社会意识，对生活的变形更为隐晦间接。在艺术造型上对事物形象加以变形夸张，对不容易一目了然的、引起观众猜疑的形象用变形和夸张的方式来表现，可以更清晰地显示它的本质，在形式感上突出矛盾的特点，强化差异并且产生审美魅力。

4.3.2 汽车的动感

轻和快，是一切高速交通工具的特点。因此，在汽车造型时，必须使汽车获得动感。其表现方法有以下几种：

1）使汽车造型与运动物体的外形相像

动物在生命长期进化过程中形成了与运动方式相适应的矫健身躯，利用仿生学原理，它们的身躯可以作为汽车造型的借鉴，来获取汽车的动感。例如早年的苏联伏尔加汽车造型是模仿小鹿，意大利汽车设计名师乔治·雅罗设计的菲亚特轿车模仿熊猫。还有人将汽车比作美洲豹、野马、火鸟和雄狮等，如图4-16所示。

2）使汽车具有活泼流畅的线条和光顺的车身表面

活泼流畅的线条犹如行云流水，一泻千里。如图4-17的两辆汽车，新旧造型在线

图4-16 汽车造型对动物的仿生

条上的对比明显。车身光顺的概念是指车身曲线和曲面函数二阶微分连续。汽车车身纵向的曲线和曲面的拼接尤为重要，如果拼接不光顺，就会削弱汽车的动感。

图 4-17 新旧造型线条的对比

3) 强调水平划分线和削弱垂直划分线

强调水平划分线使汽车看起来矮而长，并且与汽车的运动方向相一致。强调水平划分线的方法常用的有三种：

（1）在汽车的侧面镶嵌上水平的装饰条，如桑塔纳轿车侧面的黑色防擦条。

（2）在汽车侧面的覆盖件上刻出前后直通的浮雕线。

（3）用两种色彩水平地划分车身侧面。

在现代汽车造型时，常常是应用上述两种或三种方法的综合。

削弱车窗立柱的数目和宽度以及加大立柱的跨距是削弱垂直划分的好方法，某些轿车在侧窗的顶部和窗台上镶嵌水平的装饰镀条，使人们的视觉由垂直的立柱向这两条亮度很大的水平装饰条转移，也起到了削弱垂直划分线的作用。

为了适应汽车楔形造型的趋势，也可把汽车的水平划分设计成前低后高稍向前倾斜，从而获得车辆视觉上的动感。

4.3.3 汽车的车身色彩

汽车色彩的设计绝非随心所欲，一般要经过色彩研究、想象设计、色彩构成、用户评议、信息反馈、色彩初步确定、环境试验和色彩最终确定等一系列程序。在设计汽车色彩时，应主要考虑以下几个方面：

1) 汽车的使用功能

汽车在使用过程中，已形成惯用色彩。例如，消防车采用红色，除红色亮度高、醒目、容易发觉外，主要是人们一见到红色的消防车，就想到有火灾发生，因而赶紧避让。白色用于医疗救护车，是运用白色的洁白、神圣的联想含义。邮政车选择绿色，是因为绿色给人以和平、安全的感觉。军用车一般为深绿色，使车辆与草木、黑色的沥青路面颜色相近，达到隐蔽安全的目的。工程机械多采用黄黑色相间的色彩，是运用黄色亮度高、醒目的特点，以引起行人和其他车辆的注意。殡仪汽车的色彩应具有肃穆、庄重的气氛，白色、黑色是最优选择。还有的汽车在底色上采用有功能标志的图案，例如白色救护车上的"红十字"标志，冷藏车上的雪、企鹅等图案，在底色衬托下更加鲜明。还有些专用汽车其色彩应符合人们的传统习惯，贴近人们的思想感情。

2) 汽车的使用环境

由于不同地区日光照射强度有差别，造成了人们对不同色彩的偏爱。在美国，以纽约市为中心大西洋沿岸的人们喜欢淡色，而旧金山太平洋沿岸地区的人们则喜欢鲜明色。北欧的阳光接近发蓝的黄色，所以北欧人喜欢青绿色。意大利人喜欢黄色和红色。在伊朗、科威特、沙特阿拉伯和伊拉克等国家禁忌黄色，但是却推崇绿色，认为绿色是生命之源，绿洲是生活在这黄色沙漠的宝地。汽车行驶在城市中，对城市色彩有装饰作用。但汽车色彩与环境色彩发生碰撞现象，会使原本喧闹的环境更加嘈杂混乱，使视觉感观极易疲劳。因此，汽车色彩应与使用环境色彩协调。

3) 汽车的使用对象

由于各国、各民族、各地区的社会政治、经济、文化、教育以及生活习惯的不同，表现出人们的色彩观念也不同，都有自己偏爱和禁忌的色彩。据日本丰田汽车公司的调查统计，该公司的汽车在本国销售，以白色最受欢迎，其次是红色、灰色等，而销往美国、加拿大的汽车色彩以淡茶色、浅蓝色最受欢迎，其次是白色、杏黄色。

在我国，红色具有赤诚之意，红色又是幸福和喜庆的象征。但是在美国却认为红色是不吉祥的象征，常把红色视为巫术、死亡、流血和赤字。拉丁美洲国家大多偏爱暖色调，在他们的客车上喜欢涂饰艳丽夺目的各式图案，或是临摹圣婴像，或是涂绘田园风景、花鸟等。南亚的一些国家因为人的皮肤黑，不喜欢黑色。非洲大多数国家也忌讳黑色，而喜欢鲜艳的色彩。不同的宗教信仰在色彩观念上不同。对于信仰佛教的国家，黄色代表神圣。但是在信仰基督教的国家，黄色却被认为是叛徒犹大的衣服颜色，具有卑劣可耻之义。在信仰伊斯兰教的国家中，黄色被视为丧色，具有不幸和死亡的含义。

4) 汽车的行驶安全

汽车的行驶安全是与汽车的制动性、操纵稳定性等直接相关的，但也与汽车的色彩有一定关系。在视觉上，颜色具有收缩性和膨胀性。如果有红色、黄色、蓝色和绿色共四辆车与观察者保持相同的距离，红色车和黄色车看上去要离观察者近一些，而蓝色和绿色的轿车看上去离观察者较远。不同的颜色，会产生体积大小不同的感觉。黄色感觉大一些，有膨胀性，称膨胀色；而同样体积的蓝色、绿色感觉小一些，有收缩性，称收缩色。此外，汽车颜色的深浅在不同光强条件下的反射效果也有很大的差异。清华大学汽车系和大陆汽车俱乐部（CAA）曾经对黑、蓝、绿、银灰和白5种不同颜色轿车的视认性和安全性做过试验研究。研究结果表明，深颜色的黑色车在清晨和傍晚时段光线不好的情况下，最难被肉眼所识别，而浅颜色的白色和银灰色则容易辨识，所以黑色车的颜色安全性较白色和银灰色车辆差，而绿色和蓝色车的颜色安全性居中。

由此可知，从安全的角度考虑，汽车色彩最好选择浅颜色或膨胀色。白色是安全色较佳的选择。银灰色车子不但看上去有品位，而且遭遇车祸的概率也比其他颜色的车子低得多，银灰色是浅颜色中最能避免车祸的，特别是在晚上，因为这种颜色可以反射灯光，更容易令其他司机注意到。汽车内饰的颜色选择也同样影响着行车安全，因为不同的内饰颜色对驾驶员的情绪具有一定的影响。内饰采用明快的配色，能给人以宽敞、舒适的感觉。夏天最好采用冷色，冬天最好采用暖色，可以调节冷暖感觉。暗色给人以重的感觉，明色给人以轻的感觉。红色内饰容易引起视觉疲劳，浅绿色内饰可放松视觉神经。

5) 汽车色彩的含义

由于传统文化习惯等因素的作用，人们对某种色彩会产生根深蒂固的观念，不会轻易改变，因为色彩会使人产生联想，每种颜色被人为地赋予了某种含义。银色是最能反映汽车本质的颜色。看见银色使人想起金属材料，这种颜色给人感觉整体感很强。美国杜邦

（Dupont）公司的调查结果显示，银色汽车最具人气，银色也最具运动感。白色给人以明快、活泼、大方和清洁朴实的感觉，容易与外界环境相吻合而协调，白色车身较耐脏，路上泥浆或污物溅上干后不易看出。黑色是一种矛盾的颜色，既代表保守和自尊，又代表新潮和性感，给人以庄重、尊贵和严肃的感觉，容易与外界环境相吻合，但黑色车身反而不耐脏，有一点灰尘就能看出来。黑色一直是公务车最受青睐的颜色，高档车黑色气派十足。红色包括大红和枣红，给人以跳跃、兴奋和欢乐的感觉。红色是放大色，同样可以使小车显大。高速公路上的红色跑车，在阳光下感觉如同一团火焰掠过，非常提神。红色是别致又理想的颜色，跑车或运动型车非常适合。蓝色是安静的色调，但是感觉非常收敛，个性不张扬，如同星球的深邃和大海的包容。黄色给人以欢快、温暖和活泼的感觉。黄色是扩大色，在环境视野中很显眼，跑车选用黄色非常适合，小型车用黄色也非常适合。出租车和工程抢险车的黄色，一是便于管理；二是便于人们及早地发现，可与其他汽车区别。绿色有较好的可视性，是大自然中森林的色彩，也是春天的色彩。绿色的金属漆也一改以前冰冷的色调，以温暖的面貌出现，小车选绿色很有个性，但豪华型车如果选用绿色，有点不伦不类的感觉。

现在的汽车颜色可谓五花八门，充分反映了汽车颜色的变迁和当今车主日益张扬的个性。

4.4 汽车造型的人机工程学基础

人机工程学是从人的生理和心理特点出发，研究人、机、环境相互关系和相互作用的规律，以优化人机环境系统的边缘学科。随着科学技术的发展和生产力的提高，人们对工作、生活、休息质量的要求不断提高，工程学的研究和应用范围不断扩大，越来越受到各行各业的普遍重视。车辆人机工程学则是人机工程学在车辆设计开发中的应用，以改善驾驶员的劳动条件和车内乘员的舒适性为核心，以人的安全、健康和舒适为目标，力求使整个系统的总体性能达到最优。

4.4.1 车辆设计中的人体因素

在机器设计特别是汽车设计中，着重考虑的人体因素大致可归纳为以下5个方面：

1) **人体对作业负荷的耐受性**

机器运转及其环境条件对操作者造成的体力和精神上的负担，称为作业负荷。人体对作业负荷的耐受性是汽车设计中必须考虑的基本因素。车辆应用过程中的环境条件，都必须适当控制，使之适应人的生理和心理特性，至少要为人体所忍受，力争处于人体舒适界限以内。

2) **人体尺寸**

人体尺寸的静态和动态测量数据，是设计驾驶者的作业空间、操作姿势、操纵机构及操作座椅的基础。只有充分考虑人体尺寸的设计，才能使驾驶员工作时处于舒适的状态和适宜的环境之中，达到能量消耗最少、疲劳程度最低和工作效率最高的目标。

3) **人体的生物力学特性**

设计适合于驾驶员使用的车辆操纵机构，确定合理的操纵力、操纵速率、操纵位移、操纵节拍和操纵准确度等，都必须以人体的生物力学特性为依据，方能实现人机关系的优化匹配。

4）人的感知响应特性

人的感知响应过程实质上就是信息向人体输入、传递和人对信息分析、处理并作出响应的过程，是人－机－环境系统的中心环节。它关系到人与车辆的安全、人的健康和舒适、操纵质量及作业效率等一系列问题，是汽车设计所必须考虑的最重要的因素。

5）人的适宜劳动姿势

驾驶者在工作中保持舒适、自然和方便操作的姿势，将有利于身体健康，有助于减轻疲劳。因此，汽车设计时必须首先确定驾驶员和乘员的姿势和体位，然后按照使人体保持最适宜的姿势要求，合理设计车辆操纵和乘坐系统。

4.4.2　汽车设计和使用中的人机工程问题

在驾驶员－车辆－环境系统中，驾驶员是人机工程学研究的核心对象。随着汽车用途的日益扩大、形态的日益多样化、功率和工作速度的不断增加、自动化程度的不断提高、行驶道路和交通环境条件的日益复杂，驾驶员的工作越来越繁重，因而对改善驾驶员劳动条件的要求越来越迫切。这就使得应用人机工程学的原理设计车辆的重要性更为突出。

目前，车辆工程领域的人机工程问题可大致归纳为以下7个方面：

1）汽车驾驶操纵系统人机界面的优化匹配

汽车驾驶操纵系统是一种有驾驶员参与的反馈控制系统。这类人机界面的优化匹配问题，在人机工程学应用领域最有代表性。因为驾驶操纵是汽车驾驶员最基本、最频繁、最重要的操作，所以驾驶操纵系统人机界面匹配的合理程度对车辆行驶的安全性、对驾驶员的身心健康、驾驶操作的舒适性以及在正常工作时间内持续驾驶车辆所能保持的工作效率等，都有重大的影响。

2）汽车的行车安全性及车内乘员的人体保护技术

汽车的撞车、翻车事故是行车安全事故的主要形态，严重地威胁着人们生命和财产的安全。行车事故总是发生在人－车－环境系统不稳定或不平衡时刻。研究各种类型事故的预警、预防技术装置，提高汽车的安全防护性能，并在事故发生时可以利用有效的车内乘员人体保护技术来避免或减轻乘员可能遭受的伤害。

3）汽车乘员的乘坐舒适性

汽车驾驶员和乘员的乘坐舒适性，主要取决于座椅与人体的人机界面能否为人提供舒适而稳定的坐姿、驾驶员（或乘员）－座椅－车辆系统能否有效地隔离或衰减来自路面不平度的激励而产生的振动，以使驾驶员（或乘员）所承受的全身振动负荷低于规定的限值。

4）汽车的噪声控制

汽车噪声控制的目的是保证车内驾驶员和乘员的耳旁噪声满足人的听力保护允许标准，车外噪声满足动态环境噪声允许标准。具体的标准限值因车辆类型、使用条件和运行环境的不同而异。

5）汽车车内环境气候的宜人化控制

对车内环境气候宜人化控制的具体要求也因汽车的类型、使用条件和运行环境的不同而异。主要科学依据是人的舒适性评价标准。

6）汽车驾驶员的驾驶适宜性

所谓驾驶适宜性，是指人具备圆满、不出差错地完成驾驶工作的素质。并不是所有的人都适合从事驾驶工作,都具备与驾驶工作相适应的生理和心理素质。开展驾驶适宜性研究并制定科学的驾驶适宜性检查方法,对于驾驶员的选拔和科学化管理具有重要的指导意义。例如,交通管理部门或交通运输企业可以通过驾驶适宜性检查,对申请驾驶工作的人的心理素质有一个基本的了解,从中选拔具备条件的人当驾驶员;对在职驾驶员,如果发现其驾驶适宜性下降,可及时采取相应的预防或针对性指导训练措施;对于确实不再适宜做驾驶工作的人,可安排其他合适的工作,从而消除潜在的事故危险,做到防患于未然。

7) 汽车的道路交通适应性

人-车-路作为一个系统来研究,汽车设计者在设计车辆性能时,既要充分考虑人的因素,如人体尺寸、人的生理和心理特性、人的习惯等人-车关系问题,又要充分考虑现在及将来的道路交通特性,如道路的等级、通行能力、管理水平等车-路关系问题。而路政部门在设计道路网及道路特性时,也必须把人的因素和车辆特性作为设计要素来考虑,应当从用户主要是驾驶员的角度出发,评价车辆对道路交通条件的适应性,用以指导车辆的设计和交通的规划,做到人-车-路的综合优化。

4.4.3 人体模型在汽车人机工程学的应用

在汽车人机工程中,人体模型应用最为广泛的是二维人体模板。这种人体模板是根据当代人体测量和统计数据进行处理和选择而得到的标准人体尺寸,利用塑料板或密实纤维板等材料,按照1∶1、1∶5、1∶10等工程设计中常用的制图比例制成人体各个关节均可活动的人体模型,其侧视图如图4-18所示。将人体模板放在实际作业空间或置于设计图纸的相关位置上,可用以校核设计的可行性和合理性。

人机系统设计时,可借助人体模板进行辅助制图、辅助设计、辅助演示或辅助测试。例如,汽车座椅平面高度和脚踏板高度是一个操作系统中相互关联的尺寸,它们主要取决于人体尺寸和操作姿势,利用人体模板可以很方便地得出在适宜的操作姿势下各种百分位的人体尺寸所必须占有的空间范围和调节范围,由此确定相应的座椅、脚踏板

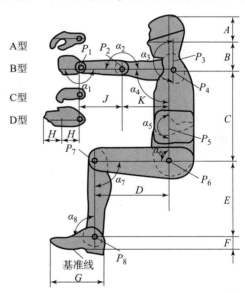

图4-18 二维人体模板示意图

等的设计方案,并模拟、校核有关驾驶室的空间尺寸、座椅的位置、操纵装置和显示仪表的布置等设计参数与人体尺寸和操作姿势是否配合,是否处于最佳状态。其具体做法可用图4-19说明。

4.4.4 驾驶员眼椭圆在汽车设计中的应用

在驾驶员-车辆-环境系统中,人(驾驶员)、机(车和车外环境)界面的视觉链的优化匹配,必须以驾驶员的眼睛位置(称为视点)为定位基准。由于人的身材大小不同,不

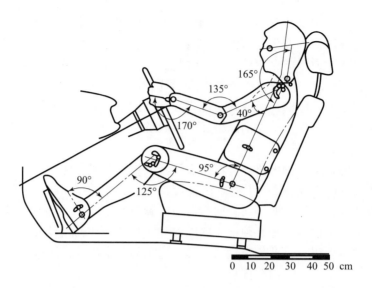

图 4-19　人体模板在车内空间设计中的应用

同的驾驶员以正常驾驶姿态坐在驾驶座椅上,他们的眼睛位置显然是不同的。眼椭圆是指驾驶员按自己的意愿调整座椅,并以正常的驾驶姿势入座,眼睛位置在车身坐标系中的统计分布图形。

汽车驾驶员眼椭圆的概念是美国汽车工程师学会(SAE)车身工程委员会人体模型分会研究提出的,他们通过对美国各州及欧洲、亚洲和其他国家的 2 300 多名男、女驾驶员进行试验测定和统计分析后,得出了汽车驾驶员眼睛位置在纵向垂直面和水平面上的分布范围都呈椭圆形的结论。SAE 将眼椭圆分为第 90、第 95、第 99 百分位等若干种投影图形,分别代表某个百分位人群的眼椭圆分布规律,如图 4-20 所示。汽车驾驶员眼椭圆的确立为研究汽车视野性能提供了科学的依据。

眼椭圆在汽车车身设计中的应用主要在以下两个方面。

1) 风窗玻璃刮扫面积和部位的确定

汽车风窗玻璃刮扫面积的大小及其部位的校核要以驾驶员眼椭圆为基准。首先风窗玻璃透明区至少应包括整个 A 区,遮阳板、遮阳带及其他对透光性能有妨碍的风窗附件应在该区域之外。其次,为保证雨雪天有良好的视野,汽车风窗玻璃刮扫系统应保证各区域的刮净率分别是:区域 C 为 100%,区域 B 为 95%,区域 A 为 80%,如图 4-21 所示。

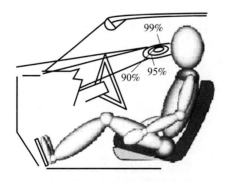

图 4-20　人群的眼椭圆分布规律示意图

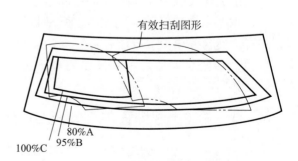

图 4-21　汽车风窗玻璃刮扫系统刮扫区域

2) 后视镜安装位置设计和后视野校核

后视野是指驾驶员通过内外后视镜所能见到的区域,在超车、倒车、制动和转向过程中起着很重要的作用,它取决于后视镜的镜面尺寸、形状和安装位置等因素。我国已将后视野列为汽车安全性认证的主要项目,具体要求如图4-22和图4-23所示。

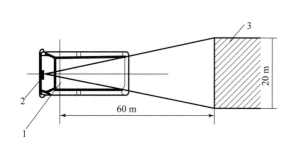

图4-22　内后视镜可视范围示意图
1—视点；2—内后视镜；3—视域

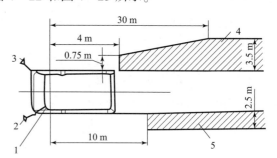

图4-23　左右后视镜可视范围示意图
1—视点；2—左后视镜；3—右后视镜；
4—右视域；5—左视域

3) 驾驶员视野盲区最小化设计

汽车行驶中驾驶员的前方180°范围内的视野要受到方向盘、仪表盘、前门窗下沿高度和A立柱等的影响,在设计中应当用眼椭圆进行综合优化和校核。

4.4.5　汽车操纵机构设计的一般原则

(1) 操纵机构要适应人的生理特点,便于大多数人使用操作。如操纵机构的操纵力和操纵速度等,都应按操作人员的中、下限能力进行设计。

(2) 操纵机构的运动方向要同机器的运行状态相协调。例如,转向盘转动的方向应同车辆行驶方向的变化相协调。

(3) 操纵机构要容易辨认。无论数量多少、排列布置及操作顺序如何,要求每个操纵机构均能明确地被驾驶员辨认出来。

(4) 尽量利用自然的操纵动作或借助驾驶员身体部位的重力进行操纵。对重复或连续的操纵动作,要使身体用力均匀,不要只集中于某一部位用力,以减轻疲劳和单调厌倦的感觉。

(5) 在条件许可的情况下,尽量设计多功能的操纵机构。用一根操纵杆完成汽车各种灯光控制,就是一种多功能操纵机构的实例。

(6) 操纵机构的造型设计,要求尺寸大小适当、形状美观大方、式样新颖、结构简单,并且在视觉上为驾驶员提供舒适的感觉。

4.5　汽车造型设计中的空气动力学基础

在汽车造型的变化历程中,空气动力学的发展和在其汽车设计上的应用是汽车造型变化主要的推动力之一。当今世界,汽车的空气动力特性已成为汽车造型优劣评价的重要依据。降低汽车高速行驶的空气阻力,提高稳定性是空气动力学在汽车设计上应用的主要目标。空气阻力是汽车行驶时受到的空气作用力在行驶方向上的分力。空气阻力受到汽车质量、速度、阻力系数及迎风面积四个要素影响。在汽车行驶理论中已经对空气阻力的构成进行了介绍，在此不再赘述。下面将以车型变化过程中空气动力学的应用为例，进行相关内容的介绍。

（1）早在马车型汽车时代，随车速的提高，人们认识到降低车体高度可以减少迎风面积，从而减少空气阻力。车体高度在1900年几乎与马车同高，约为2.7 m；1910年降到2.4 m左右；1920年约为1.9 m。因为车内要坐人，所以车高不能无限制地降下去，1.3～1.4 m基本上就是最低限度了。对功率为44.13 kW（60马力）的厢型汽车，车高2.7 m时，其最高速度只能达到80 km/h；车高降到1.9 m，最高车速可达100 km/h；如果车高降为1.3 m，则最高车速可达120 km/h（图4-24）。

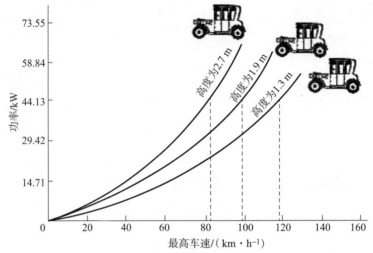

图4-24　车身高度与最高车速的关系

（2）对厢型汽车而言，形状阻力占很大比例。在前窗玻璃、车顶，特别是汽车后部，产生很强的空气涡流（图4-25）。这些涡流起着妨碍汽车前进的作用。

图4-25　厢型汽车后部产生的空气涡流

1920年，德国人保尔·亚莱用风洞对运行物体正面形状和侧面形状对空气阻力的影响进行了研究，引入了由物体形状决定的空气阻力系数的概念。如图4-26所示，亚莱发现，前端方的物体比前圆后尖的物体的空气阻力系数要大得多，从仿生学的角度，找到了鸟和鱼的形状正是形状阻力最小的造型，从而找到了解决形状阻力的途径。美国密歇根大学的雷依教授于1934年采用风洞和模型汽车，测量了各种车身的空气阻力系数。这是具有历史意义的试验，其结果如图4-27所示。此后流线型的汽车出现并逐步代替了厢型车的主体地位。

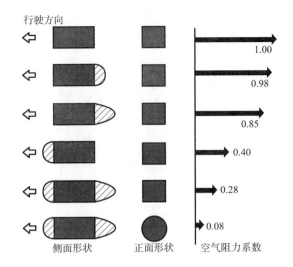

图4-26 亚莱教授进行的空气阻力研究结果

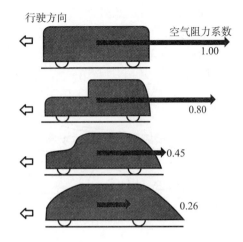

图4-27 雷依教授进行的空气阻力研究结果

(3) 车型发展到鱼型汽车阶段，在空气阻力方面已经解决得比较完善，但该造型也存在一个明显的缺点：汽车高速行驶时容易产生很大的升力。升力使汽车与地面的附着力减小，使汽车的行驶稳定性和操纵稳定性降低。鱼型汽车高速行驶产生升力的原因类似于飞机机翼产生升力的原理。飞机机翼的断面形状如图4-28所示，其上表面隆起，下表面平滑。当空气气流流经机翼表面时，上表面空气流动快，但压力小；下表面空气流动慢，但压力大。因此，机翼的上下表面的压力差就形成了对机翼向上的推力，即升力。鱼型汽车从车顶到车尾所形成的曲面与飞机机翼上表面极其相似，故鱼型汽车在高速行驶时也容易产生较大的升力。为解决这个问题，研究人员开始致力于既减小空气阻力又减小升力的空气动力学研究，如在鱼型汽车设计上将车尾截去一部分，成为鱼型短尾式；还有在鱼型车的尾部安上一只翘翘的"鸭尾"以克服一部分升力，这便是鱼型鸭尾式车型。随着研究的深入，彻底解决鱼型车升力问题的楔型汽车出现了。

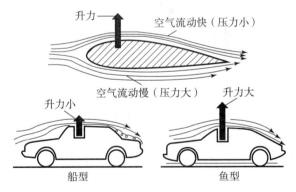

图4-28 机翼和汽车产生的升力

(4) 现阶段，从汽车设计完善的角度出发，从空气动力学考虑，汽车造型应遵循以下4个基本规律：

①车身前部，发动机盖应向前下倾斜，面与面交接处的棱角应为圆柱形，风窗玻璃应尽可能"躺平"且与车顶圆滑过渡。

②整车，车身应向前倾斜1°~2°，水平投影（从上向下看汽车）应呈"腰鼓"形，后端稍稍收缩，前端呈半圆形。

③汽车后部，最好采用舱背式或直背式，若采用折背式，则行李厢盖板至地面距离应高些，长度要短些。

④车身底部，应尽量平坦，最好有平滑的盖板盖住底部，盖板从车身中部或后轮以后向

上翘起。

在降低空气阻力系数方面，从汽车造型考虑也有如图4-29所示的几种基本方法。

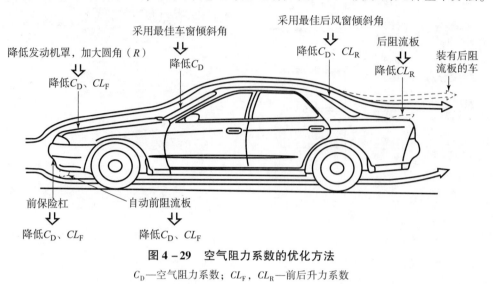

图4-29 空气阻力系数的优化方法

C_D—空气阻力系数；CL_F，CL_R—前后升力系数

4.6 汽车造型的设计要求

作为复杂的机械产品，汽车设计的要求是多方面、多层次、互相关联、互相制约的。为了设计出市场竞争力强的汽车，设计人员除了不断创新，综合各种新概念、新结构、新材料外，更需要全面均衡地、有层次地处理各种不同的要求，尽力使整车的设计在技术、经济、艺术等多方面达到最佳融合。汽车造型设计要求大体可归纳为功能性、艺术性、工艺性、规范性、和谐性5个方面要求。

1）功能性

功能性是为满足汽车用途而提出的性能要求。不同使用条件下，对性能要求的优先级是有区别的。如高级轿车的动力性、舒适性和安全性是首要的；微型汽车的经济性和机动性是首要的；军用越野车的机动性和可靠性成为设计的首要目标。同时在汽车设计和使用中还要考虑到不同道路、气候等条件对汽车性能的影响，从设计的角度要尽可能使汽车在不同使用条件下都满足其使用需要，这便是汽车的适应性。

2）艺术性

汽车作为代步工具首先要有实用价值，同时作为产品，必须使消费者有购买的欲望，具有视觉冲击力，因此汽车的外观造型和内饰布置必须十分讲究，成为具有艺术观赏价值的艺术品。车型总体要具有时代感、创新风格以及与环境的适配性。在色彩的设计上，要考虑到包括社会倾向、时尚、安全、合理等要素，作为大众消费品的车型尤其要满足大众的审美需求。在车内装饰方面，室内的美术设计要求与汽车的等级和用户群体的特点相一致，例如年轻人喜爱的跑车需要有轻快感的美术效果，而高级豪华车则需要有庄重感的美术效果。实际上，对于同一时期同一消费群体的汽车，其性能差异并不太大，而决定销售量的因素往往是其造型是否使人感到赏心悦目。从这一点看，艺术性对汽车特别是轿车来说至关重要。

3)工艺性

汽车产品在设计时考虑到生产工艺的要求是一项十分重要的任务。一个好的设计不仅应使产品的性能优异,也应使产品成本低,达到同类产品中最高的性价比。这种产品结构设计时所考虑的制造、维修的可行性和经济性称为结构工艺性。零件的机械加工工艺性和零部件的装配工艺性是结构工艺性的重要内容。产品设计的结构工艺性是随生产类型(主要是生产批量)、生产条件、技术发展的变化而变化的。设计者必须从生产的实际条件出发,设计符合生产条件的零部件产品。

4)规范性

汽车设计要在有关标准和法规的指导下进行。除设计图纸的绘制与标注应按有关国家标准进行外,汽车设计还应遵守与汽车有关的一些标准与法规。中国汽车工业标准包括与国际基本通用的汽车标准和为宏观控制汽车产品性能和质量的标准,它包括国家标准、行业标准和企业标准。汽车标准又分为强制性标准和推荐性标准。强制性标准主要有:整车尺寸限制标准、汽车安全性标准、油耗限制标准、汽车排放物限制标准及噪声标准等。为使中国汽车产品进入世界市场,设计时也应考虑到国际标准化组织汽车专业委员会(ISO/TC22)制定的一些标准和美国标准协会(AHSI)标准、美国汽车工程师学会(SAE)标准、日本工业标准(JIS)、日本汽车标准组织(JASO)标准以及欧洲经济委员会(ECE)、欧洲经济共同体(EEC)等国际标准化组织所制定的汽车法规和标准。

5)和谐性

汽车是由人来驾驶和乘坐的,是以人为核心并为人服务的交通工具。因此,其设计必须考虑人与车的和谐关系,即操纵要方便、乘坐要舒适。

第 5 章
世界著名的汽车公司和典型车型

自 1881 年奔驰发明汽车以来，汽车工业的发展已经历经百年，从最初的贵族玩赏工具逐步发展成为世界上应用最为广泛、最为重要的交通工具之一。随着汽车融入生活，汽车简单的运输功能也在发生改变，内涵逐步丰富。在汽车百年发展史上历经了以欧洲为发源地和生产中心，随着美国经济发展，在第二次世界大战后以美国为中心到 20 世纪 60 年代后以日本、韩国为中心的亚洲汽车工业崛起几个阶段。现在汽车工业已经成为工业发达国家和以中国为首的发展中大国重要的工业之一，在国民经济发展中占有举足轻重的地位。下面分别就欧洲、美洲、亚洲重要的知名汽车生产商和在汽车发展史上具有典型意义的精品汽车进行介绍。由于篇幅有限，仅做概述性介绍，以此为引导，读者可以参考相关文献。

5.1 欧洲著名汽车公司

作为汽车工业的发源地，欧洲有众多著名的汽车制造商和汽车品牌。从大众化的大众汽车、菲亚特汽车到高端的豪华车生产商奔驰、宝马等，甚至极品高端汽车品牌劳斯莱斯、宾利等一应俱全。

5.1.1 奔驰汽车公司

1. 简况

奔驰汽车公司是世界上资格最老的厂家，以生产高质量、高性能的豪华汽车闻名于世。"奔驰"可以说是与译音天衣无缝，十全十美，恰如其分地表达了人类对汽车这一现代工具的全部期望。

"奔驰"标志的图案是简化了的形似汽车转向盘的一个环形圆围着一颗"三叉星"。"三叉星"被誉为幸运吉祥之星，它的三尖代表着海、陆、空三位一体的现代化，环形图显示其营销全球的发展势头。其标志如图 5-1 所示，该标志的形成经历 5 次变迁。

图 5-1 奔驰车标发展历程

（1）1886 年，戴姆勒和卡尔·本茨同时发明了汽车，本茨为自己的汽车设计了一个高贵的月桂枝围绕着"BENZ"字样的圆形图徽，戴姆勒则采用了三叉星标志。

（2）1899年3月，埃米尔·耶利内克（当时的奥地利驻匈牙利总领事）驾驶以他的小女儿梅赛德斯（Mercedes，意为幸福）命名的戴姆斯汽车，在法国"尼斯之旅"汽车大赛上一举夺魁。戴姆勒公司开始采用"梅赛德斯"命名，"梅赛德斯"与三叉星这两个标志合成了一个新的商标：圆圈内4颗小星环绕在1颗大星的上方，下面标注着"Mercedes"字样。

（3）1926年，奔驰公司和戴姆勒公司合并，合并后生产的汽车被叫作"梅赛德斯—奔驰"（Mercedes–Benz），各自的商标也被结合起来重新设计成为新的标志：Benz的月桂枝围绕着三叉星，"BENZ"的字样在下面，"Mercedes"的字样在上面。

（4）1909年，经过两次修改，奔驰车标终于被简化为今天形似转向盘的"三叉星"。

2. 代表性车型

（1）卡尔·本茨三轮车（Karl Benz tricycle）（图5–2）。1886年的这辆以汽油为动力的三轮汽车开创了人类交通工具发展的新纪元。

（2）"Victoria"汽车（图5–3）。1893年，卡尔·本茨研制出主销式转向系统时不禁惊呼道"Victoria"，此系统可允许车辆前轮进行不同角度的偏转。这款车型也因采用了这种全新转向系统而得名。

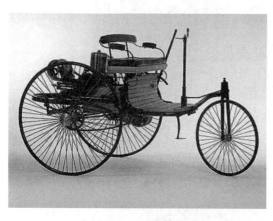

图5–2　卡尔·本茨三轮车

图5–3　"Victoria"汽车

（3）770车型（图5–4）。1930年，奔驰公司向世界推出了该车型。当时，它的发动机和内饰都代表着当时的最高水平。1934年，在该车型的基础上，奔驰汽车公司制造了世界上第一辆防弹汽车770K。该车是为希特勒特制的高级轿车，车身用4 mm厚的钢板制成，挡风玻璃有50 mm厚，轮胎是钢丝网状防弹车胎，后排坐垫靠背装有防弹钢板，地板也被加厚到4.5 mm，整车重超过5 t，它配有一台排量为7 655 mL的V8发动机，可产生100 kW的功率，此车共生产了17辆，大部分毁于第二次世界大战，现在仅存的3辆成为稀世珍品。

（4）180车型（图5–5）。1955年，梅赛德斯—奔驰第一款三厢车型在1953年诞生。这一年成为现代设计与传统设计的分界线。180车型具有自稳车身，并明确划分为发动机、乘员室和行李厢三部分。

图 5-4　770 车型

图 5-5　180 车型

（5）梅赛德斯—奔驰 220S（图 5-6）。该车型于 1965 年上市，从这一年开始奔驰 S 级有了明确的定义，220S 不仅开创了 S 级轿车的纪元，也为现在豪华车的设计树立了标杆。中华人民共和国成立后生产的上海牌轿车，就是参考该车型进行的设计。

图 5-6　梅赛德斯—奔驰 220S

（6）梅赛德斯—奔驰 E 级车（图 5-7）。该车型是介于 S 级和 C 级之间的豪华车，自梅赛德斯—奔驰 E 级轿车的鼻祖——1947 年的梅赛德斯—奔驰 170 诞生至今，梅赛德斯 - 奔驰 E 级轿车已经发展到第 10 代。2016 年 1 月，奔驰第 10 代 E - Class 在北美车展揭开面纱，底盘编号 W213。现代、利落、优雅而充满动感，在充分体现高档品牌现代价值观的同时，亦焕发出强烈的科技感：鲜明且经典的大灯设计、运动感强烈的车尾设计，以及令人过目不忘的梅赛德斯—奔驰所特有的车身比例。

图 5-7　梅赛德斯—奔驰 E 级车

5.1.2　宝马汽车公司

1. 简况

宝马汽车公司前身是 1916 年成立的专门从事飞机发动机生产的巴伐利亚飞机制造厂，1928 年公司开始转产汽车。现在的宝马汽车公司以生产高级轿车为主，同时生产飞机发动机、越野车和摩托车。支撑宝马汽车良好形象的基础在于其核心的汽车技术，不断为高性能高档汽车设定新标准。同时，宝马十分重视安全和环保问题。宝马在汽车"主动安全性能"和"被动安全性能"以及"整体式道路安全系统"的研究为公司赢得了巨大声誉。宝马汽车公司作为国际汽车市场上的重要成员相当活跃，其业务遍及全世界 120 个国家。宝马汽车公司主要有 3、5、7、8 系列汽车及双座篷顶跑车等。

宝马汽车公司的标志"BMW"是公司全称"Bayerische Motoren Werke AG"（巴伐利亚机械制造厂股份公司）的缩写。标志采用了内外双圆圈的图形，并在双圈圆环的上方标有 BMW 的字样（图 5-8）。整个商标就像蓝天、白云和运转不停的螺旋桨，喻示宝马汽车公司源远流长的历史，既象征该公司过去在航空发动机技术方面的领先地位，又象征公司的一贯宗旨和目标：在广阔的时空中，以最新的科学技术、最先进的观念，满足顾客的最大愿望，反映了公司蓬勃向上的精神和日新月异的新面貌。宝马汽车公司自有品牌有"宝马""迷你""劳斯莱斯"。

（1）迷你。迷你是由英国汽车公司推出后被宝马汽车公司持有的一款汽车品牌，该汽车品牌是一款风靡全球、个性十足的小型两厢车，1959 年 8 月 26 日由英国汽车公司（BMC）推出，在半个多世纪的历史里，迷你获得了巨大的成功。2000 年旧款迷你停止生产，迷你品牌的新持有者宝马（BMW）宣布推出迷你的继承车款，并将新车的品牌定为 MINI。迷你汽车车标如图 5-9 所示。

图5-8 宝马汽车车标　　　　　　图5-9 迷你汽车车标

（2）劳斯莱斯。1906年，亨利·莱斯先生和查理·劳斯先生在英国的曼彻斯特成立了劳斯莱斯公司，公司名称以两个人名字的组合出现，以生产高端豪华轿车为主。2003年宝马汽车公司开始拥有劳斯莱斯商标权。劳斯莱斯的雕塑商标是一尊银光闪烁的飞翔女神像，意为速度之魂。劳斯莱斯汽车的标志图案采用两个"R"重叠在一起，象征着你中有我，我中有你，体现了两个公司创始人劳斯和莱斯融洽、和谐的关系（图5-10）。

图5-10 劳斯莱斯汽车车标

2. 代表性车型

（1）Mini车型。1994年，宝马控制了罗孚集团，才得到了迷你的生产权和品牌使用权。迷你车型的价格定位，并不是大批量生产的普通小型汽车，而是走高档路线的小型汽车。"迷你"的玄妙之处在于：一是巧妙地将变速箱与发动机的相对位置安排妥当，合理地利用空间，减少车体尺寸；二是采用小得不能再小的10 in车轮以及带橡胶材质的独立悬挂系统。Mini Cooper有一张与众不同的前脸，前部的发动机盖、圆灯和散热器格栅设计十分独特，从最初开始，Mini Cooper就使用镀铬的装饰件，精简、饱满的线条和现代化的设计兼具古典气息。当代新款的Mini Cooper外形以尽量保持旧款Mini的精髓为原则，格外粗壮的后视镜，子弹头式的设计顽强地立在车门上，它成了Mini车身上最为传统的部分（图5-11、图5-12）。

（2）宝马507（BMW507）（图5-13）。1956年，第二次世界大战后宝马大型轿车的一个代表作，采用3 168 mL的铝合金V8发动机，功率为110 kW，最高车速为200 km/h。507系列车型包括敞篷和双门两款，生产维持了3年，总产量为252辆。

（3）宝马5系（图5-14）。现代的宝马代表着一种奢华，也代表着一种品味，其中宝马5系车型将3系的驾驶乐趣与7系的奢华装备相融合，将宝马的伟大传统和指引未来的进取精神以及经得起岁月考验的美学标准统一在一起，成为宝马车新时代的设计经典。宝马的设计师们凭借巨大的激情和天赋，以匀称的结构、精美的外观、完美的细节和大胆的创新，

图 5-11 Mini Cooper 老爷车

图 5-12 新款 Mini Cooper

为 5 系赋予了独特的个性和强大的感性力量,使之达到了崭新的美学境界。全新 BMW5 系插电式混合动力有 3 种混合动力驱动模式可供选择,通过 eDrive 按钮可轻松切换,驾驶员既能体验电动机高扭矩输出的提速感,又能结合多种路况切换不同的 eDrive 模式,达到高效能源利用。

(4) 宝马 E30M3 (图 5-15)。最具代表性的宝马车型是 E30M3。作为有史以来第一代 M3,E30M3 可以说是开创了一个先河,很少有汽车制造商能复制它的成功。E30M3 在赛车界建立了崇高的地位,更成为宝马有史以来取得最多奖项的赛车型号,也是赛车界唯一夺冠

图 5-13　宝马 507

图 5-14　宝马 5 系

数超过保时捷 911 的车型。E30M3 的强悍动力来自一台 2.3 L 直列四缸发动机,能输出 195 匹马力 (143 kW)。1985—1991 年,E30M3 在全球售出 16 202 台,它是卖得最好的一款 M 系车型。

(4) 宝马 8 系 (图 5-16)。宝马 8 系于 1989 年问世,它的定位是旗舰豪华跑车。不过最终因为销量不佳,8 系只得黯然退市。停产 20 年之后,8 系终于被宝马重新复活。与其他宝马车型相比,8 系显得更加具有侵略性。突出的车鼻上是连接在一起的双肾进气格栅,下方的保险杠造型锐利。双腰线贯穿了宝马 8 系 4 856 mm 的修长车身,后轮拱处隆起的线条一直延伸到扰流板处,与纤细的尾灯融为一体,而矩形的排气筒是之前没有出现过的全新设计。相比于最大的竞争对手奔驰 S 级 Coupe,宝马 8 系更紧凑,更前卫,也更运动,这款豪华与性能兼顾的跑车代表了宝马最高的设计和技术水平。宝马 8 系于 2018 年 11 月在欧洲首先上市,随后登陆其他各大主流汽车市场。

图 5-15　宝马 E30M3

图 5-16　宝马 8 系 2018 款

5.1.3　奥迪汽车公司

1. 简况

德国奥迪汽车公司的历史悠久而又历经多变,其制造汽车与摩托车的历史可追溯到 19 世纪。1932 年 6 月 29 日是奥迪发展史上关键的日子,这一天奥迪(Audi)、霍希(Horch)、德国小奇迹汽车(DKW)和万德诺(Wanderer)汽车公司联合成立汽车联盟,标志着当代奥迪汽车公司的真正成立。第二次世界大战以后,汽车联盟位于萨克森的汽车制造厂被苏联占领军没收并拆除。此后,该公司的很多高层人员前往巴伐利亚,并于 1949 年在英戈尔斯塔特(Ingolstadt)建立了汽车联盟股份有限公司。该公司和 NSU 股份有限公司于 1969 年合并,组成奥迪-NSU 汽车联盟股份公司(Audi NSU Auto Union AG)。1985 年公司正式改名为奥迪股份公司(AUDI AG),总部迁至英戈尔斯塔特。同样,在 20 世纪 80 年代,奥迪汽车作为高档轿车引进中国，并一直作为政府采购的主力车型，为公务出行服务。

几经变迁，奥迪汽车公司一直采用"四环"作为公司的标志，每一环都是其中一个公司的象征。半径相等的四个紧扣圆环，象征公司成员平等、互利、协作的亲密关系和奋发向上的敬业精神，并同时象征着四家创始公司之间的联盟牢不可破（图 5-17）。

2. 代表性车型

（1）奥迪 quattro（图 5-18）。该车在 1980 年上市时，采用 5 缸增压式发动机，排量为 2 144 mL，最大功率为 164 kW，采用全轮驱动。短轴距的 quattro 运动型装备 2.2 L 20 气门涡轮增压发动机，最大功率为 224 kW。20 世纪 80 年代，奥迪 quattro 赢得了四项世界锦标赛冠军。不久之后，配备全时四轮驱动系统的 quattro 赛车在环形赛道比赛中赢得了同样的胜利，包括 1988 年美国 Trans Am 系列赛的全胜。同时，奥

图 5-17　奥迪汽车车标

迪 A4 quattro Super Touring 赛车赢得了它所参加的七个国家的房车锦标赛的所有冠军。quattro 全时四轮驱动技术为奥迪在赛车运动领域和民用汽车领域奠定了不可动摇的地位。quattro 不但意味着全时四驱，同时还代表着非凡动力和快速安全的驾驶体验。

图 5-18　奥迪 quattro

（2）奥迪 A8（图 5-19）。它是奥迪轿车目前的旗舰。1994 年，第二代奥迪 A8 在同级车车身制造中首先采用 ASF 全铝车身结构。与传统的车体相比，ASF 理念带来了轻量化车体在质量和安全领域的巨大潜力。在不安装车门、发动机罩和尾部箱盖的情况下，自车身仅重 220 kg，毫无争议地摘得了同级别车型中的桂冠，同时该车身具备高强度和高抗腐蚀性能。第三代奥迪 A8 配备自适应性空气悬架，这种电子控制的带有连续可变阻尼控制的空气悬架系统，彻底解决了豪华轿车追求卓越操控性和高速行驶时的舒适性之间的矛盾。新一代奥迪 A8 是奥迪旗下首款搭载 48 V 轻混动系统的车型，2017 年秋天已经正式在德国上市销售。

（3）奥迪 A6（图 5-20）。1997 年上市时以其前卫的造型打破了中高级轿车的传统保守理念。车身在圆弧与立体线条的处理上展现成熟的协调感。整体圆弧设计来自半弧头灯组、车头镀铬饰条、雾灯、车顶近似 Coupe 的低伸弧线条、四轮外扩轮拱、尾灯组与双排气尾管。逐渐向后扬起的侧腰线与侧裙线，以及微翘的小尾翼，营造出车身的运动感。2004

图 5-19 奥迪 A8

年新款奥迪 A6 现身日内瓦车展时,颠覆传统设计的盾形水箱罩颇具争议。然而,事实证明,上市 4 年来,盾形水箱罩已成为引领奥迪乃至德国大众公司(现今奥迪公司已经由大众公司控股)全车系迈入全新时代的标志之一。

图 5-20 奥迪 A6(2004 款)

(4)奥迪 Allroad quattro 2000(图 5-21)。奥迪拥有两件独门法宝,第一是全铝车身,第二则是在该款车上应用的四轮驱动技术(奥迪是第一家将四轮驱动技术放在量产车上的厂家)。该车以奥迪 A6 旅行车为基础进行改进设计,采用 4 级高度可调空气悬架,离地间隙可自动或手动调节。装备少见的 2.7 L 涡轮增压发动机,使其成为无论在公路还是越野路面都具有很强行驶性能的好手。该车系 20 世纪 80 年代推出以来,不但成为车迷心目中的神殿,也在 WRC 世界拉力锦标赛中大放异彩,并为奥迪建立了"技术、创新和品质保证"的品牌形象。

5.1.4 大众汽车公司

1. 简况

大众汽车公司的德文 Volks Wagen,意为大众使用的汽车。德国政府于 1933 年 1 月提出:让每一个德国家庭都拥有一辆轿车。于是大众公司创始人、世界著名的汽车设计大师费迪南德·波尔舍 1934 年 1 月向德国政府提出一份为德国民众设计生产汽车的建议书

图 5-21　奥迪 Allroad quattro 2000

并获得批准。于是 1937 年 5 月 28 日，波尔舍在奔驰公司的支持下创建了大众开发公司，同年 9 月改为大众汽车股份有限公司，总部设在沃尔夫斯堡。现在该公司已经发展成为世界十大汽车公司之一。

大众汽车公司标志中的"VW"为德文全称中头一个字母的叠合，并镶嵌在一个大圆圈内，然后整个商标又镶嵌在发动机散热器前面格栅的中间。图形商标形似三个"V"字，像是由三个用中指和食指做出的"V"组成，表示大众汽车公司及其产品"必胜－必胜－必胜"，如图 5-22 所示。文字商标则标在车尾的行李厢盖上，以注明该车的名称。

在大众汽车公司的发展过程中，通过兼并重组的方式控制了多家汽车公司，发展成为一个多品牌的汽车集团公司，形成了多品牌发展的格局。其中包括西雅特、斯柯达为主的大众化车型以及高端跑车兰博基尼、高端商务车宾利等。

(1) 西雅特 (Seat)。西雅特是西班牙最大的汽车公司，1950 年成立于巴塞罗那。其主要产品为"伊比萨""科多巴"，即中国的都市高尔夫。1983 年德国大众汽车公司买下了西雅特的大部分股份，使西雅特成为大众汽车公司的子公司。西雅特汽车公司的标志是一个大写的"S"，如图 5-23 所示。

图 5-22　大众汽车公司标志　　　　图 5-23　西雅特汽车公司标志

(2) 斯柯达。斯柯达公司成立于 1894 年的捷克，是世界五个最早的轿车生产厂之一。斯柯达公司只生产小轿车，包括"速派""欧雅""法比亚"。斯柯达汽车以高性价比、坚实耐用、高安全性、优良的操控性及舒适性兼备而成功地打入了欧洲、亚洲、中东、南美洲、非洲等地区，备受广大消费者的青睐。1991 年 4 月，大众汽车公司购买了斯柯达公司 70% 的股份，使其成为德国大众汽车公司的一个子公司，"斯柯达"进而成为德国大众旗下继大众（VW）、奥迪（Audi）、西雅特（Seat）后的第四大品牌。"斯柯达"汽车的标志保留了原商标中带翅膀的飞箭。这一飞箭象征着该公司无限的创造性，表达了要实现最高目标的强烈愿望，体现出对工作认真负责和一丝不苟，外围的圆环加宽了，上部增加了"Skoda"，下面增加了"Auto"。标志的底色为绿色，象征着希望，体现出重视保护环境的强烈意识，也象征着企业的无限生命力，喻示这家百年老厂将焕发青春（图 5 – 24）。

(3) 宾利（Bentley，又译为"本特利"）。宾利公司成立于 1920 年，以生产高档豪华轿车著名，目标是满足富有的年轻人追求高速驾驶和寻求刺激的需要。"宾利"轿车标志是以公司名的第一个字母"B"为主体，并赋予一对有力的翅膀，似凌空翱翔的雄鹰（图 5 – 25）。"To build a fast car, a good car, the best in its class"（要造一辆快的车，好的车，同级别中最出类拔萃的车）曾是创始人华特·欧文·宾利先生最初追求极致卓越的造车理念。近一个世纪之后，宾利先生的理念仍继续指引着我们的信念、行动和宏大目标。宾利汽车位属英国顶级豪华汽车之列，手工打造全世界最佳性能的豪华旅行轿车，在 1997 年被大众集团收购。

图 5 – 24　斯柯达汽车车标

图 5 – 25　宾利汽车车标

(4) 兰博基尼。兰博基尼汽车公司由意大利人费鲁吉欧·兰博基尼于 1962 年创建，虽然在几大汽车公司间几经易手，但其车型咄咄逼人的活力动感，一往无前的豪迈气势，无处不表现出意大利式的热情奔放。兰博基尼汽车公司原先只是一家小农机厂，因生产 V12 发动机而成名。20 世纪 70 年代，著名的博通车身股份有限公司为兰博基尼汽车公司设计了一款造型独特的运动车，车身高只有 1 m，车门是鸥翼式的，发动机罩与前风挡玻璃形成一个整体平滑的大斜面，给人以强烈的动态感。这种车速可达 330 km/h、由 V12 发动机提供 362 kW 强劲动力的跑车被称为世界上车速最高的运动车，驾驶它能让人产生一种超然的感觉。现在的兰博基尼跑车售价昂贵，多为人们精心收藏。

兰博基尼公司的标志是一头浑身充满力气的牛，正准备向对手发动猛烈的攻击（图 5 – 26）。据说兰博基尼本人就是这种不甘示弱的牛脾气，也体现了兰博基尼公司产品的特点，因为公司生产的汽车都是大功率、高速的运动型轿车，车头和车尾上的商标省去了公司名，只剩下一头犟牛。

(5) 布加迪（Bugatti）。布加迪是创立至今已经有百余年历史的法国跑车品牌。提起奢侈品，大家肯定会联想到来自法国的各种奢侈品牌。而汽车中的奢侈品——布加迪无疑是其中重要的一员。早期的布加迪品牌将艺术与技术相融合，并在赛场上战绩辉煌，但在第二次世界大战后渐渐衰落并几经转手，1998 年大众汽车公司收购并复兴了布加迪品牌，将其确立为一个独立运营的法国汽车品牌。现在布加迪的总部依然设立在法国的莫尔塞姆。布加迪汽车车标如图 5-27 所示。

图 5-26　兰博基尼汽车车标

图 5-27　布加迪汽车车标

2. 代表性车型

（1）POLO。POLO 是德国汽车发展史上最成功的紧凑型车型。这种前轮驱动车型经历了三代的发展和改进，总产量达到 650 万辆。第一辆 POLO 于 1975 年 3 月在汉诺威向公众推出（图 5-28），是一款具有可容纳四个成年人空间的车型，车尾有一个较大的后门，采用当时看来非常现代化的前轮驱动技术。前轮采用支柱悬挂，后轮采用简单的扭力梁式车桥。四缸发动机横向放置于车前，可以达到 132 km/h 的最高车速。第二代 POLO 汽车于 1981 年 8 月在撒丁岛上展出（图 5-29），车型保留了其经过优化的传动系统，但是采用了崭新的车身，新的面板焊接技术使车身不易生锈。看起来更像一部小型的旅游车，带有一个方背后门和一个较大的行李厢。在后靠背放下时，行李厢的空间可以从 265 L 提高到 1 000 L，这在同级别车型中算创纪录的。1994 年 8 月，大众汽车公司在巴黎推出了全新的 POLO 第三代车型（图 5-30）。第三代 POLO 汽车的最大成功是其新的阻力系数——仅为 0.32。车身坚固性和防撞性也设定了新的标准。第四代 POLO 车型于 2001 年 11 月中旬正式上市（图 5-31）。这款车型有双门和四门的款式，在制造和材料质量、舒适水平、主动和被动安全性及驾驶技术上都设定了一个全新的标准。宽敞的内部空间体现在其对人体工程学的充分运用，设计魅力和日常的实用性都达

图 5-28　第一代 POLO 汽车

到了前所未及的程度。虽然车身外围仍然是紧凑型的，但是 POLO 赋予了新的空间。在车身长度为 3.897 m 的情况下，POLO 的内部空间异常大。大众在 2009 年的日内瓦车展上正式发布了第五代 POLO 汽车（图 5-32），外观设计方面，第五代 POLO 汽车外形有较大变化，新的窄条前中网在新 POLO 上面进一步简化，由高尔夫上面的两条变为一条，前大灯也采用了钻石棱角，保险杠下部进气孔的增大使新一代 POLO 外表十分锐利。

图 5-29　第二代 POLO 汽车

图 5-30　第三代 POLO 汽车

图 5-31　第四代 POLO 汽车

图 5-32　第五代 POLO 汽车

（2）高尔夫（GOLF）。甲壳虫用约 50 年的时间突破了 2 000 万辆产量大关，而高尔夫只用了一半的时间——26 年。高尔夫的确已经变成一款名副其实的"无阶级"车，一款属于年轻人和老年人的车，适应于任何环境或生活群体，是一辆没有瑕疵，在风格和技术方面几乎完美的车型。

高尔夫一代（图 5-33）满足 20 世纪 70 年代的需要，那时的设计重点放在多用途的交通方面：发动机前置，挡板在车尾，五个座椅在车子的中间。随着顾客数量的不断增加，1976 年 6 月，新款 1.6 L 电喷发动机 GTI 问世，这款发动机的输出功率达到 81 kW，速度可达 181 km/h。拥有这种性能（那时的中型车速度很少可以超过 165 km/h），高尔夫对购买者具有很大的吸引力。GTI 的性能尤其适合年轻一代，为高尔夫品牌带来了独特的魅力。高尔夫二代（图 5-34）车身尺寸变大，车型地位也有所上升。高尔夫二代于 1983 年 8 月推出，新的车型具有更长的轴距和更大的行李厢，车身设计完全符合顾客不断增长的需求。为了提高操纵性，车型采用了新型的抗扭曲梁后轴。发动机的排量有 1.3~1.8 L 等几款，另外还有一台涡轮增压柴油发动机。高尔夫三代（图 5-35）变成了紧凑型车型，但是拥有大型车的特征；车型以椭圆形前灯和时髦的设计向人们展现了一个全新的外观。该车型的特色和配置符合大型豪华车的标准，很显然是因为减振系统的应用。1992 年 8 月，所有高尔夫三代车型的驾驶座和前座都装配了安全气囊。高尔夫四代（图 5-36）也是一辆紧凑型车，底盘尺寸加大不少，车身在扭矩方面更加强大，车辆售价与车型质量水平比较一致。1997 年 8 月高尔夫四代问世，全镀锌车身可防锈 12 年。其坚固的结构外面包着低阻力的面板，面板之间的间隙非常小，体现了新高尔夫车型的高质量标准。2003 年 10 月的法兰克福车展中，高尔夫五代揭开了它神秘的面纱，并于一个月后正式发售（图 5-37）。历经近 30 年的发展，高尔夫的外观设计已经拥有极高的辨识度，即使遮住进气格栅上的大众标识，也能立马认出它是一辆高尔夫。高尔夫五代的大灯造型更为犀利，发动机盖两端突起的线条与大灯紧密相连。前杠防擦条被置于大灯正下方，这种非贯穿式的防擦条设计源于高尔夫四代的后杠样式。随着越来越多的车型将侧向转向灯集成在外后视镜上，高尔夫五代也未能免俗。时间跳转至 2008 年，大众汽车公司在 10 月的巴黎车展上发布了高尔夫六代（图 5-38）。高尔夫六代的熏黑大灯造型稍有变化，大灯内侧由上一代车型的曲线改为近乎直角的设计。高尔夫六代的进气格栅又回归到第三代车型所采用的黑色样式,但标志性的黑色钢琴漆进气格栅令其增添了一丝优雅感,前杠设计灵感源自 GTIW12 - 650 的黑色"大嘴"设计。2012年,高尔夫迎来了它的第七代车型,至此,人们也发现了一个有趣的现象,那就是高尔夫的"寿命"正在逐年下降,竞争日趋激烈的紧凑级家用车市场迫使大众加快了高尔夫更新换代的速度。高尔夫七代(图 5 - 39)采用大众全新的 MQB 平台打造,其造型传承了高尔夫六代的诸多设计元素,但高尔夫七代外观更为硬朗。炯炯有神的大灯内植入了 LED 日间行车灯,大灯与进气格栅完美地融为一体。

图 5 - 33　高尔夫一代

图 5 - 34　高尔夫二代

(3) 甲壳虫 (Beetle)。没有任何一辆车能像甲壳虫这样与德国的历史紧密相关,是德国经济奇迹的象征,甲壳虫就是四个轮子上的德国历史。它曾被希特勒鼓吹,被波尔舍设计,然后被德国的各个阶层所驾驶——甲壳虫是一辆真正的全民汽车,一个神话。在 70 年的生命里程中,甲壳虫创造了全球销售 2 200 万辆的神话。"甲壳虫"这个名字最早出现在 1938 年 7 月 3 日的《纽约时报》杂志上,美国人认为这辆车像"一只可爱的小甲壳虫"。此前该车一直被称为"大众汽车 1 型",直到 1967 年,刻板的德国人才正式把这款车称为"甲壳虫"(图 5 - 40)。

图 5-35 高尔夫三代

图 5-36 高尔夫四代

图 5-37 高尔夫五代

图 5-38　高尔夫六代

图 5-39　高尔夫七代

图 5-40　20 世纪 70 年代的甲壳虫汽车

1998年，新甲壳虫在巴西问世，新甲壳虫在外形上延续了老甲壳虫的设计风格。无论从哪个角度看，新甲壳虫都展示了一个动感的几何结构。弧形车顶和突出的刮水器融合成一个独特的车身，既体现了车身几何结构又强调了车型的功能性。新甲壳虫的经典设计还延伸到车身内部，尺寸较大的半圆形仪表板组和仪表板上的把手很明显地体现了最初甲壳虫的一些经典设计元素，使其更现代化。除了迷人的外形，新甲壳虫拥有许多过人的现代化设计和机械性能：动力澎湃的涡轮增压发动机、四速自动变速箱、定速巡航系统、ESP电子行车稳定程序、安全气囊、天窗、座椅加热等，无不体现出新甲壳虫的内在品质。自诞生至今，其在全球已经销售55万辆，被赋予21世纪现代色彩的新甲壳虫正努力续写昨天的传奇与成功。2011年4月18日，全新一代甲壳虫车型发布，第三代车型命名回归"甲壳虫"，外观造型在融入更多潮流元素之后，整体线条也向Type 1靠拢，开始回味经典（图5-41）。随着时代的进步，甲壳虫也越来越时尚化，但是自诞生之日起，它的神态和经典却没有一丝改变。

图5-41　2017款甲壳虫汽车

（4）帕萨特（Passat）。帕萨特原本是大西洋南部吹向赤道方向的一股季风的名字，如今已成为大众汽车公司值得骄傲的车名。风行世界的帕萨特车型诞生25年来经历5代，共生产了850万辆，赢得全球无数车迷的信赖和喜爱。第一代轿车诞生于1973年，它标志着大众汽车从此放弃了风冷式后驱动发动机。1996年生产的第五代帕萨特车型（B5）（图5-42）将中级轿车的价值提高到前所未有的新高度。在修长、优雅而富于动感的车身曲线下，风阻系数仅为0.28。2005年帕萨特B6投放国际市场，B6一改帕萨特之前的沉稳造型，适当地增加了运动化的元素（图5-43）。帕萨特B6被安排在中国的大众北方工厂"一汽-大众"生产，而为了区别南方工厂"上汽大众"的帕萨特新领域，使用了一个新的名字——"迈腾"或"Magotan"。2010年10月德国大众汽车公司正式推出了帕萨特B7（图5-44），新车仍然使用了B6的底盘平台与动力总成，但在电子化车辆配置方面进行了大幅度的升级，同时重新设计了外观与内饰，外观造型上引入了大众最近的家族元素，因此也有不少人称之为"大改版Passat"。

图 5-42　帕萨特 B5

图 5-43　帕萨特 B6

图 5-44　帕萨特 B7

5.1.5 欧洲其他著名汽车品牌

(1) 阿尔法·罗密欧（Alfa Romeo S. P. A.）。阿尔法·罗密欧公司建于1910年，从1946年起使用阿尔法·罗密欧的名称，公司总部设在米兰。该公司专门生产运动车和赛车，车型具有浓烈的意大利风采、优雅的造型和超群的性能，在世界车坛上一直享有很高的声誉。现虽为菲亚特的子公司，但仍保留它的商标。

公司标志（图5-45）于20世纪30年代初就开始使用，这是米兰市的市徽，也是中世纪米兰的领主维斯康泰公爵的家徽，标志中的十字部分来源于十字军从米兰向外远征的故事；右边部分是米兰大公的徽章；关于蛇正在吞食撒拉迅人的图案有种种传说，其中的一种说法是象征着维斯康泰的祖先曾经击退了使人民遭受苦难的"龙"。总之，这枚古老的徽章伴同阿尔法·罗密欧汽车已名扬四海，成为当今的知名商标之一。

(2) 法拉利。法拉利创建于1929年，创始人是世界赛车冠军、划时代的汽车设计大师恩佐·法拉利。法拉利汽车大部分采用手工制造，因而产量很低，年产量只有4 000辆左右。公司总部在意大利的摩德纳。法拉利是世界上最闻名的赛车和运动跑车的生产厂家之一，曾经有人这样评价法拉利汽车："其他的汽车公司制造车身和引擎，法拉利也同样制造，然而法拉利装配线的末端却诞生了一件艺术品，完美高贵得没有几个人能够拥有得起。"

作为公司标志的腾马有一段不平常的来历。1923年，恩佐·法拉利赢得一次比赛后遇到了白丽查伯爵夫人。伯爵夫人告诉法拉利，她的飞行员儿子在飞机上使用腾马标志，因而屡战屡胜，如果法拉利也用这个标志的话，准能在比赛中无往不胜。就这样，一匹腾空跃起的骏马成为法拉利的永久标志，当那位勇敢的飞行员战死之后，为了表示纪念，腾马标志被改成了黑色，标志底色为公司所在地摩德纳的金丝雀的颜色（图5-46）。

图5-45　阿尔法·罗密欧汽车车标　　　　图5-46　法拉利汽车车标（彩插）

(3) 菲亚特。菲亚特汽车公司1899年由乔瓦尼·阿涅利在意大利西北城市都灵创建。它是世界上第一个生产微型车的汽车生产厂家，现有汽车部雇员27万左右，在100多个国家有子公司和销售机构。其轿车部门主要有菲亚特、法拉利、阿尔法和蓝旗亚公司，工程车辆公司有依维柯公司。在意大利，菲亚特汽车公司垄断着全国年总产量的90%以上，这在世界汽车工业中是罕见的。因此，菲亚特被称为意大利汽车工业的"寒暑表"，菲亚特汽车被喻为"意大利车"。"菲亚特"轿车的紧凑楔形造型、线条简练、优雅精巧、极富动感、充满活力，处处显现拉丁民族那热情、浪漫、机敏和灵活的风格。

菲亚特汽车公司1906年开始采用公司的全称四个单词的第一个大写字母"F. I. A. T"为商标。"FIAT"在英语中具有"法令""许可"的含义，因此在客户的心目中，菲亚特轿车具有较高的合法性与可信性，深得用户的信赖。1918年，公司决定不用大写字母或在字母间不加标点书写。1931年，开始使用在方形中含有"FIAT"字样的商标。2007年，随着菲亚特500问世，菲亚特全新车标也正式启用。经典的"FIAT"字样被延续下来，背景色是象征胜利的红色（图5-47）。

（4）玛莎拉蒂。玛莎拉蒂家族的四兄弟早在1914年就在意大利的博洛尼亚（Bologna）创立了玛莎拉蒂车厂。车厂建成后，专门生产高级赛车，玛莎拉蒂赛车曾在欧洲赛场叱咤风云，战绩卓著，在欧洲享有很高的知名度。玛莎拉蒂运动车在造型设计上将自己的传统风格与流行款式相结合，其外观造型、机械性能、舒适安全性等各方面在运动车中都是一流的。1975年曾与德托马索轿车公司联合，但仍保持各自的独立。1989年几经周折，最终成为菲亚特汽车公司的子公司，品牌仍然保留。

玛莎拉蒂汽车公司的车标是在一个椭圆中放置的三叉戟标志，是公司所在地意大利博洛尼亚市的市徽，相传是希腊神话中海神尼普顿（Neptune）手中的武器，它显示出海神巨大无比的威力（图5-48）。该商标表示"玛莎拉蒂"汽车就像浩渺无垠的大海咆哮澎湃，隐喻了玛莎拉蒂汽车快速奔驰的潜力。

图5-47 菲亚特汽车车标（彩插）

图5-48 玛莎拉蒂汽车车标

（5）蓝旗亚。蓝旗亚（Lancia）是菲亚特汽车公司的品牌之一，以生产豪华轿车为主。虽然目前蓝旗亚车在中国并不多见，但作为意大利一个历史悠久的著名品牌，它在世界豪华车市场占有重要的一席之地。蓝旗亚是个赫赫有名的响亮招牌，其品牌超过60年的历史。在欧洲，它也是非常少见的高档汽车品牌。其车标是创始人的姓氏拼写（图5-49）。

（6）阿斯顿·马丁（Aston Martin）。阿斯顿·马丁公司原是英国豪华轿车、跑车生产厂，建于1913年。阿斯顿·马丁公司一直是传奇的汽车厂，几乎从来没有赚钱，而且几经转手，不断靠大财团支持。原因之一就是从不生产大众化的廉价汽车，而且产量不高。1947年公司卖给了拖拉机制造商戴维·布朗，成为阿斯顿·马丁公司历史上影响最大的人。同年戴维·布朗买下了另一家著名超级跑车厂拉贡达公司，公司改名为阿斯顿·马丁·拉贡达公司，以生产敞篷旅行车、赛车和限量生产的跑车而闻名世界。1987年，美国福特公司收购了该公司。

阿斯顿·马丁汽车标志为一只展翅飞翔的大鹏，分别注有"阿斯顿·马丁"英文字样，喻示该公司像大鹏一样，具有从天而降的冲刺速度和远大的志向（图5-50）。

代表性车型主要有以下两款：

①阿斯顿·马丁DB9（图5-51）。它是一款功能强大的轿跑车，自然吸气12缸发动机

图 5-49　蓝旗亚汽车车标

图 5-50　阿斯顿·马丁汽车车标

可输出 331 kW 和 570 N·m。从 97 km/h 减速至静止的刹车时间为 4.9 s，从 161 km/h 减速至静止的刹车时间为 10.5 s，从 80 km/h 加速至 113 km/h 的时间为 2.3 s，最大车速为 299 km/h。灵巧，圆润，性感，DB9 是融合运动车和旅行车的黄金分割之作。一体式前保险杠、后保险杠与车身紧密配合，构成了阿斯顿·马丁 DB9 完美的运动型外观。

图 5-51　阿斯顿·马丁 DB9

②阿斯顿·马丁 Zagato（图 5-52）。1960 年，英国顶尖跑车品牌阿斯顿·马丁与意大利独立汽车设计品牌 Zagato 合作打造专属的限量跑车，也让原有经典英式轿跑融入更多来自设计之国的激情与个性化特质，半世纪之后双方再度宣布推出全新的 V12 Zagato 跑车，在 2012 年日内瓦车展会场，正式宣布量产的这部阿斯顿·马丁 V12 Zagato，重新定义了欧式经典跑车的标准，而且也成为全球顶尖车坛又一个话题焦点。

（7）捷豹。自 1922 年成立以来，捷豹（又译美洲虎）汽车一贯致力于其产品的改进。正如捷豹汽车创始人威廉·里昂斯爵士所说，"汽车是我们所能制造出的最具生命力的机器。"捷豹汽车始终坚持的核心是展现汽车与生俱来的优雅本质。历经 80 余年的发展，捷豹汽车公司已成为世界领先的豪华汽车和跑车设计制造厂商。捷豹汽车不断将新技术融合于汽车制造中，以实现卓越性能和出色驾驶体验的完美结合。捷豹这个名字也十分贴切地代表了卓越性能、优异质量、精湛技术和独特风格。

20 世纪 80 年代对捷豹汽车来说是个充满着灾难的 10 年，公司每况愈下。1989 年，公司被福特公司以 40.7 亿美元的价格购入。在福特公司的帮助下，捷豹汽车走出了困境。到 20 世纪 90 年代后期，新款的 XK、XJ 系列，R 系列，S-type 依次登场。新的技术、新的款式、新的理念被体现得淋漓尽致，进入 21 世纪，F1 的成功参赛以及多款跑车的成功推出，

图 5-52 阿斯顿·马丁 Zagato

使得公司逐渐恢复了声誉,现在的捷豹汽车凭借个性化的外形、豪华的内饰和设备以及卓越的性能在整个世界的汽车中重新占据了重要的地位。

捷豹汽车的名字起源可追溯到 1937 年。"Jaguar" 是第一次世界大战的一种飞行机器的名字,其标志图案为一只扑食的虎(图 5-53)。2008 年,福特汽车与印度塔塔(TATA)公司签订协议,同意将捷豹汽车公司出售给塔塔公司。

代表性车型如下:

捷豹 XJ:提到英国捷豹汽车,很多朋友都会想起其顶级车款 XJ。因为捷豹 XJ 引入国内的时间较早,曾经的 XJ6 和 XJ8 都为人们所熟知。然而这款车在国内的认知度相比奔驰、宝马等德国对手还有一些差距。相比其他汽车品牌,捷豹的宣传少之又少,没有太多的宣传,没有炫目的广告,似乎捷豹

图 5-53 捷豹汽车车标

总是很特立独行。其实这恰恰体现了捷豹的性格,一种英国人特有的气质:不张扬、不浮夸,低调而优雅,激情却不焦躁。捷豹 XJ 将这种气质演绎得淋漓尽致,同时也将捷豹创始人威廉·里昂斯爵士对豪华汽车的见解充分展现了出来。自 1968 年首辆 XJ6(图 5-54)正式推出,一直到 2009 年全新 XJ 系列隆重登场,捷豹 XJ 从未刻意追崇时尚,从未随波逐流,以低调和典雅赢得了消费者的赞扬。20 世纪 60 年代,当时的捷豹汽车为了满足市场的需要,产品范围非常宽泛,但是受制于车型众多,使得捷豹汽车当时各个车型的产量有些难以满足需求。所以捷豹汽车决定推出一款车型,来整合旗下类似定位的车型。于是捷豹汽车推出了一款名为 Experimental Jaguar 的试验车。这款车由捷豹创始人之一的威廉·里昂斯爵士指导设计。经历了三代演变,2009 年,一款全新的豪华捷豹轿车出现在人们面前,这款车设计非常具有时代感,线条简洁且极具震撼力(图 5-55)。这就是第四代捷豹 XJ,彻底颠覆了捷豹 XJ 前三代的传统设计理念。

图 5-54　捷豹第一代 XJ

图 5-55　捷豹第四代 XJ

（8）路虎（Land Rover）。路虎汽车公司以生产四驱车而举世闻名。自创始以来，路虎汽车公司就始终致力于为其驾驶者提供不断完善的四驱车驾驶体验。1948 年，第一款路虎汽车诞生于英国。到 20 世纪 50 年代中期，路虎的名字已成为耐用性和出色越野性能的代名词。无论是军方、从事农业的客户，还是要求苛刻的急救服务行业，都赞叹路虎汽车的完美品质。20 世纪 60 年代，四驱车的需求量达到空前水平，路虎公司走在了这一新兴市场的最前端。1970 年，路虎揽胜面市，它不仅外观亮丽，而且具有很好的舒适性。一名英国少校驾驶路虎揽胜从阿拉斯加的安克雷奇（Anchorage）到阿根廷的乌斯怀亚（Ushuaia），对其进行了长达 6 个月的耐久性测试，测试结果使其他车型都望尘莫及。

在 1989 年的法兰克福汽车展上，路虎发现首次亮相，并迅速赢得高档 SUV 的美誉。随即，在 1997 年，路虎神行者又闪亮登场，再次将路虎品牌的 DNA 提升到新的 SUV 水平。现在，路虎汽车公司是世界上唯一专门生产四驱车的公司。或许正是由于这一点，才使得路虎的价值——冒险、勇气和至尊，闪耀在其各款汽车中。路虎标志是英文"LANDROVER"（图5-56）。

2008年，福特汽车与印度塔塔（TATA）公司签订协议，同意将路虎汽车公司出售给塔塔公司。

代表性车型如下：

路虎揽胜：于1970年6月推向市场（图5-57），当年就获得车身设计金奖和专家安全奖（DONSAFETYTROPHY），1971年，路虎揽胜又以突出的技术成就获得RAC杜瓦奖（RACDEWARAWARD）。

图5-56 路虎汽车车标

该车运用了路虎标志性钢架铝板的双门车身，全时四轮驱动装置配合全合金轻质3.5 L V8汽油发动机，最高时速达100 km。由长距螺旋弹簧支持的悬挂，赋予了该车优越的公路行驶性能和无与伦比的越野表现。两速分动器与四速手动变速箱共用一个盖壳，有一个真空操纵中央差速器。制动系统采用了创新的双回路液压全轮盘式制动器。2001年全新一代的揽胜以一种无可比拟的尊贵姿态出现在世人眼前（图5-58）。它采用了单体结构车身、全新空气弹簧悬挂系统，全新的4.4 L V8汽油发动机以及更为强劲的4.2 L机械增压型V8汽油发动机。到2002年5月，路虎揽胜已出产50万辆。

图5-57 1970年的路虎揽胜

图5-58 新款路虎揽胜

（9）沃尔沃（Volvo）。Volvo也译为"富豪"汽车公司，原属沃尔沃集团，是北欧最大的汽车企业，也是瑞典最大的工业企业集团，世界20大汽车公司之一。1999年初，该公司被美国福特汽车公司收购。沃尔沃汽车以质量和性能优异在北欧享有很高的声誉，特别是安全系统方面，沃尔沃汽车公司更有其独到之处。美国公路损失资料研究所曾评比过10种最安全的汽车，沃尔沃荣登榜首。2010年，中国汽车企业浙江吉利控股集团有限公司从福特手中购得沃尔沃轿车业务，并获得沃尔沃轿车品牌的拥有权。

沃尔沃汽车公司商标由图标和文字商标两部分组成（图5-59）。其图形商标画成车轮形状，并有指向右上方的箭头。文字商标"VOLVO"为拉丁语，是"滚滚向前"的意思，寓意着沃尔沃汽车的车轮滚滚向前和公司

图5-59 沃尔沃汽车车标

兴旺发达，前途无量。

代表性车型如下：

①PV444。PV444 是在沃尔沃开发的公用平台上制造的旅行轿车（图 5-60）。在这个平台上，沃尔沃先后开发了轿车、皮卡、旅行车等多种车型，是汽车生产平台化战略的最早应用。在 PV444 的平台上开发的车型包括 1953 年开发的 445DH 型旅行车、PV445DS 型厢式车和 1955 年 PV445PH 型旅游车。该系列车型被命名为"二重奏"系列旅行车。该系列车型虽然不是大型车，但行李的承载量惊人，行李厢的两侧垂直，而且顶部相当高，地板铺着油漆过的木板，大件货物可方便地推入行车厢内。车厢内部配置可与轿车相媲美。

图 5-60　PV444 及其平台拓展车型

②沃尔沃 S80（图 5-61）。该车系是沃尔沃汽车公司在 1998 年推出的旗舰产品，外形上突破了沃尔沃一贯的硬朗风格，成为一辆时尚的豪华轿车，安全性能仍然是该车的一大卖点，头部保护系统（WHIPS）和侧窗帘式气囊成为标准配置。新款沃尔沃 S80 如图 5-62 所示。

图 5-61 沃尔沃 S80-1998

图 5-62 新款沃尔沃 S80

5.2 美洲著名汽车公司

汽车真正步入平常百姓家,成为大众的消费品是伴随着美洲汽车工业的发展而出现的,福特公司开创了汽车大规模批量生产的先河,第二次世界大战后,随着美国经济地位的崛起,世界汽车产业的中心转移到了美洲大陆。

5.2.1 通用汽车公司

1. 简况

说到通用汽车公司,不得不提到汽车发展史上的两个巨人——威廉·杜兰特和艾尔弗德雷·斯隆，通用汽车公司的发展史与这两个人紧密地结合在一起。

1904年，通用汽车公司创始人威廉·杜兰特预见到汽车市场的发展潜力，果断地收购了当时濒临破产的别克汽车公司。1908年9月16日，杜兰特在别克汽车公司的基础上组建了通用汽车公司。在接下来的一年多，杜兰特采取以通用汽车公司股票交换收购公司股票等方式分别取得了别克、奥兹莫比、凯迪拉克、奥克兰及其他6家汽车公司、3家卡车公司和10家零部件公司的控股权或相当比例的股份。这些企业多数都保留了它们原来的法人资格和独立运作的实体，杜兰特以通用汽车公司作为控股公司，通过股票交易来保持这些独立的卫星公司始终能够围绕着通用汽车公司这个中央组织。1918—1920年，在杜兰特带领下，通用汽车公司再次经历了一场庞大的业务扩张，包括对雪佛兰、谢里丹汽车公司、费雪车身的收购，还有拖拉机和电冰箱业务，组建了加拿大通用汽车和通用汽车承兑公司，并且收购了代顿公司，另外还组建了联合汽车公司为通用汽车公司提供零部件和各种附件。

1920年年底，随着美国经济危机的出现，通用汽车公司面临着外部经济衰退和内部管理危机并存的困境，汽车市场几乎完全消失，公司的收入寥寥无几，大多数工厂被迫关掉，改组成了通用汽车公司迫在眉睫的任务。时任通用汽车公司常务副总裁的斯隆受命于危难之时，提出了一项组织调整计划，该计划的基础是两条原则，一是要充分授权，二是要适度集中，即基于协调控制的分权管理原则，在公司广泛的运营领域建立起行政指挥线，协调好各事业部的关系。在这种思想的主导下，斯隆成立了公司的最高权力机构——执行委员会，委员会负责运营政策的制定和部分管理工作。

1925年后，通用汽车公司的组织体系经过多年变革已渐臻完善，形成了如下的管理结构：

（1）执行委员会位于运营机构金字塔的顶端，直接对董事会负责，同时对公司运营方面拥有至高的权力。执行委员会主席同时兼任总裁，拥有执行政策所需的全部权力。

（2）各事业部享有一定的独立运营权。

（3）运营委员会负责提供政策建议并对各事业部进行评估，它的成员中包括了各事业部总经理。

（4）事业部间委员会围绕协调问题对采购、工程设计、销售等领域给出评价手段和结果。

至今虽然通用汽车公司的运行机制仍在不断完善中，但万变不离其宗，斯隆的核心理念始终没有变化。

从通用汽车公司发展史可以看出，公司旗下品牌众多。现在活跃在市场上以美国为原产地的品牌主要包括雪佛兰、悍马、庞蒂克、别克、凯迪拉克等。

1）雪佛兰

雪佛兰的国际品牌血统已经传承了一百多年。1912年，第一辆雪佛兰轿车在底特律问世。1928年，雪佛兰成长为美国本土年度销量超过100万辆的汽车品牌之一。1965年，雪佛兰成为美国第一家年产量超过300万辆的汽车公司。而雪佛兰的第1亿辆汽车诞生在1979年。这期间，雪佛兰曾经创下了"每隔40秒卖出一辆新车"的业界神话。2004年，雪佛兰全球销售超过360万辆新车，占全球汽车当年销售总量的5%。

雪佛兰拥有如此骄人的成绩绝大部分要归功于其产品包含的价值和世界尖端技术。许多当代汽车运用的技术都源自雪佛兰的首创。如最早采用电子点火，最早配备了车载收音机以及自动变速箱。其创新的设计还包括：电动刹车、电动窗、电动座椅、先进的高功率 V8 发动机、安全气囊等。作为通用汽车公司旗下最为国际化和大众化的品牌，雪佛兰拥有强大的技术和市场资源。

在美国，雪佛兰轿车被人们亲切地称作"CHEVY"（英文中有"追逐"的意思），她让美国人体会到了亲切、温馨并且值得信赖的感觉。雪佛兰商标为抽象化了的蝴蝶结（图 5 - 63）。文字（CHEVROLET）是瑞士的赛车手、工程师路易斯·雪佛兰的名字。

2）悍马

悍马越野汽车来源于威利斯越野汽车公司生产的"WillysMB"军用越野车。至第二次世界大战结束时，该车型共生产了 36 万辆服务于美国军队。直到 1992 年，第一辆民用悍马才面世，并立刻赢得了众人青睐。如今，通用汽车公司已从生产悍马的 AMG 公司得到了悍马的商标使用权和生产权，"悍马 H2SUV"就是在通用旗下诞生的第一辆悍马。它既继承了军用悍马的传统风格，又赋予了它一些现代韵律。悍马的标志就是其英文名称（HUMMER）（图 5 - 64）。

图 5 - 63　雪佛兰汽车车标　　　　图 5 - 64　悍马越野汽车车标

3）庞蒂克

庞蒂克汽车分部 1909 年加入通用汽车公司，1932 年正式使用庞蒂克汽车分部的名称和商标。庞蒂克是一位印第安酋长的名字，18 世纪他曾率部在底特律附近抵抗英法殖民者。为了纪念他，将底特律附近的一座小城命名为庞蒂克市。庞蒂克商标是带十字标记的箭头。十字型标记表示庞蒂克汽车分部是通用汽车公司的成员，也象征着庞蒂克汽车安全可靠，箭头则代表庞蒂克的技术超前和攻关精神（图 5 - 65）。

4）别克

1903 年 5 月 19 日，大卫·别克创建美国别克汽车公司，1908 年，以别克汽车公司为中心，威廉·杜兰特成立了美国通用汽车公司。别克汽车公司主要设计制造中档家庭轿车。别克汽车的销量在通用汽车公司内排第三位。别克车具有大马力、个性化和实用的特点，并且别克汽车还首创了顶置气门发动机、转向信号灯、染色玻璃、自动变速器等。

别克汽车（BUICK）的标志是一个圆圈中包含三个盾牌的图案，这个图案来源于格兰人大卫·邓巴·别克的家族的族徽，其标志发展至今经历了半个多世纪的演变过程，现在的别克采用的"三盾"图案为三个颜色分别为红、银灰、蓝的盾，并依次排列在不同高度位置上（图 5 - 66）。其错落排列给人们一种高起点并不断攀登的感觉，象征着一种积极进取、不断登攀的精神。

图 5-65 庞蒂克汽车车标

图 5-66 别克汽车车标（彩插）

5）凯迪拉克

凯迪拉克汽车分部的前身是凯迪拉克公司，1909 年加入通用汽车公司。凯迪拉克公司成立时之所以选用"凯迪拉克"之名，是为了向法国的皇家贵族、1701 年建立了底特律城的探险家安东尼·门斯·凯迪拉克（LeSieur Antoinedela Nothe Cadillac）表示敬意。该品牌发展历经百年，已经成为声望、尊贵与豪华的代名词，同时也代表了锐意进取和技术创新，成为充分演绎美国精神和领袖风格的豪华轿车典范，其乘坐者的尊贵、沉稳、豪迈和权力，更使凯迪拉克成为一种托显权贵的象征。从政界要人到演艺明星，总是把凯迪拉克作为光荣与梦想的标志，它成为政要和华显家族出入重要场所的首选座驾之一。

凯迪拉克的商标是凯迪拉克家族的族徽，主要由冠和盾组成，冠上 7 颗珍珠喻示皇家的贵族血统，盾象征着凯迪拉克军队的英勇善战。盾分为四个等分，四等分内采用的色彩表明了广阔的土地，其中红色标志着行动的勇敢和大胆；银色表示团结、博爱、美德和富有。这一标志同时预示着凯迪拉克汽车的高贵、豪华、气派和潇洒风度，也比喻着凯迪拉克汽车具有的巨大的市场竞争能力（图 5-67）。

6）通用公司的欧洲分部

（1）欧宝（又译为"奥培尔"）。欧宝汽车公司原是一家德国汽车公司，1914 年，欧宝已成为德国最大的汽车制造商，到 1928 年，欧宝的产品已占了德国市场的 1/3 以上。1929 年美国通用汽车公司收购了欧宝汽车公司

图 5-67 凯迪拉克汽车车标（彩插）

80% 的股份，两年后通用汽车公司获得了 100% 的控制权，从此，欧宝成为通用汽车公司在德国的子公司。欧宝汽车公司始终采用最新的设计和最先进的制造技术生产汽车，并努力提供消费者可接受的价格——追求优良的性价比，这正是欧宝品牌一直坚守的基本原则。近 10 年来，已经畅销全球的欧宝欧美佳、威达、雅特、赛飞利在世界各地的各种权威轿车评选中获得多项大奖，这也是对欧宝轿车长期以来所坚持的科技创新和精良工艺的最好肯定。欧美佳作为欧宝的旗舰车型，是各界成功人士的首选高级轿车；威达则是德国科技美学的新锐，作为一款性能价格比出众的中级轿车，颇受钟情于事业和家庭的人士青睐；雅特以时尚、安全、实用，树立了 21 世纪家庭小型轿车的新典范；赛飞利旅行车拥有宽敞灵活的空间，功能用途变化丰富，在家庭和公务使用方面达到两全。欧宝汽车的标志为"闪电"图案，喻示汽车如风驰电掣，同时也表现了它在空气动力学方面的研究成就（图 5-68）。

（2）萨博（SAAB）。萨博汽车公司原是 20 世纪 40 年代中期建立于瑞典的一家汽车公司，由斯堪尼亚公司和瑞典飞机有限公司合并而成。初期公司的主要产品是军用航空器，第

二次世界大战爆发后的 1944 年，公司经过慎重研究，决定改造其飞机生产线进行汽车的生产，这一历史性的决策造就了日后一个世界知名的汽车品牌。1947 年该公司推出首部具有领先科技水平的 SAAB92 型轿车，距今已有半个多世纪的历史。1990 年，美国通用汽车公司购买了萨博汽车公司 50% 的股份，成为其最大的控股公司，在强大的经济与技术支持下，萨博公司更加如虎添翼，设计出的汽车多次荣获世界大奖。2000 年通用汽车公司再次从瑞典的工业控股公司 AB 投资公司手中购买其拥有的萨博（SAAB）50% 的股份，至此通用汽车公司全资拥有该汽车公司。

萨博公司标志整体是蓝色小圆盘，正中是一头戴王冠的狮身鹫首怪兽图像，王冠象征着轿车的高贵，狮子则为欧洲人崇尚的权力象征（图 5-69）。半鹰、半狮的怪兽图案象征着一种警觉，这是瑞典南部流行的一种象征，而绅宝汽车和航行器的生产就起源在这里。

图 5-68　欧宝汽车车标

图 5-69　萨博汽车车标

2. 代表性车型

（1）雪佛兰克尔维特（Corvette）。克尔维特是雪佛兰传统的美式跑车，从 1953 年推出到 2007 年一共经历了 6 个世代。克尔维特蕴涵着美国纯种跑车的精髓，其强大的动力、出色的性能、超炫的风格以及舒适的驾乘感受征服了无数苛刻的跑车爱好者（图 5-70）。如今，克尔维特已成为美国跑车的一面旗帜。

克尔维特沿用 17 世纪英国一种炮舰的名字，意向当时在美国风靡的英国跑车挑战，商标图案是在椭圆内交叉嵌套着两面旗子。那面黑白相间的旗子，表示该车是参加公路汽车大赛的运动车；那面红色旗子上的蝴蝶结商标，表示该车由雪佛兰分部制造；旗上的奖杯和花朵则代表夺魁后的欢呼和成功的纪念。自克尔维特诞生那天起，就以超凡的魅力、独一无二的款式而畅销世界，是美国汽车工程艺术领域的代表。

图 5-70　雪佛兰的急速形象——克尔维特

（2）悍马 H2 SUV（图 5-71）。20 世纪 90 年代后悍马出现了民用车型，它完全继承了军用悍马粗犷、威猛的特点，乘驾舒适性方面也进行了大力改善。H2 SUV 型车可以横行无阻，既可穿越水深达 508 mm 的溪流，爬上 406 mm 的台阶或岩石，也可跨越深沙滩，成为沙漠越野赛中最强劲的对手。

图 5-71　悍马 H2 SUV

（3）别克"世界速度之王"赛车（1910）（图 5-72）。该车曾在印第安纳波利斯的赛道上打破了当时 168 km/h 的速度记录。

图 5-72　别克"世界速度之王"赛车

（4）别克·林荫大道（Buick Park Avenue）（图 5-73）。作为美国汽车文化最有代表性的车型之一，别克·林荫大道是"含着银匙诞生"的，高贵的出身注定了它将踏上煊赫而不凡的旅程。1975 年，林荫大道作为当时别克旗舰车型 Electra 装备了豪华选装件的高端型号第一次出现在别克的产品名录中。它 5 928 mm 的长度和超过 2.5 t 的质量让其身旁的所有轿车看上去像个侏儒。如果说 Buick Electra 是别克的皇冠，林荫大道则是这顶皇冠上最大、最耀眼的钻石。

1991 年，第一代林荫大道作为独立车系推出。林荫大道一经问世就猛烈冲击着各媒体的新闻专栏和公众的注意力，报道中称它"提供了毫不费力的加速过程并且十分精准，而在通常的驾驶中你几乎察觉不出它的换挡"。美国著名汽车杂志 Carand Driver 的尼古拉·戴兹写道："虽然通用汽车是传统美国豪华汽车的制造者，但林荫大道带来的冲击如此之大，甚至使别克现在成为我们期待的企业复兴的领导者。"

（5）凯迪拉克·乐土（Cadillac Eldorado）（图 5-74）。凯迪拉克·乐土是 20 世纪 50 年代末美国豪华车的代表作，竖长的尾灯作为凯迪拉克的造型特点一直沿用至今。该车应用了许多当时的先进技术，如动力转向、制动助力和 3 挡自动变速器等。采用 V8 发动机，排

图 5 – 73　别克·林荫大道（Buick Park Avenue）

量为 6.3 L，最大功率为 239 kW。造型上具有当时典型的美国车风格，拥有双联式前照灯、夸张的前风挡、宽大的保险杠、高翘的尾巴、复杂的镀铬装饰条。

图 5 – 74　凯迪拉克·乐土

（6）凯迪拉克·帝威（Cadillac De Ville）（图 5 – 75）。凯迪拉克·帝威轿车诞生于 1949 年，它一直是通用汽车公司向大西洋对岸的欧洲汽车制造商叫板和抗衡的一面旗帜，也是整个通用汽车公司生产的最好的轿车，连续 14 年畅销美国，曾任美国总统的小布什的坐骑就是一辆加长款的凯迪拉克·帝威防弹车。凯迪拉克·帝威融汇了凯迪拉克所独有的精湛科技和现代美感，以现代设计理念强调了威猛而流畅的外型，突出表现了柔美自然的曲线，展示了轿车设计的至高境界。

图 5 – 75　凯迪拉克·帝威

(7) 欧宝 Olympia（图 5-76）。1935 年欧宝推出 Olympia 车型，采用全钢一体成型制造。它是德国第一辆采用承载式车身的汽车，集低风阻、质轻、安全等各项优点于一身，使欧宝成为德国第一家产量超过 10 万辆的车厂。

图 5-76 欧宝 Olympia 汽车

(8) 欧宝 Czlibra（图 5-77）。1990 年欧宝 Czlibra 轿跑车问世，它不仅外形美观，而且实用性强，创下了风阻系数 0.26 的记录，在上市六个月的时间内在欧洲销售了 2 万辆。1992 年后，该车增加了配备涡轮增压的发动机、6 速变速箱，是全时四驱车型，成为轿跑车中的超值车型。

图 5-77 欧宝 Czlibra 轿跑车

5.2.2 福特汽车公司

1. 简况

1903 年 6 月 16 日，亨利·福特在底特律的一间由货车车间改造而成的窄小工厂中创建了福特汽车公司，公司名称取自创始人亨利·福特的姓氏。1908 年福特汽车公司生产出世界上第一辆属于普通百姓的汽车——T 型车，世界汽车工业革命就此开始。1913 年，福特汽车公司又开发出了世界上第一条生产汽车的流水线，这一创举使 T 型车一共达到 1 500 万辆，缔造了一个至今仍未被打破的世界纪录。福特先生为此被尊称为"为世界装上轮子的人"。现在，福特公司是一个以生产汽车为主，业务范围涉及电子、航空、钢铁和军工等领域的综合性跨国垄断工业集团。它拥有世界最大的汽车信贷企业——福特信贷（Ford

Financial)、全球最大的汽车租赁公司——赫兹（Hertz）及汽车维修公司——Kwik - Fit。在纪念美国独立 200 周年期间，为了配合这个有纪念意义的节日，美国最大的通讯社——美联社，在对这 200 年中的 20 件大事进行的全美民意测验中，福特汽车公司位列第十，可与后来的"阿波罗"飞船登月、原子弹爆炸媲美。

福特汽车公司旗下拥有的人们耳熟能详的汽车品牌包括福特（Ford）、林肯（Lincoln）、水星（Mercury）、阿斯顿·马丁（Aston Martin）。

（1）福特。福特汽车公司的标志采用艺术化了的英文"Ford"字样，蓝底白字，整个标志形似一只活泼可爱的小白兔奔跑在大自然中，象征福特汽车飞奔世界各地，令人爱不释手（图 5 - 78）。该标志是在 1911 年，商标设计者为了迎合亨利·福特喜爱小动物的嗜好创造出来的，将福特姓氏的英文"Ford"设计成为形似奔跑的白兔形象，以博福特先生的欢心。

图 5 - 78 福特汽车车标

（2）林肯（Lincoln）。林肯是福特汽车公司拥有的高档轿车品牌，1907 年由亨利·利兰（Henry Leland）先生创立，1922 年福特汽车公司以 800 万美元收购了该品牌，并由此进入豪华汽车市场。由于林肯轿车杰出的性能、高雅的造型和无与伦比的舒适，它一直是美国汽车舒适和豪华的象征。

林肯轿车是以美国第 16 任总统的名字亚伯拉罕·林肯命名的，借助林肯总统的名字来树立公司的形象。林肯轿车也是第一个以美国总统的名字命名、为总统生产的汽车。自 1939 年美国的富兰克林·罗斯福总统以来，它一直被选为总统用车。

品牌商标是在一个矩形中含有一颗闪闪放光的星辰，表示林肯总统是美国联邦统一和废除奴隶制的启明星，也喻示林肯轿车像一颗闪亮的星星，散发着璀璨的星光（图 5 - 79）。

（3）水星。1935 年亨利·福特之子艾德塞尔·福特提议建立一条生产中档车的生产线。1938 年 10 月，水星产品正式推出，当时的水星配备了强劲的 95 马力 V8 发动机，大受欢迎，一年之内就占领了美国 2.19% 的轿车市场份额。1941—1945 年，由于第二次世界大战的影响，水星生产线被迫中断。1945 年 10 月，福特汽车公司成立了林肯·水星部，1998 年，林肯·水星的总部迁到美国加利福尼亚州的尔湾（Irvine）。该车是用太阳系中的水星作为汽车的图形商标，其商标是在一个圆中有三个行星运行轨迹，很容易让人联想到福特汽车具有太空科技和超时空的创造力（图 5 - 80）。

图 5 - 79 林肯汽车车标　　　　　　图 5 - 80 水星汽车车标

2. 代表性车型

（1）福特 T 型车（Ford model T）（图 5-81）。福特 T 型车于 1908 年开始生产，总共生产了 18 年，随着产量的增加，车价一直下降，到 1925 年，美国人可以花 250 美元买上一辆敞篷版的 T 型车。T 型车配备 4 缸发动机，排量约 3 L。采用踏板控制的 2 速变速器，最高速度可达到 45 mile/h，每加仑汽油可以行驶约 30 英里。福特公司共生产了 1 500 万辆 T 型车，创造了单一车型产量的奇迹，开创了汽车大批量标准化生产的先河。

（2）福特·雷鸟（图 5-82）。被大多数美国人尊称为"T-Bird"的福特·雷鸟是 1954 年 2 月推出的。这款双门运动型跑车具有现代舒适性、便利性及全天候防护设施，以及极佳的动力、性能和操纵性，是个人豪华汽车中的表征。其外观造型也着实令人激动不已。雷鸟优雅的圆形前照灯、椭圆板条式散热器格栅和飞机式的挡风玻璃与硕长的前罩板相映成趣。发动机盖中的进风槽和保险杠内的一排仿镀铬进风口，暗示着汽车 V8 发动机不俗的动力。雷鸟的设计不断引领风骚。双座跑车只保持到 1957 年，到 1958 年

图 5-81　福特 T 型车

就演化成经典的豪华汽车，到 2002 年又演变为一种圆润的怀旧式跑车。自 1954 年以来，雷鸟产品已经历了 12 代。在雷鸟这些年的演化中，每种新车型都对以前的车型有所继承。在过去的 50 多年里，福特共生产了 400 余万辆雷鸟，成为美国汽车的一个弥足珍贵的经典。

图 5-82　福特·雷鸟

（3）福特·野马（图 5-83）。1962 年，福特研发了野马的第一辆概念车——Mustang Ⅰ 概念车。它是一款发动机中置的两座跑车。而野马的名称正是为了纪念第二次世界大战中富

有传奇色彩的美军 P-51 型 Mustang 战斗机。由于 Mustang Ⅰ 野马概念车的两座设计实用性太低，被福特高层驳回后，1963 年 10 月，福特推出了 Mustang Ⅱ 概念车，将布局改为发动机前置，并采用四座布局。1964 年 4 月 17 日，经过福特团队反复论证、修改后的第一代量产版 Mustang 于纽约世博会上正式发布，野马自此正式向全世界展示了它的风范。Super Snake 是福特在 2013 年底特律展出的野马 Shelby GT500 系列里的新车型。这次底特律车展中所展出的 Super Snake 则更是将 Shelby GT500 的性能推进至顶端的版本。图 5-84 所示这款 Super Snake 是由 20 世纪 60 年代创造出 AC Shelby Cobra 等经典传说跑车的 Carroll Shelby 率领自己所创立的 Shelby American 公司开发团队所共同开发完成的。一代赛车传奇人物 Carroll Shelby 于 2012 年 5 月时不幸过世，这款 Super Snake 也就成为他最后、最强的野马遗作。

图 5-83　福特·野马

图 5-84　福特·野马 Super Snake

（4）林肯·大陆（Lincoln Continental）（图 5-85）。林肯·大陆是林肯·默寇利部于 1939 年首推的名牌豪华车型。该车型显示林肯·默寇利部生产的高级轿车技术无懈可击，乃豪华车中的佼佼者，被称为福特汽车公司的传世佳作。1961 年出产的林肯·大陆是美国第一款采用活动软顶的敞篷轿车。从 1964 年到 1977 年，林肯·大陆都是美国总统的专车。

图 5-85　林肯·大陆

（5）林肯 LS（Lincoln LS）（图 5-86）。林肯 LS 是美国时尚与豪华和欧洲动感的完美结合，为驾驶者和乘客在舒适高贵的环境中创造一流的运动和安全感受，继承了林肯品牌美国式经典豪华的基因。

图 5-86　林肯 LS（Lincoln LS）

5.2.3　克莱斯勒汽车公司

1. 简况

作为美国三大汽车公司之一的克莱斯勒汽车公司，创建于 1912 年，创始人是沃尔特·克莱斯勒，总部位于美国密歇根州奥本山。公司发展中曾经两度濒临破产，多亏美国政府的干预，公司才得以生存下来。在这之后，公司不断推陈出新的车型策略和精明的管理制度，使公司的规模迅速壮大。公司又不失时机地设计并推出符合时代潮流的新车型，故此它享有了比其他汽车更高的声望，显出了比竞争者更多的勇气。因此，它被喻为美国汽车制造业的设计领导者。现该公司下设道奇部、克莱斯勒·顺风部、鹰·吉普部。

（1）克莱斯勒公司的商标是一个等边五角形，内嵌一个五角星，下写"CHRYSLER"，图形商标像一枚五角星勋章，它体现了克莱斯勒家族和公司员工们的远大理想和抱负，以及永无止境的追求和在竞争中获胜的奋斗精神；五角星的五个部分，表示五大洲（亚、非、欧、美、澳）都在使用克莱斯勒汽车公司的汽车，克莱斯勒汽车公司的汽车遍及全世界（图 5-87）。

图 5-87　克莱斯勒汽车车标

（2）道奇牌轿车素以价廉和大众化著称，颇受欢迎。轿车型号有：蝰蛇（Viper）、无畏（Interpid）、隐形（Stealth）、小精灵（Spirit）、影子（Shadow）、霓虹（Neon）等。道奇的文字商标采用公司创始人约翰·道奇和霍勒斯·道奇兄弟的姓氏"DODGE"，图形商标是在一个五边形中有一羊头形象，在汽车上使用小公羊、大公羊两个商标（图 5-88）。该商标象征道奇强壮剽悍，善于决斗，表示道奇部的产品朴实无华、美观大方。

（3）鹰·吉普（Eagle Jeep）部是美国克莱斯勒汽车公司专门生产轻型吉普车的部门，是克莱斯勒汽车公司接收美国汽车公司之后，于 1980 年成立的子公司。鹰在美国被喻为"神鸟"，所以，克莱斯勒汽车公司取鹰作为吉普部的名称，表示该部具有雄鹰的优秀品质，能迎风斗险，勇攀技术高峰（图 5-89）。

图 5-88　道奇汽车车标

图 5-89　鹰·吉普汽车车标

2. 代表性车型

（1）大切诺基（图 5-90）。大切诺基是克莱斯勒公司的鹰·吉普部生产的越野车，作为吉普家族的顶级产品，其豪华程度完全可与高级轿车媲美。"切诺基"取自美洲印第安部族切诺基土人。他们世代居住在山区，由于生活和狩猎的需要，他们擅长在山地攀行，以此表示切诺基汽车能攀过岩石、涉过泥沙，征服任何艰难险阻，到达胜利的彼岸。外形上，大切诺基车身造型趋向追求弧形曲线美，以适应城市交通和空气动力学要求。大倾角的前风挡玻璃，盾形前散热器护栅，宝石般的前大灯，与车身融为一体的雾灯，较好地融入了轿车设计要领，简洁、雄浑、尊贵。

（2）克莱斯勒 300C（图 5-91）。克莱斯勒 300C 是近年克莱斯勒公司推出的一款力作，具备了典型的美国车的特点——方正的车身、

图 5-90　大切诺基

粗犷的前进气格栅，具有 5 010 mm 的车长，3 050 mm 的轴距，拥有超大的后排乘坐空间。采用 2.7~5.7 L 大排量发动机，使自重达 1.8 t 的车动力强劲。

图 5-91　克莱斯勒 300C

（3）道奇 Challenger（图 5-92）。道奇 Challenger 是挑战者的第一代车型，充满着美式的豪放，经典的"可乐瓶"肌肉车身，令人惊掉下巴的 6.98 L/7.2 L 大排量 V8 引擎 + 3AT/3MT/4MT 变速箱 + 整体桥式的钢板后悬，所有元素的"连锁反应"为我们奉上了这一经典肌肉车理念：无论何时何地，都永远比对手排量更大，输出更猛烈，更难以驾驭。而 2006 年第三代车型的成功复出令人振奋，也成为车迷茶余饭后的优质谈资。

图 5-92　道奇 Challenger

5.3　亚洲著名汽车公司

20 世纪 60 年代以后，随着日本、韩国经济的崛起，以日韩汽车企业为代表的亚洲汽车工业开始在世界汽车市场上崭露头角，占有了一席之地。如今，日本的汽车总产量已经居美国之后长期稳定在世界第二的位置。

5.3.1 丰田汽车公司

1. 简况

1933 年，丰田喜一郎投资 13 万美元成立了丰田汽车分部（是其家族企业丰田自动织布机公司的一个分部），1934 年后，A1 开始小批量生产。作为一款大型轿车，外壳呈流线型，很美观，模仿当时的克莱斯勒 Airflow 车型，配备 6 缸 3.4 L 发动机，输出功率为 62 马力（46 kW）。1937 年丰田汽车公司正式成立。1947 年其产量超过 100 000 辆，1957 年丰田汽车进入美国。20 世纪 70 年代是丰田汽车公司飞速发展的黄金期，1972—1976 年仅四年时间，该公司就生产了 1 000 万辆汽车，年产汽车达到 200 多万辆。进入 20 世纪 80 年代，丰田汽车公司的产销量仍然直线上升，到 20 世纪 90 年代初，它年产汽车已经接近 500 万辆，击败福特汽车公司，位居世界第二。现在丰田公司已发展成为以汽车生产为主，业务涉及机械、电子、金融等行业的庞大工业集团。

20 世纪 90 年代，丰田开始使用新商标，新商标是将三个外形近似的椭圆环巧妙地组合在一起，每个椭圆都是由以两点为圆心绘制的曲线组成，它象征用户的心与汽车厂家的心是连在一起的，具有相互信赖感。而且使图案具有空间感，并将"TOYOTA"字母寓于图形商标之中。大椭圆中的两个椭圆垂直交叉恰好组合成一个 T 字，这是丰田汽车公司的英文名称"TOYOTA"的第一个字母，椭圆代表地球，反映出要把自己的先进技术在世界范围内拓展延伸，并将产品推向全世界的愿望（图 5-93）。

图 5-93 丰田汽车车标

2. 代表性车型

（1）丰田花冠（图 5-94）。丰田花冠是一款不折不扣的世界车，从 1966 年诞生至今历经 9 代，行销世界上超过 140 个国家和地区，倍受消费者青睐，累计销量超过千万，2000 年在单一品牌全球累计销量上，以"世界最畅销车"（2 498.660 7 万辆）被载入《吉尼斯世界纪录》。该车动力强劲且车内宁静，车体宽大且操控灵活，外观动感且内饰豪华，安全可靠且撞击保护出色。该车型已在我国天津一汽量产并在国内销售。丰田花冠全球累计销量超过 3 600 万辆，达成单一品牌累计销量总冠军。第九代花冠（Corolla EX）由一汽丰田生产，是丰田国产车型中首款采用 VVT-i 发动机的车型。丰田第十代 Corolla 轿车将中文名从"花冠"改为"卡罗拉"。

（2）凯美瑞（CAMRY）（图 5-95）。自 20 世纪 80 年代面世以来，凯美瑞就凭借出众的舒适空间和卓越的产品品质，在全世界范围内享有广泛的知名度和崇高的美誉度，在诞生仅 23 年就完成突破 1 000 万辆的极限之旅，全球年销量 60 万辆。全新第八代凯美瑞诞生于 TNGA 丰田新全球架构，从零开始，推倒重来，以智慧创变重塑高级轿车的核心价值，再度树立了市场新的标杆，使沉寂多时的国内中高级车市场重新被激活。

（3）普锐斯（Prius）（图 5-96）。普锐斯的核心是丰田第二代油电混合动力系统 THS Ⅱ。这是丰田经过 30 多年的努力，研究开发出来的最先进的技术。它采用混合能源管理控制系统和制动能源再生系统，提高了燃油效率。另外，空气动力性能的提高，节能高效电动变频空调的应用，车身及驱动部分的轻量化也为提高燃油效率做出了贡献，使普锐斯油耗降到 5 L/100 km 以下。

图 5-94　丰田花冠汽车

图 5-95　凯美瑞汽车

图 5-96　普锐斯汽车

(4) 雷克萨斯（Lexus）。1989年，丰田汽车公司推出了 LS400 和 ES250 豪华雷克萨斯轿车，第一年便销售了60多万辆，1991年该品牌成为豪华轿车中重要的一员。雷克萨斯的英文名称 Lexus 的发音能使人联想到豪华之意，为改变丰田汽车在人们心中平民车的印象，雷克萨斯图形商标不再采用丰田三个椭圆相互嵌套形式，而是在一个椭圆镶嵌英文"Lexus"第一个大写字母"L"，并被镶在散热器正中间，喻示该车驰骋在世界各地的道路上（图5-97）。

图 5-97 雷克萨斯汽车车标

作为雷克萨斯的旗舰车型，LS430（图5-98）拥有让人无法抵挡的澎湃动力和高贵气质，无处不体现其作为现代轿车所具有的超凡设计理念。雷克萨斯 LS430 也将轿车的空气动力设计、强劲性能、豪华内饰和领先同级别车的安全性能提升到一个崭新的境界。

图 5-98 雷克萨斯 LS430 汽车

5.3.2 马自达汽车公司

1. 简况

马自达汽车公司创立于1920年，1931年正式开始在广岛生产小型载货车，20世纪60年代初正式生产轿车，自1981年到2002年，马自达已累计生产3 500多万辆各种汽车。马自达汽车公司有着非常完备的产品线，涉及经济型轿车、越野车、跑车等各种车型，其中家庭用车一直占据其生产线的主导地位。马自达汽车公司的汽车设计理念在业界有着极高的认可度，其不落俗套的创新一直引导着日本甚至世界汽车设计的潮流与时尚；同时马自达汽车公司还以生产跑车而闻名于世。马自达汽车公司在汽车引擎方面的创新成就更加令业界瞩目，迄今为止，马自达汽车仍然是全球各大汽车厂商中唯一将转子汽车投入批量生产的汽车制造商。自2000年开始，马自达公司通过实施"新千年计划"，使公司的发展进入一个新的阶段。2002年，马自达公司推出了"马自达6"（Mazda 6）、"马自达2"等一系列新车型，在世界各地都取得了不俗的销售业绩。

马自达汽车标志图案中艺术抽象化的"M"是其创始人松田拼音的第一个字母,像一只展翅的大鸟,意味着马自达要展翅高飞,不断突破,以无穷的创意和真诚的服务,勇闯车坛顶峰,迈向新世纪(图5-99)。

2. 代表性车型

(1)马自达5(图5-100)。马自达5是一款全新的高性能动感MPV,其设计思想是"动感和交流"。在设计风格上秉承了马自达独特的"Zoom-Zoom"品牌基因,造型时尚而充满动感;在空间设计和乘坐舒适性方面,采取了"6+1"的全新设计理念,追求高效率空间设计,充分满足MPV消费者对乘坐舒适性的高标准要求;在性能方面,马自达5改变了传统的MPV设计思想,在追求大空间的同时更注重高性能,在动力、操控、安全等方面均有极佳的表现,树立了国内MPV车型设计和性能的新基准。

图5-99 马自达汽车车标

图5-100 马自达5型汽车

(2)马自达RX-8(图5-101)。马自达RX系列车型是世界上唯一采用转子发动机的量产车型。其转子引擎,是由德国工程师汪克尔博士(Dr. Felix Wankel)在1956年发明的,是一种与常用的活塞式气缸引擎完全不同的新型发动机,具有质量轻、功率大、宁静和灵敏等优点,至今只有马自达汽车公司在独家使用并将其发扬光大到很高水平。

图5-101 马自达RX-8汽车

5.3.3 其他日本著名汽车公司

1. 日产汽车制造公司

日产汽车制造公司创建于1933年,"NISSAN"是日语"日产"两个字的拼音形式,是JAPAN产业的简称,其含义是"以人和汽车的明天为目标"。其图形商标是将NISSAN放在一个火红的太阳上,简明扼要地表明了公司名称,突出了所在国家的形象,这在汽车商标文化中独树一帜(图5-102)。

2. 本田汽车公司

本田宗一郎于1946年创建本田技研工业公司(即本田汽车公司),并用自己的姓氏作为公司的名称和商标。"H"是"本田"汽车和"本田"摩托车的图形商标,是"本田"日文拼音"HONDA"的第一个大写字母,体现了该公司一贯追求技术创新,团结向上经营有力、紧张感和轻松感完美结合的精神(图5-103)。

图5-102 日产汽车车标

图5-103 本田汽车车标

3. 斯巴鲁

斯巴鲁是日本富士重工业株式会社的汽车品牌。日本富士重工业株式会社的前身是一个飞行机研究所,它由中岛知九平于1917年创立,并于1953年正式成立富士重工业株式会社。富士重工业株式会社是世界上技术领先的汽车制造厂家和有预见性的企业,主要生产汽车,同时也制造飞机和各种发动机。富士重工一直开发具有独特性的四轮驱动系统和高性能的水平对置式发动机。其四轮驱动系统,经过20多年的不断完善,以及通过世界各地严酷的路况行驶经验,性能、质量不断得以提高。富士重工业株式会社现与通用汽车公司合作,成为通用汽车公司的一个分部。斯巴鲁汽车的标志采用六连星的形式,象征着富士重工及其合并的5家公司(图5-104)。

4. 铃木

铃木公司是一家日本汽车公司,1952年开始生产摩托车,1955年开始生产汽车。铃木株式会社包括7个工厂,分别设在日本几个不同的城市。其中,相良工厂为汽车发动机厂;丰川工厂负责摩托车的生产;总社工厂负责摩托车发动机的制造。湖西工厂和磐田工厂为汽车生产集团,主要生产微型及小型轿车、面包车、吉普车和货车。铃木汽车公司现与通用汽车公司合作,成为通用汽车公司的一个分部。铃木轿车标志图案中的"S"是铃木(Suzuki)的第一个字母,这种设计给人以有力量的感觉,象征着发展中的"铃木"(图5-105)。

图 5-104 斯巴鲁汽车车标

图 5-105 铃木汽车车标

5.3.4 韩国著名汽车公司

1. 现代（Hyundai）

现代汽车公司成立于 1967 年，是韩国第一大汽车公司，公司总部设在韩国（今为首尔）。现代汽车公司的发展可分为 3 个阶段。第 1 阶段是 1967—1970 年的创业期。与美国福特汽车公司合作，引进福特技术生产汽车，并在 1970 年建成年产 2.6 万辆生产能力的蔚山工厂。第 2 阶段是 1970—1975 年的消化吸收期。花巨额资金在公司内进行消化吸收福特技术。1974 年投资 1 亿美元建设年产 5.6 万辆的新厂，汽车国产化率达到 100%。第 3 阶段是走向世界。1976 年，自己设计生产的小马（Pony）牌小轿车下线，现代汽车公司走向成熟。20 世纪 80 年代，现代汽车公司垄断了韩国市场。1983 年小马牌汽车销往加拿大而走红，1985 年就卖出 7.9 万辆。1986 年，现代汽车公司的超小马汽车投入美国市场，当年即售出 16 万辆，创下汽车业销售奇迹，从而奠定了现代汽车公司的国际地位。1998 年，现代汽车公司并购韩国起亚（KIA）汽车公司。2002 年，在中国与北京汽车工业控股有限责任公司合资成立北京现代汽车有限公司，生产伊兰特（Elantra）、索纳塔（Sonata）轿车。

现代车标（图 5-106）是在椭圆中采用斜体字"H"，是现代英文名"Hyundai"的第一个大写字母。车标体现了腾飞的现代汽车公司这一概念，还象征现代汽车公司在和谐与稳定中发展。车标中的椭圆既代表汽车的方向盘，又可以看作地球，与其间的"H"结合在一起，恰好代表了现代汽车遍布全世界的意思。

图 5-106 现代汽车车标

2. 大宇（Daewoo）

大宇汽车公司是韩国第二大汽车生产企业，源于 1967 年金宇中创建的新韩公司，1983 年改为大宇汽车公司，公司总部设在韩国汉城（今为首尔）。在创业之初与通用汽车公司合作生产轿车和 8 t 以上货车及大客车。大宇汽车公司以出口为目标，在韩国是最早出口汽车的企业，早在 1984 年就出口汽车到美国。随着同通用汽车公司合资的结束，大宇汽车公司开始建立自己在全球的生产网络。1999 年 11 月，大宇汽车公司的母公司大宇集团破产，由于巨额债务，大宇汽车公司也于 2000 年 11 月宣布破产。通用汽车公司（控股 42.1%）联合中国上海汽车集团股份有限公司（控股 10%）于 2002 年 10 月 28 日收购了大宇汽车公司，在韩国首尔正式宣布成立通用大宇汽车科技公司（简称"通用大宇"）。通用大宇新公司总部位于韩国仁川，旗下拥有并管理 3 家分别位于韩国昌原、群山及越南河内的生产厂。大宇汽车公司拥有蓝龙（Lanos）、典雅（Leganza）、雷佐（Rezzo）、马蒂兹（Matiz）等汽车品牌。

大宇汽车公司使用形似地球和正在开放的花朵标志（图5-107），生产的汽车也使用这个标志作为商标。大宇标志象征高速公路大动脉向未来无限延伸，表现了大宇的未来和发展意志；椭圆代表世界、宇宙；向上展开的花朵体现了大宇家族的创造力和挑战意识；中部五个蓝色的实体条纹和之间的六条白色条纹，表示大宇在众多领域无限发展的潜力；蓝色代表年青、活泼，而白色则代表同心协力和牺牲精神。整个标志表现了大宇家族的智慧、创造、挑战、牺牲的企业精神，表现出大宇集团的"儒家"风范。

3. 起亚（KIA）

起亚汽车公司成立于1944年12月，是韩国最早的汽车制造商，主要生产各种轿车和小型货车。起亚车标（图5-108）是英文"KIA"，形似一只飞鹰，象征公司如腾空飞翔的雄鹰。

图5-107 大宇汽车车标（彩插）

4. 双龙（Ssangyong）

双龙汽车公司是韩国第四大汽车公司，以制造四轮驱动汽车为主，并生产大型客车、特种车、汽车发动机及零配件。双龙汽车公司主要以犀牛（Musso）牌四轮驱动越野车和科兰多（Korando）牌家用型越野车为代表，产品出口到欧洲、亚洲、中南美洲及非洲等60多个国家和地区。

关于双龙车标（图5-109），在韩国有这么一个传说：两条龙在等待了1 000年后要飞回龙宫，龙王降下一枚"吉祥宝石"，只有拥有它借助魔力才能飞回龙宫，两条龙互相谦让不肯先飞，以至于面临都回不去的结果，龙王被它们感动了，就又降了一枚宝石，这样两条龙双双飞回了日夜思念的家乡。

图5-108 起亚汽车车标

图5-109 双龙汽车车标

5.4 我国著名汽车公司

我国的汽车工业是在中华人民共和国成立后，随着我国工业发展的需要和社会经济发展的需要逐步发展起来的。在发展的过程中，与国外的著名汽车企业进行了各种形式的合作，多个国外的著名汽车品牌在我国的汽车生产企业以合资的形式进行生产，这些汽车产品已在相关的国外企业介绍中提及，本节仅就我国著名的汽车企业和自主品牌进行介绍。

5.4.1 第一汽车集团公司

第一汽车集团公司（简称"一汽"）是我国的第一个汽车制造企业。1953年7月15日破土动工兴建，1956年7月15日第一辆国产解放牌汽车在这里诞生。建厂60多年来，一汽肩负着中国汽车工业发展重任，经历了建厂创业、产品换型和工厂改造、上轻型车和轿车三次大规模发展阶段。1991年，与德国大众汽车公司合资建立15万辆轿车基地；2002年，与天津汽车工业（集团）有限公司联合重组，与日本丰田汽车公司实现合作。目前，产品结构已形成以轿车为主的新格局。经过60多年的发展，一汽由单一的中型载货汽车发展成为重、中、轻、微、轿、客多品牌、宽系列、全方位的产品格局；由当初年产3万辆生产能力发展到现在年产100多万辆的生产能力；企业结构由工厂体制转变为集团公司，由单一国家所有制变为多元化的资本结构，由面向单一的国内市场转变为面向国内和国外两个市场。一汽拥有全资子公司30家，控股子公司17家，其中包括一汽解放汽车有限公司、富奥汽车零部件有限公司等全资子公司和一汽轿车股份有限公司、天津一汽夏利股份有限公司、一汽四环股份有限公司等上市公司及一汽-大众汽车有限公司、天津一汽丰田汽车有限公司等中外合资企业。一汽旗下拥有解放、红旗、夏利等自主汽车品牌。

一汽车标（图5-110）将阿拉伯数字1和汉字"汽"巧妙布置，构成一只展翅雄鹰的图案，喻示着不断进取、展翅高飞的中国一汽精神，又表达了中国汽车工业冲出国门、走向世界的决心。"1"字车标是近年增加采用的图形标识，以椭圆形为基本型，代表全球和天穹，以"1"字为视觉中心，代表"第1"的特征。一汽载货汽车在车头标有"FAW"字样，是英文"First Automobile Workshop"即第一汽车制造厂英文第一个字母的组合。

1958年5月，中国历史上第一辆国产轿车，取名"东风"（后来改名为红旗）。车头标识为一条金龙。1959年9月，第一辆红旗检阅车（图5-111）送往北京，供国庆十周年阅兵使用。20世纪60年代起，红旗轿车成为国家礼宾用车，被誉为"国车"。当时，外国政府首脑访华，把"见毛主席，住进钓鱼台，乘坐红旗轿车"作为最大愿望和礼物。1972年，毛主席坐上红旗特种保险车，为久负盛名、享誉中外的"中国第一车"罩上了耀眼的光环。1998年，在红旗轿车诞生40周年之际，新一代高级红旗轿车再度成为国家礼宾用车。

图5-110　一汽红旗汽车车标　　　　图5-111　20世纪60年代的红旗汽车

作为红旗曾经的旗舰产品，红旗HQ3（图5-112）2006年上市。该车是一款搭载4.3L（V8）、3.0L（V6）汽油发动机，6速手自一体变速箱的豪华商务、公务用车，具有高性能的操纵稳定性和舒适感,充分利用宽轮距、长轴距实现良好的路面感觉,在世界领先的安全性能基础上追求和谐,拥有让世界为之感动的运动性能;车体通身洋溢着精致和高贵的质感,体现出有力的跃动感和丰富的个性。

图 5-112　红旗 HQ3 型汽车

红旗轿车从一诞生就成为我国高级领导配备用车,可以说是风靡一时。到奥迪 A6 进入中国后,红旗的地位才被奥迪取代。但是,在国庆阅兵时,党政军领导人仍然要以红旗为检阅用车。定位豪华 C 级轿车的红旗首款车型亮相 2012 年北京车展,内部产品代号为 C131。2013 年 5 月 30 日,红旗 H7(C131)正式在北京上市(图 5-113)。红旗 H7 首次实现了整车全领域、平台与车型同步的深度自主研发,整车主要技术指标国内先进,部分性能达到国际水平。2014 年 9 月 10 日,2015 款红旗 H7 投放市场,新车型继承了红旗 H7 以往核心竞争优势,并根据红旗品牌对高端汽车用户的用车需求和对豪华车市场趋势的精准把握,在内外饰设计、舒适配置和安全装备等方面进行了大量的优化和升级。

图 5-113　红旗 H7 型汽车

5.4.2　长安汽车(集团)有限责任公司

长安汽车公司创建于 1995 年,由原长安机器制造厂和江陵机器厂合并而成。现已发展为总资产突破 400 亿、员工 4 万名的国内最大小型车及发动机制造企业,跻身中国汽车行业前列,是中国汽车工业自主创新的领军企业之一,是中国最大的微型汽车及发动机生产厂家之一。长安汽车公司拥有长安特种机器厂、长安精密机器厂和若干全资子公司及控股的重庆长安汽车股份有限公司、重庆长安铃木汽车有限公司、长安福特汽车有限公司。公司旗下

"长安"商标（图5-114）荣获"中国驰名商标"称号，名列全球最有价值品牌中国榜第9位。该车标以天体椭圆运行轨迹为基础，捕捉"长安"汉语拼音"CHANGAN"中"C"和"A"两个关键发音字母作为其造型设计的基本元素，经过抽象、组合、变形而成一个永恒运行的天体、一个攀升的箭头、一个精致的方向盘，又如一辆轻巧的汽车奔驰于阡陌纵横的公路之上。英文标准字"CHANA"是"长安"汉语拼音的高度凝练，标志字体是在黑体字基础上经过修饰、设计和手工绘制而成的，其造型稳重、遒劲、优美，与图形标志一脉相承，最能和谐地表达出长安企业的品牌特征。

图5-114 长安汽车车标

5.4.3 东风汽车公司

东风汽车公司（其前身是"第二汽车制造厂"，简称"二汽"）是国内第二家卡车制造厂，也是第一家自主创建的卡车制造厂。为实现党和国家"独立自主地建设和发展我国汽车工业体系"的夙愿，1969年9月1日，二汽正式开始兴建。1975年6月15日，二汽第一个自主设计的基本车型东风牌2.5 t越野车（图5-115）开始生产。1978年7月15日，首批民用东风5 t车实现批量生产。

图5-115 东风牌2.5 t越野车

1981年4月8日，由二汽牵头联合8家地方汽车厂成立了东风汽车工业联营公司，1992年9月1日更名为东风汽车公司。东风汽车公司经过30多年的建设，已陆续建成了十堰（主要以中重型商用车、零部件、汽车装备事业为主）、襄樊（今襄阳）（以轻型商用车、乘用车为主）、武汉（以乘用车为主）、广州（以乘用车为主）等主要生产基地，公司运营中心于2003年9月28日由十堰迁至武汉，主营业务包括全系列商用车、乘用车、汽车零部件和汽车装备。目前，整车业务产品结构基本形成商用车、乘用车各占一半的格局。进入21世纪，东风汽车公司积极推进与跨国公司的战略合作，先后扩大和提升与法国标致-雪铁龙集团的合作，与日产公司进行全面合资重组，与本田公司拓展合作领域，整合重组了江苏悦达-起亚公司等。全面合资重组后，东风汽车公司的体制和机制再次发生深刻变革。按照现代企业制度和国际惯例，构建起较为规范的母子公司体制框架，东风汽车公司成为投资与经营管控型的国际化汽车集团。

东风汽车车标（图5-116）是一对燕子在空中飞翔时的尾翼。通过艺术手法创作图案，以夸张的表现形式喻示双燕舞东风，使人自然联想到东风送暖，春光明媚，神州大地生机盎然，给人以启迪，给人以力量。二汽的"二"字寓意于双燕之中，戏闹翻飞的春燕，象征着东风牌汽车的车轮不停地旋转，奔驰在祖国大地，奔向全球。作为商标的"东风"字样一直沿用的是毛主席的墨宝。

图5-116　东风汽车车标

5.4.4　上海汽车集团股份有限公司

上海汽车集团股份有限公司（简称"上汽集团"）的前身是上海汽车股份有限公司。公司主要业务包括：汽车整车（包括乘用车、商用车）、与整车开发紧密相关的零部件（包括动力传动、底盘、电子电器等）的研发、生产、销售，以及与汽车业务密切相关的汽车金融。公司下属主要企业包括：乘用车公司、上汽大众、上汽通用、上海申沃、上汽通用五菱等整车企业；上海汽车变速器有限公司、联合汽车电子有限公司等与整车开发紧密相关的零部件企业；上海汽车集团财务有限责任公司等汽车金融企业。上汽集团是目前国内领先的乘用车制造商、最大的微型车制造商和销量最大的汽车制造商，2006年度以134.4万辆的整车销量居全国汽车大集团之首。

在上汽发展历史上，曾经使用"上海"牌生产轿车，具有一段辉煌的历史。在很长的一段时间里，上海牌轿车都是中国轿车工业的一个标志。当一汽的"红旗"作为国家高级领导人的坐骑，在百姓的心中被蒙上一层神秘面纱的时候，"上海"却以其规模化的产量、出众的性能，成为中国距离百姓生活最近的轿车。

上海牌轿车的前身是1958年9月上海汽车装配厂研制出的凤凰牌轿车。1960年10月，上海汽车装配厂迁往上海安亭扩建，更名为上海汽车制造厂。1964年，在国内经济好转的情况下，开始批量生产，改称"上海"牌SH760型轿车（图5-117）。此后的很多年，除了红旗牌轿车，中国唯一大批量生产的轿车就是上海牌轿车，27年里共生产了7万多辆，到20世纪90年代初，上海牌轿车年产量已达8 000多辆。上海牌轿车曾经是中国仅次于红旗的行政用轿车。上汽与大众合资生产桑塔纳轿车的同时，上海牌也走完了它的历史旅程。从某种角度来说，上海牌轿车的历史价值与红旗轿车一样具有重要意义。

2006年，上汽集团在购买英国罗孚汽车的生产技术的基础上，开发了"荣威"牌汽车，成为上汽新的自主品牌。其标志如图5-118所示。荣威中的"荣"有荣誉、殊荣之意，"威"含威望、威仪及尊贵地位之意。荣威合一，体现了创新殊荣，威仪四海的价值观。标志整体结构是一个稳固而坚定的盾形，在保持传统的基础上兼具简洁的现代感，独特性强，识别性佳，暗喻其产品可信赖的尊崇品质，体现上海汽车自主创新、国际化发展的坚强决心与意志。标志中的核心图像以两只站立的东方雄狮构成。狮子是百兽之王，在中国文化中代表着吉祥、威严、庄重，同时在西方文化中狮子也是王者与勇敢精神的象征，其昂然站立的

图 5-117 "上海"牌 SH760 型轿车

姿态传递出一种崛起与爆发的力量感。双狮图案以直观的艺术化手法,展现出尊贵、威仪、睿智的强者气度。在此品牌下,荣威 750(图 5-119)已于 2007 年初正式上市。该车拥有顶级车才拥有的雪茄型车身。典雅动感的设计用完美的比例、流畅的线条和雅致的曲面塑造大气,并一举造就同级车中占据绝对优势的 2 849 mm 的超长轴距,提供行政级后排空间,带来更为平稳的驾乘感受,塑造浓郁的贵气与稳重格调。

图 5-118 荣威汽车车标

图 5-119 荣威 750 型汽车

5.4.5 其他国内著名汽车公司

1. 北京汽车集团有限公司

北京汽车集团有限公司(简称"北汽")是由北京市人民政府投资,对原北京汽车工业集团总公司进行改制组建的国有独资公司。北京汽车工业的发展已有 60 多年的历史。1958 年 6 月 20 日,生产出了第一辆"井冈山"牌轿车,同时更名为北京汽车制造厂。1984 年 1 月 15 日,中国第一家中外合资汽车企业北京吉普汽车有限公司成立。现在北汽与克莱斯勒、吉普、三菱、现代、奔驰等国际品牌合作进行汽车生产,并开发了北京吉普、福田等自主开发的民族品牌,形成了包括轿车、商用车、越野车的三大板块生产格局。

北京吉普车标(图 5-120)由图形和文字两部分组成。图形部分突出"北"字,表示"北京"。文字部分"BJC"表示北京吉普汽车有限公司。图案又像一条向前延伸的路,还像高山峻岭,意为北京吉普汽车适合在任何道路行驶,路在车下,勇往直前。

福田车标(图 5-121)采用了钻石造型,突出了福田汽车作为一个专业化的汽车公司,形象、科技和品质始终是企业追求的根本。以立体钻石为原形，三条斜线构图代表了福田"突破、超越、领先"的三阶段竞争理论，银色代表的是卓越的工业化气质和现代感，而全新的钻石形象则是福田汽车公司作为一个卓越的汽车企业对社会的价值承诺。与福田汉语标识名称相映，车标突显"FOTON"英文标志，显示出福田汽车走向国际的雄心。"FOTON"的含义是为车、为人，体现了福田汽车的产业特征和宗旨，同时双"口"有车轮的动感，暗喻福田汽车永不止步的核心价值观。

图 5 – 120　北京吉普汽车车标　　　　图 5 – 121　福田汽车车标

2. 广州汽车集团股份有限公司

广州汽车集团股份有限公司（简称广汽集团，其车标见图 5 – 122）成立于 2005 年 6 月 28 日，总部位于广州市天河区珠江新城，目前拥有员工超过 8.4 万人，是国内首家实现 A + H 股整体上市的大型国有控股股份制汽车集团。广汽集团前身为成立于 1997 年 6 月的广州汽车集团有限公司。

自 2013 年以来，广汽集团连续五年入围《财富》世界 500 强，2017 年位列世界企业第 238 位、中国企业 500 强第 52 位。

图 5 – 122　广州汽车车标

广汽集团主要的业务有面向国内外市场的汽车整车及零部件设计与制造，汽车销售与物流，汽车金融、保险及相关服务，具有独立完整的产、供、销及研发体系。广汽集团坚持合资合作与自主创新共同发展，业务涵盖整车（汽车、摩托车）及零部件研发和制造、汽车商贸服务、汽车金融等，成为国内产业链最为完整的汽车集团之一，也是国内汽车行业首家拥有保险、保险经纪、汽车金融、财务、融资租赁等多块非银行业金融牌照的企业集团。目前，广汽集团旗下共有广汽乘用车、广汽本田、广汽丰田、广汽三菱、广汽菲亚特克莱斯勒、广汽研究院等数十家知名企业与研发机构。

2017 年，广汽集团旗下自主品牌、日系合资、欧美系合资三大整车核心业务板块实现全面增长，业绩再创新高，汽车产销首次突破 200 万辆，同比增长均超 21%，相当于行业平均增幅的 7 倍，市场占有率升至 7%；2017 年广汽集团连同合营、联营公司共实现营业总收入为 3 397.73 亿元，同比增长 23.21%。

3. 浙江吉利控股集团有限公司

吉利公司是国内汽车行业十强中唯一一家民营轿车生产经营企业，始建于 1986 年，经过 30 余年的建设与发展，在汽车、摩托车、汽车发动机、变速器、汽车电子电气及零部件方面取得了辉煌业绩。特别是 1997 年进入轿车领域以来，凭借灵活的经营机制和持续的自主创新，取得了快速的发展，被评为"中国汽车工业 50 年发展速度最快、成长性最好的企业",跻身于国内汽车行业十强。公司总部设在浙江省省会杭州市,在浙江省宁波市、台州市的临海和路桥,以及上海市建有四个专门从事汽车整车和动力总成生产的制造基地,现已拥有年产 20 万辆整车、20 万台发动机和 20 万台变速器的生产能力。

吉利公司车标(图 5-123(a))的"椭圆"是地球的象征,表示吉利要面向世界,迎接国际化。车标的阿拉伯数字"6 个 6",喻示着太阳的光芒,只有走近太阳,才能吸取无穷的热量,只有经过竞争的洗礼,百炼成钢,才能在竞争中稳坐钓鱼台;"6 个 6"还有六六大顺、如意吉祥的含义;"6 个 6"排列,就像一级级的台阶,需要不断超越,才能不断向前发展。事实上,一直倡导制造"让中国普通老百姓买得起、用得起"的汽车的吉利集团,正一步步地走向世界。

2007 年后,吉利更换了新的车标(图 5-123(b)),此标识继承了吉利原标识的基本外观,保留了吉利品牌在多年打造和传播中既已形成的记忆点。

标识为勋章/盾牌形状,给人安全感和信赖感,蕴含着吉利自创始至今所承载的"安全呵护与稳健发展"的品牌特征。标识内由六块宝石组成,蓝色宝石代表了蔚蓝的天空,黑色宝石寓意广阔的大地,双色宝石的组合象征吉利汽车驰骋天地,走遍世界的每个角落。色彩上,采用了蓝色、黑色及金色隔线,增强科技感、品质感、现代感,进而将这种感受传递到品牌及产品层面,相得益彰,完美共融。

(a) (b)

图 5-123 吉利汽车车标

4. 奇瑞汽车股份有限公司

奇瑞汽车有限公司成立于 1997 年,是由安徽省及芜湖市五个投资公司共同投资兴建的国有大型股份制企业,坐落在水陆空交通条件非常便利的国家级开发区——芜湖经济技术开发区。

奇瑞公司目前主要产品有风云、旗云、QQ、东方之子、瑞虎五种车型。2001 年 3 月,奇瑞风云轿车成功推向市场,短短两年时间,一款风云轿车使奇瑞迅速成长为国内主流轿车企业,跻身国内轿车行业"八强"之列。于 2003 年 6 月份推出的奇瑞 QQ 系列轿车和奇瑞东方之子系列轿车再一次体现了奇瑞敏锐的市场把握能力,QQ 以时尚的外形、宽大的空间、强劲的动力、精致的内饰引领中国微型轿车的新潮流;东方之子则成为进军公商务用车市场的利器,与当年风云轿车一样,它的上市成为 2003 年汽车界最引人注目的事件之一。同年 8 月,奇瑞又推出了奇瑞旗云系列轿车。也在当月,奇瑞月产销突破一万辆,成功完成产品线布置,进入全面发展的新阶段。2004 年 4 月 15 日,奇瑞第 20 万辆轿车下线,预示着这个汽车业的新锐成长为中国自主品牌的支柱企业,成为中国主流轿车企业之一。2005 年 3

月22日，奇瑞第一辆SUV上市，瑞虎（TIGGO）的下线成功实现了奇瑞轿车向奇瑞汽车的精彩转身。2005年3月28日，奇瑞发动机二厂启动及首台发动机点火仪式在奇瑞第二发动机生产厂举行，实现了中国在主要零部件自主研发上"零"的突破。

奇瑞汽车从2001年就开始出口，目前产品销售遍及56个国家和地区。从2003年起就一直蝉联国内轿车出口冠军，目前出口量占据中国乘用车行业的半壁江山。2006年奇瑞公司出口超过5万辆，连续4年保持国内乘用车出口第一。奇瑞轿车已得到海外市场的一致认可，国际间合作合资已成为奇瑞公司重要的部分。

奇瑞汽车标志（图5-124）的整体是英文字母CAC一种艺术化变形。CAC即英文Chery Automobile Corporation Limited的缩写，中文意思是奇瑞汽车有限公司。标志中间A为一变体的"人"字，预示着公司以人为本的经营理念。徽标两边的C字向上环绕，如同人的两个臂膀，象征着一种团结和力量，环绕成地球形的椭圆状。中间的A在椭圆上方的断开处向上延伸，寓意奇瑞公司发展无穷，潜力无限，追求无限。整个标志又是W和H两个字母的交叉变形设计，为"芜湖"一词的汉语拼音的声母，表示公司的生产制造基地。

图5-124 奇瑞汽车车标

5. 长城汽车股份有限公司

长城汽车公司成立于1984年，总部位于河北省保定市，主要生产皮卡、SUV、轿车等车型。长城汽车公司是中国首家在香港H股上市的民营整车汽车企业、国内规模最大的皮卡SUV专业厂、跨国公司，属于我国主要自主品牌车企中历史较为久远的一家。

长城汽车公司早期从事汽车改装业务，但真正使长城在国内汽车业界占据一席之地的则是长城的皮卡。1995年，魏建军通过对美国、欧洲和东南亚汽车市场的考察，发现皮卡在上述国家和地区普及程度很高，但在国内却是"边缘"产品。通过大力发展皮卡产品，依靠准确的市场定位和性价比的优势，长城皮卡自1998—2011年连续14年保持同类车销量第一，并出口到意大利、澳大利亚、智利、南非等全球100多个国家和地区，成为中国出口最多的皮卡车型。除了皮卡之外，SUV可谓是长城汽车的另一大亮点，这家自主品牌车企出产的SUV在2010年、2011年和2012年上半年都位居全国SUV销量榜首。2002年，长城推出长城赛弗，这款8万余元的SUV一举颠覆了国内SUV没有10万元以下车型的历史，创造了"赛弗现象"，成为"经济型SUV的鼻祖"，2003年一举夺得"全国SUV销量冠军"。

长城汽车车标（图5-125）从中国传统历史形象中汲取灵感，采用烽火台作为车标主体，象征民族品牌；烽火台呈向上延伸的"1"字形，寓意长城汽车勇争第一，敢于亮剑，以及充满活力，蒸蒸日上；烽火台外裹椭圆，宣示长城汽车将致力于做大做强，走向世界。

6. 华晨中国汽车控股有限公司

华晨汽车（Brilliance Auto）是一家年轻的中国国有汽车制造企业，目前生产骏捷、中华和尊驰轿车以及其他商用和民用车型，是近几年国内发展最快的自主品牌汽车企业之一。

图5-125 长城汽车车标

1992年10月9日，华晨汽车在美国纽约证券交易所正式挂牌上市。华晨汽车是中国第一家海外上市的企业。公司股票上市第一天，即成为当日纽约股市交易量活跃的股票，在大市走低的情况下,股票一日之内上涨 25%。华晨汽车在海外成功上市,为中国企业融入并利用国际资本市场创造了一个崭新模式。在 20 余年的发展历程中,华晨汽车始终坚持自主开发与广泛全球合作并举的汽车发展战略。如今,华晨汽车与发达国家的汽车以及零部件制造企业有广泛合作,其中德国宝马与华晨汽车合作建有的宝马轿车生产线,是国内技术级别最高的生产线之一。华晨汽车正在成为世界汽车工业积极的参与者。华晨汽车始终坚持自主创新。2006 年,华晨汽车与德国进口商签下 13 万量的整车出口协议,不仅实现了中国汽车登陆德国的壮举,还创下中国历史上数量最大的汽车出口订单记录。

华晨汽车车标(图 5 – 126)最初是由意大利设计公司设计的,在一个方框中取了一个"中"字,但是华晨汽车方面并不满意这个方案,后来通过自己的工程技术人员设计,最终在各种"中"字字体中选择了小篆演变过来的一个"中"字,而且它的形状又像一个金杯,所以这个设计也说明了现在金杯和华晨汽车是有着密不可分的联系。

图 5 – 126　华晨汽车车标

第6章
现代汽车先进技术

6.1 动力及传动控制系统

6.1.1 电子燃油喷射控制系统

电子燃油喷射控制系统（简称 EFI 系统或 EGI 系统），以一个电子控制装置（又称电脑或 ECU）为控制中心，利用安装在发动机不同部位上的各种传感器，测得发动机的各种工作参数，按照在电脑中设定的控制程序，通过控制喷油器，精确地控制喷油量，使发动机在各种工况下都能获得最佳浓度的混合气。

电控汽油喷射系统如图 6-1 所示。

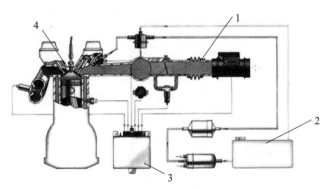

图 6-1 电控汽油喷射系统组成
1—进气系统；2—供油系统；3—控制系统；4—点火系统

根据喷油器数量，电控汽油喷射系统可分为单点汽油喷射系统（SPI）、多点汽油喷射系统（MPI）、缸内直接喷射，分别如图 6-2 (a)、(b)、(c) 所示。

电子燃油喷射控制系统的喷油压力是由电动燃油泵提供的，电动燃油泵装在油箱内，浸在燃油中。油箱内的燃油被电动燃油泵吸出并加压，压力燃油经燃油滤清器滤去杂质后，被送至发动机上方的分配油管。分配油管与安装在各缸进气歧管上的喷油器相通。喷油器是一种电磁阀，由电脑控制。通电时电磁阀开启，压力燃油以雾状喷入进气歧管内，与空气混合，在进气行程中被吸进气缸。分配油管的末端装有燃油压力调节器，用来调整分配油管中燃油的压力，使燃油压力保持某一定值，多余的燃油从燃油压力调节器上的回油口返回燃油箱。

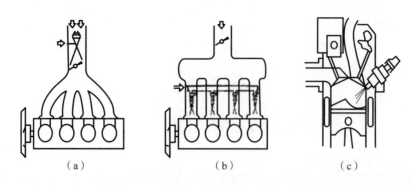

图 6-2 电控汽油喷射系统分类示意图
(a) 单点燃油喷射系统 (SPI); (b) 多点燃油喷射系统 (MPI); (c) 缸内直接喷射

进气量由驾驶员通过加速踏板操纵节气门来控制。节气门开度不同,进气量也不同,进气歧管内的真空度也不同。在同一转速下,进气歧管的真空度与进气量成一定的比例关系。进气管压力传感器可将进气歧管内真空度的变化转变成电信号的变化,并传送给电脑,电脑根据进气歧管真空度的大小计算出发动机进气量,再根据曲轴位置传感器测得信号计算出发动机转速。根据进气量和转速计算出相应的基本喷油量。电脑根据进气压力和发动机转速控制各缸喷油器,通过控制每次喷油的持续时间来控制喷油量。喷油持续时间越长,喷油量就越大。一般每次喷油的持续时间为 2~10 ms。各缸喷油器每次喷油的开始时刻则由电脑根据安装于离合器壳体上的发动机转速(曲轴位置)传感器测得某一位置信号来控制。这种类型的燃油喷射系统的每个喷油器在发动机每个工作循环中喷油两次,喷油是间断进行的,属于间歇喷射方式。

EFI 系统的功能:

(1) 在任何情况下都能获得精确的空燃比。在 EFI 系统中,无论发动机转速和负荷怎样变化,都能连续、精确地供给合适空燃比的混合气。特别是采用燃油的闭环控制,对排放和燃油经济性非常有利。

(2) 混合气的各缸分配均匀性好。在多点喷射系统中,每一个气缸都有一个喷油器,喷油量是 ECU 根据发动机的转速、负荷以及其他状态的变化进行精确控制的,因此每个气缸可分配到精确的燃油;另一方面,混合气的空燃比的改变只需通过改变喷油器的开启时间即可实现,因而很容易满足各个工况的要求,有利于控制有害物的排放和提高燃油经济性。

(3) 汽车的加速性能好。在 EFI 系统中,由于喷油器在节气门附近,汽油又以一定的压力喷出,形成雾状,极易与空气混合,使混合气的空燃比能及时随节气门的改变而立即改变。

(4) 充气效率高。在 EFI 系统中,汽油以一定的压力从喷油器喷出,燃油的雾化良好,可和空气充分混合,不需要喉管,因而进气通道截面增大,提高了充气效率。

(5) 良好的起动性能和减速减油或断油。在 EFI 系统中,发动机是通过检测冷却液温度、起动转速、起动经历次数和时间等因素来确定起动时混合气浓度的,因而可以精确地控制空燃比,从而起动性能好。当汽车减速时,节气门关闭,由于惯性,发动机还会高速运转一段时间,进入气缸的空气量就会减少,进气歧管的真空度增大。由于 EFI 系统,当急速关闭节气门而发动机转速超过预定转速时，喷油就会自动停止，从而使排气中的碳氢化合物减少，从而改变了燃油经济性。在缓慢减速时，ECU 也会及时减少喷油量。

6.1.2 电子点火控制系统

电子点火控制系统（ESA）由传感器、电子控制单元和执行器组成，如图 6-3 所示。

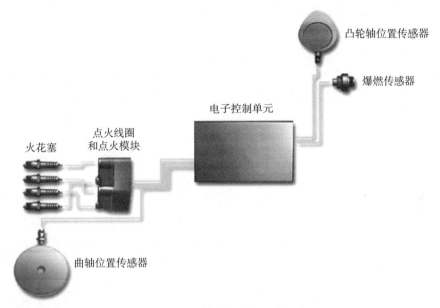

图 6-3 电子点火控制系统组成

电子点火控制系统组成复杂，共包含 9 种传感器。

(1) 曲轴位置传感器：用来检测曲轴转角信号、活塞位置信号和发动机转速信号。根据工作原理，可分为磁电式、光电式和霍尔式。

(2) 空气流量传感器：用来检测进气量，在点火控制中作为发动机负荷信号。

(3) 冷却液温度传感器：用来检测冷却液温度信号。

(4) 进气温度传感器：用来检测进气温度信号。

(5) 氧传感器：用来检测混合比信号。

(6) 节气门位置传感器：用来检测节气门位置或开闭速率信号。

(7) 空挡开关：用来检测变速器是否挂入空挡位置。

(8) 点火开关：用来检测点火开关接通及起动信号。

(9) 爆燃传感器：用来检测爆燃信号。

电子点火控制系统的工作原理为电控单元（ROM）中存有发动机各个工况下的最佳点火提前角，这些数据都是通过试验确定的。在 ROM 中，还存有根据发动机温度及其他因素改变对点火提前角进行修正的控制程序。这样发动机就有了所有工况状态下的最佳点火提前角。

工作时，发动机转速、负荷、冷却液温度及其他发动机状态参数经过各自的传感器变为电信号，输入到中央控制器（ECU），ECU 将根据这些信号参数进行查找、计算，得到一个点火提前角值，并与发动机当时的最佳点火提前角进行比较，若不一致，就输出点火提前角调整信号，将点火提前角调整到最佳值。计算机每秒可进行数百次这样的调整，使发动机始终保持最佳点火时刻。

发动机工作时，点火提前角有三部分相加组成，即

实际点火提前角 = 初始点火提前角 + 基本点火提前角 + 修正点火提前角

（1）初始点火提前角：由发动机结构及曲轴位置传感器安装位置决定，未经电控单元修正的点火提前角。不同发动机的初始点火提前角是不同的。

（2）基本点火提前角：由电控单元根据发动机转速和负荷所确定的点火提前角为基本点火提前角。特定的基本点火提前角由存储在 ROM 中的实验数据决定，其他点工况由 CPU 在工作时由插值法计算得出。

（3）修正点火提前角：由 ECU 中的 CPU 根据发动机的转速和负荷以外的信号对点火提前角修正的角度。

6.1.3 怠速控制装置

怠速是指发动机在无负荷的情况下稳定运转的最低转速。车用发动机对怠速工况下的性能的要求主要是稳定性、燃油经济性及排放污染方面的要求。怠速转速过高，会增加燃油消耗量。汽车在交通密度大的道路上行驶时，大约30%的燃料消耗在怠速工况，因此应尽可能降低怠速转速。但是随着怠速转速的降低，发动机要求的混合气的浓度越来越大，HC 和 CO 等有害排放物的排放量越来越多，因此怠速又不能太低。另外，还应考虑到在所有怠速使用条件下，如冷车运转，以及电器负荷、空调装置、自动变速器、动力转向伺服机构等接入情况引起的怠速转速变化，使发动机不稳定甚至引起熄火的现象，这对发动机的操纵性有着很大影响。

1）怠速控制系统（ISC）的组成

怠速控制系统由检测发动机工况和状态信息的传感器、控制部分 ECU 和执行机构组成，如图 6-4 所示。

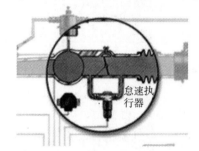

图 6-4 怠速控制系统的组成

2）怠速控制原理

首先 ECU 根据节气门全关信号、车速信号来判断发动机是否处于怠速状态，并根据冷却液的温度传感器、空调器、动力转向以及自动变速器等负荷情况，按照存储在存储器中的发动机台架试验测定的数据，确定相应的目标怠速转速。然后采用反馈的形式，并把发动机实际转速和目标转速相比较。根据比较的差值，输出相当于目标转速的控制量，去驱动控制空气量的怠速控制阀，使怠速转速保持在目标转速上，如图 6-5 所示。

怠速控制的内容随发动机形式而异，除了上述稳定基本怠速之外，怠速控制还可以把传统机械装置所实现的机能集中，这样能使进气系统更加简化。例如发动机冷却液温度过低时，可以利用提高目标转速的方法实现高怠速运转，因而可以废除空气阀的设置；当空调压缩机工作时，可以利用提高目标转速的办法实现高怠速运转，从而省去相应的节气门控制装置。一般微机怠速控制系统控制内容包括：起动后控制、暖机过程控制、负荷变换控制、减速时的控制等。怠速转速控制的实质是对怠速时空气量的控制。怠速时喷油量则应按台架试验所确定的最佳混合气浓度与空气量匹配的原则进行调节。

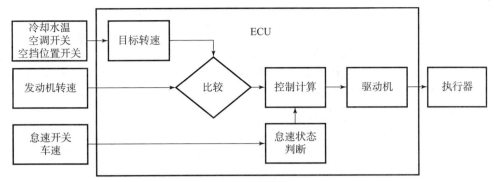

图 6-5　怠速控制原理

6.1.4　废气再循环控制装置

废气再循环（EGR）：将发动机排放的一部分废气返回到进气管中，和新鲜的混合气混合，然后参与燃烧的过程。它可以减少 NO_x（氮氧化合物）的生成，降低燃烧的最高温度。其功用是根据发动机的工况，控制再循环的废气量，减少排放污染。

通常用 EGR 率表示 EGR 的控制量。EGR 率 = EGR 气体流量/（吸入空气量 + EGR 气体流量）。EGR 率与发动机动力性、经济性和排放性能有关。

1）EGR 的控制类型

EGR 可分为内部 EGR 和外部 EGR。内部 EGR 是指废气通过发动机内部流回到新鲜混合气中，通常利用气门重叠来实现。当气门重叠大到一定程度，就会有部分废气倒流，从而实现 EGR。通过改变进、排气门的开启正时，改变气门重叠角，即可控制 EGR 率。外部 EGR 率是指通过 EGR 阀来控制废气回流量，从而控制 EGR 率，如图 6-6 所示。

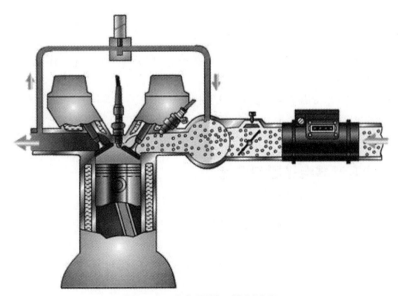

图 6-6　废气再循环控制流程

EGR 率增加过大时，使燃烧速度太慢，燃烧变得不稳定，失火率增加，使 HC（碳氢化合物）也会增加；EGR 率过小，NO_x 排放达不到法规要求，易产生爆震、发动机过热等现象。因此 EGR 率必须根据发动机工况要求进行控制。

2）电子控制 EGR 原理

电子控制的 EGR 根据发动机测得的发动机转速、负荷、温度状态等工况信号，由 EGR 计算出符合当时工况的最佳 EGR 率，并控制 EGR 执行器进行相应的操作。更为精确的 EGR 还对 EGR 率进行闭环控制，将实际的 EGR 率反馈给 ECU，供 ECU 对输出信号进行修正，以便实际的 EGR 率与控制目标更为接近。

EGR 控制系统中，EGR 阀是关键部件。不同的 EGR 率是通过 EGR 阀的调节来实现的。电控发动机中广泛采用电子控制 EGR 阀方法。直线型 EGR 阀是由 ECU 控制针阀位置，调节从排气进入进气歧管孔口的大小，精确地控制 EGR 率。EGR 工作期间通过监测针阀位置反馈信号控制针阀位置。并根据冷却水温度、节气门位置和进气流量控制 EGR 针阀的位置，如图 6-7 所示。

3）EGR 的控制策略

增加 EGR 率可以使 NO_x 排出物降低，但同时会使 HC 排出物和燃油消耗增加。因此在各种工况采用的 EGR 率必须是对动力性、经济性和排放性能的综合考虑。

试验结果说明：当 EGR 率小于 10% 时，燃油消耗量基本上不增加，当 EGR 率大于 20% 时，发动机燃烧不稳定，工作粗暴，HC 排放物将增加 10%。因此通常将 EGR 率控制在 10%~20% 范围内较合适。随着负荷增加，EGR 率允许值也增加。怠速和低负荷时，NO_x 排放浓度低，为了保证稳定燃烧，不进行 EGR，只有热态下进行 EGR。发动机温度

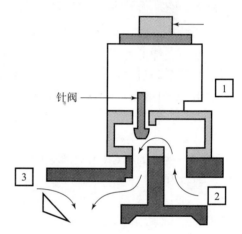

图 6-7 电子控制 EGR 原理

低时，NO_x 排放浓度也较低，为了保证正常燃烧，冷机时不进行 EGR。大负荷、高速时，为了保证发动机有较好的动力性，此时混合气较浓，NO_x 排放生成物较少，可不进行 EGR 或减少 EGR 率。废气再循环量对 NO_x 排放和油耗的影响还受到空燃比、点火提前角等因素的影响。因此在对 EGR 率进行控制时，同时对点火等进行综合控制，就能得到较好的发动机性能。

6.1.5 自动变速器电子控制系统

该系统可在汽车运行中，使变速器能够根据车速、驾驶员的愿望、道路情况等条件自动变换车速，而不需要驾驶员手动换挡。该系统减少了变速器的反应时间，使变速器的精度得到很大的提高。

电子控制自动变速器主要有电控液力自动变速器和电控机械自动变速器两种类型。机械式自动变速器的传力部分主要由液力变矩器、双排行星齿轮变速器、分动器和取力器等组成。液力式自动变速器主要由供油泵、控制油压和流向的控制阀、电磁阀等组成。图 6-8 所示为液力-机械式自动变速器（AT）电控结构原理。

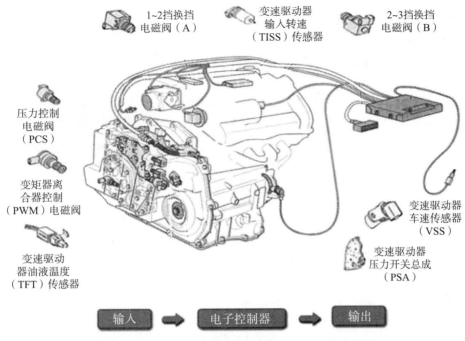

图6-8 液力-机械式自动变速器（AT）电控结构原理

与其他控制系统相同，自动变速器电子控制系统也由传感器、微机控制器和执行机构组成。其中微机控制器中同时存放着几种不同的换挡规律，并接受来自驾驶员的指令信号和频率发生器的转速信号，使驾驶员能够根据自己的意图进行选择，以实现最佳挡位的控制。自动变速器电子控制系统（ECAT）常用传感器及功能如下：

信号输入装置：节气门位置传感器、车速传感器、挡位开关、液压油温度传感器、发动机水温传感器、制动开关、换挡模式开关、保持开关等，根据研发和生产厂家不同而有所不同。

（1）节气门位置传感器：对 ECAT 来讲，它是一个主控制信号，其功用是取代节气门压力调节阀。通过向 ECU 输入节气门开度信号，并与车速传感器信号共同由 ECU 确定换挡时机。它一般采用线性输出型节气门传感器，带有怠速开关，多与发动机控制系统的节气门位置传感器共用。

（2）车速传感器，也是一个主控信号，和节气门位置传感器信号共同决定换挡时机。一般车速传感器有三类：电磁式、霍尔式和光电式。

（3）输入轴转速传感器：其结构和车速传感器相同，功用是：向 ECU 输入行星齿轮变速器输入轴的转速信号，更精确地控制换挡过程，并把信号与来自发动机控制系统的发动机信号进行比较，计算出变矩器的传动比，使油路压力的控制优化，改善换挡品质。

（4）液压油温度传感器：其安装在变速器的油底壳内的阀体上，功用是检测自动变速器液压油的温度，以作为 ECU 进行换挡控制、油压控制和锁止离合器控制的控制信号。

（5）发动机水温传感器：当发动机温度较低时，ECU 可防止液力变矩器进入锁止状态，保证汽车的正常操控性能。低温信号会延长升挡时间。若温度过高，ECU 将控制液力变矩器提前进入锁止状态。

6.2 底盘控制系统

6.2.1 自适应巡航控制系统

自适应巡航控制系统（ACC）是巡航控制技术的延伸。它连接着监测车前后交通状况的前方障碍物侦测系统、巡航控制系统（节流阀）、制动系统，以及驾驶员设定的巡航控制速度。自适应巡航控制系统（ACC）的主要目的是提高驾驶员的舒适度，减轻工作负荷。它集防抱死制动系统（ABS）、牵引力控制装置（TCS）及强化车辆稳定性系统（VSE）于一体。驾驶员即使没有踩下制动踏板，ACC也会自动完成制动。

自适应巡航控制系统（ACC）是一种智能化的自动控制系统，主要由雷达传感器、方向角传感器、轮速传感器、制动控制器、扭矩控制器和发动机控制器等组成。雷达传感器安装在散热器的护栅内，可探测到汽车前方200 m的距离；在前后轮毂上均装有轮速传感器，可测出车辆的行驶速度；方向角传感器用以判断车辆行驶的方向；发动机控制器和扭矩控制器用以探测和调整发动机接通和输出扭矩，以提高发动机的动力性，并适时调整车辆的运行速度。各种控制器和传感器均由车内计算机控制。

自适应巡航控制系统的优点是：

（1）装有自适应巡航控制系统的智能汽车，通过雷达和计算机来鉴别靠近车辆的是自行车、汽车还是行人，根据道路情况控制车辆行驶状态，完全或部分地取代驾驶员的操作。

（2）自适应巡航控制属主动安全技术，系统通过各种传感器，在汽车周围产生一个雷达安全区域，计算机根据雷达传感器传输的信息，分析和判断道路情况，通过控制器调整汽车的行驶状态。

（3）汽车上的各种传感器不断收集汽车、道路和周围环境等方面的信息，通过计算机来调整汽车的运行状态。它能够准确地判断汽车四周的安全情况，自动采取措施回避危险或者选择安全的行车路线和工作状态。

（4）自适应巡航控制系统帮助驾驶者合理地确定与前车之间的距离，并且根据实际交通条件确定适宜的行驶速度。这套系统不仅可以控制驾驶员预先设定的期望速度，而且可以根据交通状况，使车辆在高速公路或乡间公路上与前车保持安全的距离。一旦起动，ACC将自动加速或制动车辆，以保持合适的车距。在任何时候，驾驶员都可以主动进行加速或制动，亲自干预车辆的驾驶。实际上，当系统达到其极限时，这一点是非常重要的，因为驾驶员始终是车辆的真正控制者。

（5）作为这套系统的核心部件，77 GHz雷达传感器可以全天候地探测到前方200 m内的车辆。当本车跟随另一辆车行驶时，自适应巡航控制系统敏感地把车速调整为与前车相同，同时保持一个稳定的车距，而且这个距离可以通过控制杆上的四个设置进行选择。如果前方没有车辆或障碍物，这一功能通过对发动机、制动系统和转动管理的干预来实现。制动减速度被限制在不影响舒适的 2 m/s^2，这足以实现对车速和距离的精确控制。当需要更大的减速度时，会有一个光学和声音信号通知驾驶员自己采取制动。

6.2.2 电子稳定装置

电子稳定装置（Electronic Stablity Program，ESP）是由奔驰汽车公司首先应用在它的A

级车上的。ESP 实际上是一种牵引力控制系统，与其他牵引力控制系统比较，ESP 不但控制驱动轮，而且可控制从动轮。如后轮驱动汽车常出现的转向过度情况，此时后轮失控而甩尾，ESP 便会刹慢外侧的前轮来稳定车子；在转向不足时，为了校正循迹方向，ESP 则会刹慢内后轮，从而校正行驶方向。

ESP 包含 ABS 和 ASR，是这两种系统功能上的延伸。有 ESP 与只有 ABS 或 ASR 的汽车，它们之间的差别在于 ABS 和 ASR 只能被动地作出反应，而 ESP 则能够探测和分析车况并纠正驾驶的错误，防患于未然。ESP 对过度转向或不足转向特别敏感，ESP 在转向过程中的作用如图 6-9 所示。例如汽车在路滑时左拐过度转向（转弯太急）时会产生向右侧甩尾，传感器感觉到滑动就会迅速制动右前轮使其恢复附着力，产生一种相反的转矩而使汽车保持在原来的车道上。

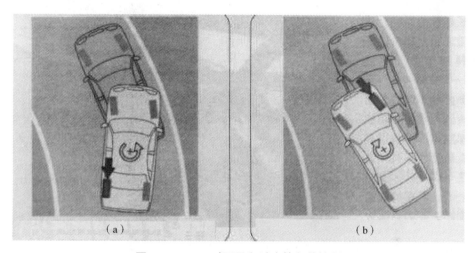

图 6-9　ESP 对不足和过度转向的控制
(a) 转向不足时 ESP 主要对曲线内侧的后轮进行刹车，产生一种反偏航扭矩，使汽车重返正确的曲线；
(b) 转向过度时，ESP 主要是对曲线外侧的前轮进行刹车，以平衡即将产生的甩尾倾向

ESP 由以下 4 个部分组成：

(1) 传感器：转向传感器（监测方向盘的转向角度）、车轮传感器（监测各个车轮的速度）、侧滑传感器（监测车体绕垂直轴线转动的状态）、横向加速度传感器（监测汽车转弯时的离心力）、方向盘油门刹车踏板传感器等。这些传感器负责采集车身状态的数据。

(2) ESP 电脑：将传感器采集到的数据进行计算，算出车身状态，然后跟存储器里面预先设定的数据进行比对。当电脑计算数据超出存储器预存的数值，即车身临近失控或者已经失控时，则命令执行器工作，以保证车身行驶状态能够尽量满足驾驶员的意图。

(3) 执行器：ESP 的执行器主要为 4 个车轮的刹车系统，ESP 可以理解为帮驾驶员踩刹车。和没有 ESP 的车不同的是，装备有 ESP 的车，其刹车系统具有蓄压功能。简单地说，蓄压就是电脑可以根据需要，在驾驶员没踩刹车时替驾驶员向某个车轮的制动油管加压，从而让这个车轮产生制动力。

(4) 与驾驶员的沟通：ESP 是车辆主动安全系统的终极设备，它替驾驶员完成很多不可能的动作，让车能够更加易于控制。但是，当车身出现轻微失控时，ESP 可以通过制动系统修正车身姿态，但车辆如果过弯速度过快而轮胎的抓地力不足时，ESP 系统则无法有效挽

回失控状态。

6.2.3 防抱死制动系统

汽车的制动过程：在制动时车轮由于制动力矩的作用，地面给车轮一个制动力，随着制动力矩的增大，制动压力增大，车轮速度开始降低，滑动率和车轮转矩增大。可以认为在最优滑动率之前，车轮转矩和制动力矩同步增长，这就是说，在该阶段车轮减速度和制动力矩增大速度成正比且在该区域制动主要是滑转。但是，继续增大制动力矩，滑动率超过最优滑动率后进入不稳定区域，车轮的滑转程度不断增加，制动附着系数将减小，侧向附着系数将迅速降低。最终使车轮速度大幅度减小直至车轮抱死，这期间的车轮减速度非常大。轮胎印迹的变化经历了车轮自由滚动、制动和抱死三个过程。

ABS（Anti-lock Brake System）即"防抱死制动系统"，它能有效控制车轮保持在转动状态，提高制动时汽车的稳定性及较差路面条件下的汽车制动性能。ABS通过安装在各车轮或传动轴上的转速传感器不断检测各车轮的转速，由计算机算出当时的车轮滑移率，并与理想的滑移率相比较，做出增大或减小制动器制动压力的决定，命令执行机构及时调整制动压力，以保持车轮处于理想制动状态。ABS由制动操纵机构、制动执行机构、轮速传感器、电子控制单元等组成，如图6-10所示。ABS制动控制参数为车轮的减速度、加速度以及滑动率三者的综合。

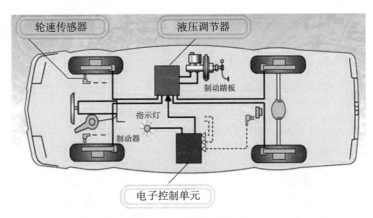

图6-10 ABS的组成

在制动时轮速传感器测量车轮的速度，如果一个车轮有抱死的可能时，车轮减速度增加很快，车轮开始滑转。如果该减速度超过设定的值，控制器就会发出指令，让电磁阀停止或减少车轮的制动压力，直到抱死的可能消失为止。为防止车轮制动力不足，必须再次增加制动压力。在自动制动控制过程中，必须连续测量车轮运动是否稳定，应通过调节制动压力（加压、减压和保压）使车轮保持在制动力最大的滑转范围内。

6.2.4 驱动防滑系统

ASR（Automated Speech Recognition），即驱动防滑系统，又称牵引力控制系统。系统组成如图6-11所示。ASR的作用是当汽车加速时将滑动率控制在一定的范围内，从而防止驱动轮快速滑动。它的功能，一是提高牵引力，二是保持汽车的行驶稳定。行驶在易滑的路面上，没有ASR的汽车加速时驱动轮容易打滑；如是后驱动的车辆容易甩尾，如是前驱动的车辆容易方向失控。有 ASR 时，汽车在加速时就不会有或能够减轻这种现象。在转弯时，如果发生驱动轮打滑，会导致整个车辆向一侧偏移，当有 ASR 时就会使车辆沿着正确的路线转向。

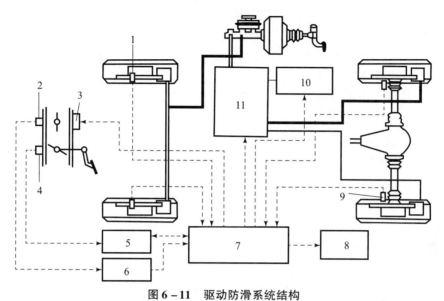

图 6-11　驱动防滑系统结构

1—前轮转速传感器；2—副节流阀位置传感器；3—副节流阀作动器；4—主节流阀位置传感器；
5，7—电子控制装置；6—控制开关；8—ASR 工作指示器；9—后轮转速传感器；
10—驱动泵；11—压力调节器

它的原理并不复杂：当电脑检测到某个驱动轮打滑时，就会自动降低发动机的输出功率，并对打滑的车轮施加制动，直到车轮恢复正常的转动。不管多么高级的轿车，它和地面接触的都只有几十平方厘米大的面积，也就是四只轮胎的接地面积，如果车轮打滑得不到控制，车子就会失控。除刹车时车轮抱死会出现危险外，起步时车轮打滑同样非常危险。

ASR 和 ABS 在工作原理方面有许多共同之处，因而常将两者组合在一起使用，构成具有制动防抱死和驱动轮防滑转控制（ABS/ASR）系统。该系统主要由轮速传感器、ABS/ASR ECU、ABS 执行器、ASR 执行器、副节气门控制步进电动机和主、副节气门位置传感器等组成。在汽车起步、加速及运行过程中，ECU 根据轮速传感器输入的信号，判定驱动轮的滑移率超过门限值时，就进入防滑转过程：首先 ECU 通过副节气门步进电动机使副节气门开度减小，以减少进气量，使发动机输出转矩减小。ECU 判定需要对驱动轮进行制动介入时，会将信号传送到 ASR 执行器，独立地对驱动轮（一般是后轮）进行控制，以防止驱动轮滑转，并使驱动轮的滑移率保持在规定范围内。

6.2.5　电子制动力分配系统

电子制动力分配系统（EBD）能够根据汽车制动时产生轴荷转移的不同，而自动调节前、后轴的制动力分配比例，提高制动效能，并配合 ABS 提高制动稳定性。EBD 其实就是 ABS 的辅助功能，可以提高 ABS 的功效，使汽车性能更好更安全。简单来说，EBD 是在汽车制动瞬间，计算出四只轮胎的摩擦力系数，调整制动装置，达到制动力与摩擦力的匹配，避免出现甩尾或回转运动的发生。所以，EBD 就是在 ABS 基础上平衡每只轮胎的有效抓地力，改善制动平衡，缩短制动距离。

EBD 的英文全称是 Electric Brakeforce Distribution，中文直译就是"电子制动力分配"。汽车在制动时，四只轮胎附着的地面条件往往不一样，比如有时左前轮和右后轮附着在干燥的水泥地面上，而右前轮和左后轮却附着在水中或泥水中，这种情况会导致汽车制动时四只轮子与地面的摩擦力不一样，制动时容易造成打滑、倾斜和车辆侧翻事故。EBD 的工作原理就是用高速计算机在汽车制动的瞬间，分别对四只轮胎附着的不同地面进行感应、计算，得出不同的摩擦力数值，使四只轮胎的制动装置根据不同的情况用不同的方式和力量制动，并在运动中不断高速调整，使制动力与摩擦力匹配，从而保证车辆的平稳、安全。

从理论上讲，在紧急刹车车轮抱死的情况下，EBD 在 ABS 动作之前就已经平衡了每一个轮胎有效地面抓地力，可以防止出现甩尾和侧移，并缩短汽车制动距离。由此看来，EBD 实际上是 ABS 的辅助功能，它可以改善并提高 ABS 的功效。除了 EBD，还有部分车型上采用带 EBV 的电子制动防抱死系统，比如奥迪 A6、奥迪 A4、宝来、高尔夫等。据了解，EBV 与 EBD 一样，也是电子刹车制动力分配系统，EBV 依据刹车时车辆的中心位置，对各个车轮施加相应的制动力，使车轮制动时处于最佳状态。

EBV 主要依据车辆的载重情况计算分配制动力，能够在一定程度上缩短刹车距离。而对于 EBD，由于大部分轿车刹车时前轮制动力较大，EBD 主要是在车辆后部载重负荷较大时发挥作用，为汽车后轮补偿一部分制动力，从而保持制动时车辆的稳定并缩短刹车距离。如果车辆后部载重负荷很小，EBD 的效果就不会很明显。

6.2.6 轮胎气压报警装置

在汽车高速行驶时，轮胎故障是所有驾驶员最为担心和最难预防的，也是突发性交通事故发生的重要原因。据统计，在国内的高速公路上，由爆胎引发的交通事故占事故总数的 70%。在美国，这一比例更高，达到 80%。爆胎造成的经济损失巨大，怎样防止爆胎已成为安全驾驶的一个重要课题，研究表明，保持标准的轮胎气压行驶和及时发现车胎漏气是防止爆胎的关键。于是汽车轮胎气压监测系统 TPMS（Tire Pressure Monitoring System）应运而生。

目前，TPMS 主要分为两种类型，一种是 Wheel-Speed Based TPMS（间接式 TPMS），另一种是 Pressure-Sensor Based TPMS（直接式 TPMS）。2001 年 7 月，美国运输部和国家高速公路安全管理局联合对现有的两种 TPMS 进行了评价，评价报告认为直接式 TPMS 从功能和性能上均优于间接式 TPMS，从而使研制直接式 TPMS 成为流行趋势。

1）间接式 TPMS

间接式 TPMS 是通过汽车 ABS 的轮速传感器来比较车轮之间的转速差别，以达到监视胎压的目的。以上海通用别克轿车安装的轮胎气压监测系统（TPMS）为例。该系统由以下几个部件组成：4 个车轮转速传感器、车身控制模块（BCM）、复位开关、轮胎压力过低（LOWTIRE）报警灯、数据诊断接头（DLC）、线束和连接器。

当汽车行驶时，轮胎气压监视系统接收 4 个车轮转速传感器的车轮转速信号，进行综合分析。当某一个轮胎的气压太高或不足时，轮胎的直径就会变大或变小，车轮的转速也相应产生变化。监视系统将车轮转速的变化情况同预先储存的标准值比较，就可得出轮胎气压太高或不足，从而点亮 LOWTIRE 报警灯。该类型系统的主要缺点是无法对两个以上的轮胎同时缺气的状况和速度超过 100 km/h 的情况进行判断。

2）直接式 TPMS

直接式 TPMS 技术又分为主动式（Active）和被动式（Passive）两种，主要区别是主动式 TPMS 中的轮胎模块需要电池提供能量，而被动式无需电池。

（1）主动式 TPMS。主动式 TPMS 是利用安装在每一只轮胎里的以锂离子电池为电源的压力传感器来直接测量轮胎的气压，并通过无线调制发射到安装在驾驶台的监视器上。监视器随时显示各轮胎气压，驾驶员可以直观地了解各个轮胎的气压状况，当轮胎气压太低或有渗漏时，系统就会自动报警。以加拿大 Smartire 轮胎智能监测系统为例，系统主要由传感发射器、接收器和显示器组成。

主动式技术的优点是，它是一项成熟的技术，开发出来的模块可适用于各厂牌的轮胎，但主动式 TPMS 传感器/发射器需要电池提供动力，因此不可避免地带来一些弊端，如电池的寿命有限；当气温严重降低时，电池的容量就会受到影响而减少，这使得它的可靠性不够稳定。此外，电池的化学物质也会导致环境问题，同时由于电池的存在很难降低发射器的质量。

（2）被动式 TPMS。被动式 TPMS，也叫无电池 TPMS，用一个中央收发器（central transceiver）代替了一般直接式 TPMS 中的中央接收器。这个收发器不但要接收信号而且要发射信号，安装在轮胎中的转发器（transponder）（代替发射器）接收来自中央收发器的信号，同时使用这个信号的能量来发射一个反馈信号到中央收发器上。这就使得安装在轮胎内部的气压监测器发送数据不需要电池，从而解决了上述因电池所带来的问题。虽然此技术不用电池供电，但是它需要将转发器整合至轮胎中，各轮胎制造商需建立共同的标准才有可能实现。因此，无电池 TPMS 短期内还难以流行。

安装 TPMS 的车辆有以下主要特征：

（1）由于能够保持标准的轮胎气压行驶和及时发现轮胎漏气，因而能够防止爆胎，防止发生突发性、恶性交通事故。

（2）轮胎气压监视系统属于"事前主动"型安全保护，即在轮胎出现危险征兆时及时报警，采取措施，将事故消灭在萌芽状态，确保汽车在行驶过程中始终处于安全状态。

（3）延长轮胎使用寿命。非标准气压行驶，将会使轮胎寿命缩短，实验表明，轮胎气压比正常值下降 10%。

（4）轮胎寿命将减少 15%；减少油耗轮胎气压低于标准气压值 30%，油耗将上升 10%。如果轮胎气压过高，抓地力就会下降，油耗也会随之上升。

（5）避免车辆部件磨损。汽车在轮胎气压过高的状态下行驶，日积月累对发动机底盘及悬挂系统将造成很大的伤害；如果轮胎气压不均匀，则会造成刹车跑偏，从而增加悬挂系统的磨损。

6.2.7 电动助力转向系统

汽车电动助力转向系统（EPS）：EPS 在日本最先获得实际应用，1988 年日本铃木公司首次开发出一种全新的电子控制式电动助力转向系统，并装在其生产的 Cervo 车上，随后又配备在 Alto 上。新一代的 EPS 则不仅在低速和停车时提供助力，还能在高速时提高汽车的操纵稳定性。

电动助力转向系统的结构：电动助力转向系统是在传统机械转向机构的基础上发展起来的，系统通常由转矩传感器、车速传感器、电子控制器、电动机、电磁离合器和减速机构等组成。

电动助力转向系统的控制过程：控制部分主要是通过车速和转矩传感器来采集汽车车速和转向盘转向力信号，进行必要的运算处理后发出控制指令给电动机，由电动机为转向提供辅助力。

电动助力转向系统的工作原理：汽车处于起动或者低速行驶状态时，操纵转向盘转向，装在转向柱上的转矩传感器不断检测作用于转向柱扭杆上的扭矩，并将此信号与车速信号同时输入电子控制器，处理器对输入信号进行运算处理，确定助力扭矩的大小和方向，从而控制电动机的电流和转向，电动机经离合器及减速机构将转矩传递给牵引前轮转向的横拉杆，最终起到为驾驶员提供辅助转向力的功效；当车速超过一定的临界值或者出现故障时，为保持汽车高速时的操控稳定性，EPS 退出助力工作模式，转向系统转入手动转向模式。不转向的情况下，电动机不工作。电动助力转向系统很容易实现在不同的车速下实时地为汽车转向提供不同的助力效果，保证汽车在低速行驶时轻便灵活，高速行驶时稳定可靠。

电动助力转向系统是一项采用现代控制方法的高新技术，与传统液压动力转向相比，它具有下述优点：

（1）电动机和减速机构安装在转向柱或在转向系统内，所占空间小，零部件结构简单，安装方便，维护费用低。

（2）以电动机为动力，不需要转向油泵、油管及控制阀等液压元件，也不会耗用发动机的功率和发生液压油泄漏和损耗，电动机只在需要时才起动，耗用电能较少，提高了汽车经济性。

（3）低速停车入库时转向助力器对转向力的降低非常显著。

（4）更好地吸收道路上的任何颠簸并能灵敏反映路面信息，改善汽车的转向特性，灵敏度高。

6.3 信息及导航系统

6.3.1 车载自动诊断系统

车载自动诊断系统，英文为 On – Board Diagnostics（简称 OBD）。这个系统将从发动机的运行状况随时监控汽车是否尾气超标，一旦超标，会马上发出警示。当系统出现故障时，故障灯（MIL）或检查发动机（Check Engine）警告灯亮，同时动力总成控制模块（PCM）将故障信息存入存储器，通过一定的程序可以将故障码从 PCM 中读出。根据故障码的提示，维修人员能迅速准确地确定故障的性质和部位。20 世纪 80 年代起，美、日、欧等国家和地区的各大汽车制造企业开始在其生产的电喷汽车上配备 OBD，初期的 OBD 没有自检功能。比 OBD 更先进的 OBD – Ⅱ在 20 世纪 90 年代中期产生，美国汽车工程师协会（SAE）制定了一套标准规范，要求各汽车制造企业按照 OBD – Ⅱ的标准提供统一的诊断模式，20 世纪 90 年代末期，进入北美市场的汽车都按照新标准设置 OBD。

OBD 的工作原理：OBD 装置监测多个系统和部件，包括发动机、催化转化器、颗粒捕集器、氧传感器、排放控制系统、燃油系统、GER 等。OBD 通过各种与排放有关的部件信息，连接到电控单元（ECU），ECU 具备检测和分析与排放相关故障的功能。当出现排放故障时，ECU 记录故障信息和相关代码，并通过故障灯发出警告，告知驾驶员。ECU 通过标准数据接口，保证对故障信息的访问和处理。

OBD-Ⅱ与以前的所有车载自诊断系统的不同之处在于，对排放有非常强的针对性，其实质性能就是监测汽车排放。当汽车排放的一氧化碳（CO）、碳氢化合物（HC）、氮氧化合物（NO_x）或燃油蒸发污染量超过设定的标准时，故障灯就会点亮报警。

虽然 OBD-Ⅱ对监测汽车排放十分有效，但驾驶员接受不接受警告全凭"自觉"。为此，比 OBD-Ⅱ更先进的 OBD-Ⅲ产生了。OBD-Ⅲ的主要目的是使汽车的检测、维护和管理合为一体，以满足环境保护的要求。OBD-Ⅲ系统会分别进入发动机、变速箱、ABS 等系统 ECU（电脑）中去读取故障码和其他相关数据，并利用小型车载通信系统，例如 GPS 导航系统或无线通信方式将车辆的身份代码、故障码及所在位置等信息自动通告管理部门，管理部门根据该车辆排放问题的等级对其发出指令，包括去哪里维修的建议、解决排放问题的时限等，还可对超出时限的违规者的车辆发出禁行指令。因此，OBD-Ⅲ系统不仅能对车辆排放问题向驾驶员发出警告，而且还能对违规者进行惩罚。

近年来国内合资汽车厂引进的一些车型在欧洲也有生产销售，它们本身就配备有 OBD 并达到了欧Ⅲ甚至欧Ⅳ标准，国产后往往会减去或关闭 OBD，一方面是节约成本，也为了避免在油品质量不达标的情况下因 OBD 报警而引发麻烦。随着我国燃油质量的提高和排放控制标准的提高，OBD 已经逐步成为我国汽车的标准配置。

6.3.2　车载通信装置

汽车通信是移动通信的一个专门领域。汽车电话是专门为驾驶员设计生产的高端通信产品，其安全性、适用性及其与其他产品的兼容性如车载多媒体系统（MMI）等有着特殊的要求。随着汽车工业的发展，实现车内通信和办公乃是大势所趋。汽车通信包括以下三种形式：

（1）低档次的车载免提装置。电源使用点烟器直插式，安装简易。最大的缺点是可听辨程度及音质都较差。目前市场上此类车载免提装置比较多见，以中国产品为主。

（2）汽车电话。属于汽车固定电话，需由专业人员安装。此种装置具有信号处理电路，通话质量较佳；缺点是用户必须另外购买电话卡，开车时将手机转驳到汽车电话上，比较麻烦。

（3）车载电话系统。可与驾驶员自有手机匹配，装置采用固定接驳电源，一般包括外置天线、分体式麦克风，备有接驳收音机设备，当使用电话时能自动触动收音机静音。此种装置由于具有数字信号处理技术，通话质量好，使用方便，真正实现了"上车是车载，下车是手机"的理念。最新的蓝牙系统，使手机与车载电话无线连接，而且同一套蓝牙系统可以匹配所有蓝牙手机，彻底消除日后更换手机的顾虑。

国内主要汽车生产厂商已经在其主要车型上部分安装了车载电话系统。比如奥迪 A6 全系列、宝来 1.8T 豪华型、帕萨特 2.8V6、君威及蒙迪欧等。国内汽车厂商已开始积极推行车载电话系统，未来将有更多的主流车型配置车载电话系统。

6.4 车身控制系统

6.4.1 安全气囊

安全气囊（Airbag）是汽车被动安全中一项技术含量很高的产品。它的保护效果已经被人们普遍认识，有关安全气囊的第一个专利始于1958年。1970年就有厂家开始研制可以减轻碰撞事故中乘员伤害程度的安全气囊；20世纪80年代，汽车生产厂家开始逐渐装用安全气囊；进入20世纪90年代，安全气囊的装用量急剧上升；而进入21世纪以后，汽车上普遍都装有安全气囊。

汽车安全气囊系统（简称SRS）是辅助安全系统，它通常是作为安全带的辅助安全装置出现。安全带与安全气囊是配套使用的，没有安全带，安全气囊的安全效果将大打折扣。据调查，单独使用安全气囊可使事故死亡率降低18%左右，单独使用安全带可使事故死亡率下降42%左右，而当安全气囊与安全带配合使用时可使事故死亡率降低47%左右。由此可见，只有两者相互配合才能最大可能地降低事故的死亡率，安全气囊系统必然作为安全带的辅助系统出现。

当发生碰撞事故时，安全带将乘员"约束"在座椅上，使乘员的身体不至于撞到方向盘、仪表板和风窗玻璃上，避免乘员发生二次碰撞；同时避免乘员在车辆发生翻滚等危险情况下被抛离座位。安全气囊的保护原理是：当汽车遭受一定碰撞力量以后，气囊系统就会引发某种类似小剂量炸药爆炸的化学反应，隐藏在车内的安全气囊就在瞬间充气弹出，在乘员的身体与车内设备碰撞之前起到铺垫作用，减轻身体所受冲击力，从而达到减轻乘员伤害的效果。

安全气囊主要由传感器、微处理器、气体发生器和气囊等部件组成。传感器和微处理器用以判断撞车程度，传递及发送信号；气体发生器根据信号指示产生点火动作，点燃固态燃料并产生气体向气囊充气，使气囊迅速膨胀，气囊容量在50~90L。同时气囊设有安全阀，当充气过量或囊内压力超过一定值时会自动泄放部分气体，避免将乘员挤压受伤。安全气囊所用的气体是叠氮化物爆炸产生的气体，主要是氮气。另外传感器测出加速度，加速度大到一定值时，微处理器发出点火信号，点燃叠氮化物，使之爆炸产生气体充入气囊。

虽然安全气囊在结构上会有所不同，但其工作原理基本一致。汽车行驶过程中，传感器系统不断向控制装置发送速度变化（或加速度）信息，由控制装置（中央控制器）对这些信息加以分析判断，如果所测的加速度、速度变化量或其他指标超过预定值（即真正发生了碰撞），则控制装置向气体发生器发出点火命令或传感器直接控制点火，点火后发生爆炸反应，产生氮气或将储气罐中压缩氢气释放出来充满碰撞气袋。乘员与气袋接触时，通过气袋上排气孔的阻尼吸收碰撞能量，达到保护乘员的目的。

安全气囊根据安装的位置及保护对象不同，主要分为：对驾驶员进行保护的气囊，装在方向盘内，防止驾驶员与方向盘、仪表板及前挡风玻璃发生碰撞；对前排乘员进行保护的气囊，装在仪表板内，防止乘员与仪表板、前挡风玻璃发生碰撞；对后排乘员进行保护的气囊，一般安装在前排座椅的靠背上后部或头枕内部，防止乘员与前排座椅发生碰撞。由于后排乘员受到的伤害程度较轻，后座椅安全气囊一般只在高级轿车上使用。

6.4.2 电子防盗装置

汽车防盗器是一种安装在车上，用来增加盗车难度，延长盗车时间的装置。目前防盗器按其结构可分三大类：机械式、电子式和网络式。钩锁、方向盘锁和变速挡锁等基本属于机械式防盗器，它主要是靠锁定离合、制动、油门或方向盘、变速挡来达到防盗的目的，但只防盗不报警。插片式、按键式和遥控式等都属于电子式防盗器，它主要是靠锁定点火或起动来达到防盗的目的，同时具有防盗和声音报警功能。GPS卫星定位汽车防盗系统属于网络式防盗器，它主要是靠锁定点火或起动来达到防盗的目的，而同时还可通过GPS卫星定位系统（或其他网络系统）将报警信息和报警车辆所在位置无声地传送到报警中心。

遥控式汽车防盗器是随着电子技术的进步而发展起来的，是市场上推广普及最为广泛的一种。它的特点是可靠方便，可带振动侦测、门控保护及微波或红外探头等功能。随着市场对防盗器的要求不断提高，遥控式汽车防盗器还增加了许多方便使用的附加功能，如遥控中控门锁、遥控送放冷暖风、遥控电动门窗及遥控开启行李厢等功能。

一套完整的遥控式汽车防盗器由以下几个部分组成：

（1）主机部分：它是防盗器的核心和控制中心。

（2）感应侦测部分：它可由感应器或探头组成，目前普遍使用的是振荡感应器，微波及红外探头应用较少。

（3）门控部分：包括前盖开关、门开关及行李厢开关等。

（4）报警部分：喇叭。

（5）配线部分。

（6）其他部分：包括不干胶、螺钉及继电器等配件和使用说明书及安装配线图等。

与移动电话的工作原理相同，遥控式汽车防盗器的遥控器发射机与防盗主机系统之间除了要有相同的发射和接收频率之外，还要有密码才能相互识别。防盗器的密码是一组由不同方式组合的数据，是防盗器的一把钥匙。它一方面记载着防盗器的身份资料（身份码），区别各个防盗器；另一方面，它又内含着防盗的功能指令资料（资料码或指令码），负责开启或关闭防盗器，控制完成防盗器的一切功能。

6.5 其他现代汽车先进技术

6.5.1 现代汽车电动化

（1）全球主流汽车企业加快推进汽车电动化战略实施。2016年以来，国际主流车企进一步明确了电动汽车控制规划目标。大众汽车集团在2017年9月公布《Roadmap E》计划，表示将再度升级电动汽车战略，计划大规模发展电动汽车，2030年实现所有车型均有电动版本，投资200亿欧元发展电动汽车；电动汽车的量产将给上游供应商带来500亿欧元的动力电池采购需求。奔驰计划到2025年之前推出10款电动汽车，销量将占据整体销量的15%~25%。宝马计划到2025年将提供25款电动汽车，其中12款微纯电动车型。宝马集团旗下各品牌系列都将增加电动车型比例，其中也包括劳斯莱斯和BMW M系车型。

（2）汽车底盘及动力系统一体化、平台化设计更趋明显。主流整车企业陆续开展动力系统平台的集成与优化技术攻关，研究纯电动汽车模块化、系统化设计技术，进一步提升纯电动汽车动力系统平台的安全性与可靠性。国外主流车型特斯拉 Model S、日产聆风及宝马 i3 均采用了一体化电动底盘。国内也进入了纯电动汽车全新平台开发的新阶段，如北汽新能源 C11 平台、吉利 PMA 纯电动专用平台、广汽纯电动车型 GE3 平台、蔚来汽车 ES8 平台等。其中，广汽在全新开发的纯电动车型 GE3 平台基础之上，同步开发传统车型，两款车型底盘公用度达到 85%，研发周期也相应缩短，成本有效分担。

（3）三元材料动力电池比能量持续提升，固态电池研发力度加大。在技术路线上，电池企业多采用三元高镍正极材料、硅碳负极材料、高电压/高安全电解液、有机和/或无机涂层的聚乙烯隔膜等材料，通过电机结构化设计、电池结构化设计、生产工艺优化设计和轻量化设计，实现动力电池的高比能、高安全和长循环寿命。在性能指标上，国内量产的三元材料动力电池单体比能量达到 260 W·h/kg，系统比能量达到 180 W·h/kg，循环寿命可到 1 000 次。松下生产的镍钴铝（NCA）18650 动力电池，单体比能量达到 250 W·h/kg，其与特斯拉联合开发的新型 21700 动力电池已实现量产，并用于特斯拉 Model 3 电动汽车。固态电池在安全性、能量密度等方面具有巨大的发展优势。丰田、大众等跨国企业积极布局固态电池的储备和研发。丰田公司研发的固态电池由硫化物固态电解质和电极活性材料构成，技术储备已趋于成熟，目前需要解决规模及批量化制造问题。

6.5.2　现代汽车智能化

（1）整车智能化、网联化随着车辆电动化进程的趋势更加显著。纯电动和插电式混合动力汽车与智能网联技术的深度融合，为用户带来更多科技和数字化体验，新一代日产聆风因搭载 ProPILOT 驾驶辅助系统，可以在高速公路上实现半自动驾驶；ProPILOT Park 自动泊车技术，可全方位引导汽车进行平行泊车或斜向泊车。2017 年 3 月大众发布完全自动驾驶概念汽车 Sedric，车辆内部取消了方向盘和油门、制动踏板，驾驶员用语音与汽车 AI 系统建立交互，拥有 L5 自动驾驶能力。国内部分电动汽车整车产品具备了初步的智能网联功能，如上汽荣威 eRX5，该车通过搭载的 YunOs 智能互联系统实现了联网，具备了一定的远程控制、语音控制等功能。

（2）自动驾驶多路线并存，智能化、网联化深度融合。丰田、通用、奔驰、特斯拉、上汽、长安等国内外主流车企采用渐进式发展路线，已经开始规模化装配 DA、PA 级自动驾驶系统，并开始在 CA 级及以上的自动驾驶汽车研发与测试；而以谷歌、Uber、百度等为代表的互联网企业则直接面向 HA/FA 级的自动驾驶系统开展跳跃式开发，并进行了较大规模的测试。从感知技术层面看，传统单一依靠自车传感实现智能化的技术路线逐渐走向车车/车路多传感网联的深度融合，自主环境感知与网联通信两类技术段充分融合，实现信息实时交互和车辆环境感知已成为必然趋势。

（3）人工智能算法与芯片快速推进，感知、决策、控制深度融合智能网联汽车技术发展。车载芯片是智能网联汽车的核心组成和重要支撑。英伟达、谷歌等跨国公司已经推出基于深度学习的 GPU/TPU 芯片，性能强大，生态完善；深鉴科技、地平线机器人等国内芯片厂商陆续推出人工智能芯片，实现了深度学习算法与芯片相结合，形成了开放的生态体系。以深度学习为代表的人工智能算法，通过结构化、端到端的机器学习过程，极大地提升了目标识别、场景定位、传感器融合的准确率，为自动驾驶成为可能奠定了重要基础。同时，人工智能在智能网联汽车智能决策、底层控制等方面的应用得到了快速突破,未来全场景下的自动驾驶在某种程度上取决于群体智能、混合智能等人工智能技术在自动驾驶领域的推进速度。

6.5.3 现代汽车轻量化

(1) 整车及零部件轻量化技术得到深度应用。电动汽车车身逐步由传统车型改制转变为全新开发,并创新应用铝合金挤压件、冲压件和铸件。另外,在零部件领域采用碳纤维等新型材料。Bolt 车身采用了包括铝、镁、碳纤维甚至织物在内的多种轻量化材料,实现了整车减重 220 kg;特斯拉 Model S 采用全铝车身,在一定程度上平衡了电池带来的质量。国内车型奇瑞 eQ1 采用了轻量化车身技术,车身采用的高强度镁铝合金应用比高达 93%,全铝车身较传统汽车减重 40%,同时车身的刚性也提高了 60%。北汽新能源 C11 全新电动汽车平台通过开展轻量化、模块化动力电池系统自主开发,采用铝型材电池箱体之后,相对于传统电池系统减重 9.5 kg,整车百公里能耗贡献率高达 0.8%,约合里程增加了 5 km。

(2) 自动变速器、轻量化等节能技术是实现节能减排的关键技术路径,多挡化成为提升变速器效率的重要手段。通用、福特联合开发数十挡纵置自动变速器,目前已实现部分车型搭载。轻量化技术作为节能与新能源汽车共性关键核心技术得到了世界各汽车企业的高度关注。奥迪、宝马、大众、通用、丰田等欧美日系汽车企业和当地政府分别确定了汽车减重目标与方案,如美国新能源部明确,相对于 2012 年,美国整车需要在 2017 年减重 25%;福特汽车规划相对于 2012 年,在 2020 年整车减重 20%。

(3) 电驱动系统从分离式向高度机电一体化方向发展。当前全球主流整车及零部件企业纷纷在电驱动系统高度集成化领域开展研究,目前电机、减速器和逆变器可以实现一体化集成,国外如博世、麦格纳、大陆等零部件企业纷纷实现技术突破,大陆集团推出第三代电驱动系统,在第二代电驱动系统基础之上通过集成化省去了接插件等,实现减重 15%。国内如长安、吉利、华域、精进电动等整车和零部件企业也实现了电机、减速器、逆变器等部件的部分集成化,未来随着碳化硅技术的突破,电机及电机控制器、减速器、逆变器等部件将实现整体集成化。

第 7 章
汽车相关知识荟萃

7.1 世界汽车大奖赛

7.1.1 方程式汽车赛

方程式汽车赛是汽车场地比赛的一种。赛车必须依照国际汽车联合会（FIA）制定颁发的车辆技术规则规定的程式制造，包括车体结构、长度和宽度、最低质量、发动机工作容积、气缸数量、油箱容量、电子设备、轮胎的距离和大小等。

各级方程式赛车的制造程式不同。属于方程式汽车比赛的项目有：F1、F3000、F3、亚洲方程式、无限方程式、福特方程式、雷诺方程式、卡丁车方程式等。

1) 一级方程式赛车（F1/Formula 1）

F1 就是 Formula One 的缩写，中文叫做一级方程式赛车，是汽车场地赛项目中最高级别的比赛，也是世界上最为引人注目的运动项目之一。每站比赛可吸引超过 10 亿人次透过电视转播或其他媒体观赏这世界顶级的赛事。全世界的车手也几乎都以拼杀 F1 赛场为终极目标。20 世纪 30 年代，为了规范汽车比赛并使比赛的胜负不再由发动机的功率，而是由车手的技术来决定，人们开始规定发动机的类型和气缸容积，于是有了方程式（Formula）的概念。要生产方程式赛车的厂家，首先要通过 FIA（国际汽车联合会）的认可，在确信有足够的技术实力后才能生产方程式赛车。方程式赛车是生产厂家创造力、想象力、技术水平和经济实力的结晶，其价值不亚于一架小型飞机。F1 汽车大赛，也是各大汽车公司之间科学技术的竞争。福特汽车公司就形象地把汽车大赛比作"高科技奥运会"。在汽车大赛中推出的新型赛车，从设计到制造都凝聚着众多研制者的心血，并代表着一家公司乃至一个国家的科技水平。

现代世界一级方程式锦标赛是于 1950 年在英国银石赛车场开始的，现在由国际汽车联合会安排每年举行 16 或 17 站比赛，通常在 3 月中旬开跑，10 月底结束赛季。参赛车手必须持有由 FIA 签发的"超级驾驶执照"。每年全世界持有这种执照的车手不超过 100 人。

比赛设车手奖和车队奖。每场比赛的全程距离为 305 km，所用时间不超过 2 h。每场比赛取前六名，车手获得的分数依次为 10，6，4，3，2，1。在每一赛季结束后，将车手在全年比赛中 13 场最好的比赛成绩相加得出总积分，得分最高者为当年世界冠军。车队世界冠军的计分方法与车手相同。

比赛使用四轮外露的单座位纯跑道用方程式赛车，由底盘、发动机、变速系统、轮胎和空气动力装置等构成，最低质量为 505 kg。底盘是以航天飞机的构造科学为基本理论依据，用碳纤维制造的。发动机依不同时期的比赛规则而变化，自 1995 年开始，规定使用气缸容积为 3 L 的自然吸气式汽油发动机，气缸数目最多 12 个，输出马力为 650 匹。变速器设有 6～7 个档位，并采用半自动变速系统。图 7 – 1 所示为 F1 赛车在赛道上高速行驶的情景。

图 7 – 1 高速行驶的 F1 赛车

使用的轮胎采用特殊合成橡胶，分干地与湿地两种，以便于在不同气候下使用。赛车的车身呈流线型，在其前、后部设有扰流装置和翼子板，在运动中利用空气动力学的原理产生下压力量，增加轮胎的附着力，使赛车紧贴地面运动。

2）三级方程式汽车赛（F3/Formula 3）

三级方程式汽车赛是方程式汽车场地比赛项目之一。使用的赛车是四轮外露的单座位纯跑道用方程式赛车，外形与一级方程式赛车类似，但体积较小，最低质量为 455 kg，发动机气缸数最多 4 个，禁用两冲程发动机，气缸工作总容积为 2 L，并采用自然吸气式，输出功率约 125 kW（170 马力）。

3）方程式 3000 汽车赛（F3000/Formula 3000）

方程式 3000 汽车赛，是方程式汽车场地比赛项目之一。设有国际大奖赛等比赛，但只有 4 个分站。使用的赛车是四轮外露的单座位纯跑道用方程式赛车，装备 8 气缸，工作总容积为 3 L 的自然吸气式汽油发动机，输出功率约 349 kW（475 马力）。

4）亚洲方程式汽车赛（Formula ASIA）

亚洲方程式汽车赛是方程式汽车场地比赛项目之一，限在亚洲地区开展。使用的赛车是四轮外露的单座位纯跑道用方程式赛车，车身规格与三级方程式相似，配备 1 台"福特"4 气缸，工作总容积为 2 L 的自然吸气式汽油发动机，输出功率约 118 kW（160 马力）。

7.1.2 拉力赛

拉力赛也称多日赛，是汽车道路比赛项目之一，在有路基的土路、沙砾路或柏油路上进行。拉力赛是一种在一个国家内或者跨越数国举行的既检验车辆性能和质量，又考验驾驶技术的长途比赛。国际著名的拉力赛有蒙特卡罗拉力赛、东非沙法利拉力赛及巴黎—达喀尔拉力赛等。

1）世界汽车拉力锦标赛

世界汽车拉力锦标赛英文为 World Rally Championship，简称 WRC，是仅次于 F1 的世界顶级赛车运动，全年赛程规划有 14 个站，分别在 14 个不同的国家举行，赛季分为两部分，在上半年赛季结束之后，经过约一个月的休息，让各车队对车辆与车手做一个重新调整，再进行下半年赛季。WRC 可以说是所有赛车项目最严格也最接近真实世界的一种比赛，因为所有参赛车辆都是以量产车种为基础研发制作而成，并在雨林、雪地、沙漠及蜿蜒山路等全球各地最具代表性的险恶路段的道路中进行。通常每一站的参赛车辆有 70~100 辆，全球约有 10 亿人次通过电视转播或其他媒体观赏这项世界顶级的汽车拉力赛事。同时，WRC 还以它"不要门票的比赛"或者叫"家门口的比赛"而闻名，因为 WRC 的赛道多是由乡村野外的砂石、沙漠或者柏油路面设计组成，比赛时赛车会在村庄中穿行，而观众就站在赛道两侧的安全区域观战，可以说是"零距离"地体验赛车飞驰的刺激。图 7-2 所示为 WRC 赛车在雪地赛道上奔驰的情景。

图 7-2　WRC 赛车在雪地赛道上飞驰

2）蒙特卡罗拉力赛

国际著名的蒙特卡罗拉力赛，比赛时间是每年的 1 月，赛程 4~5 天，地点在法国和意大利之间的一个欧洲小国摩纳哥的首都蒙特卡罗附近的山区举行。由于比赛时间在冬季，整个赛程冰天雪地，条件十分恶劣，对参赛车辆和车手都是严峻的考验。

3）巴黎—达喀尔汽车拉力赛

以非洲沙漠为舞台的巴黎—达喀尔汽车拉力赛作为最严酷和最富有冒险精神的赛车运动，被称为"魔鬼般的赛事"，为全世界所知晓。所有参赛车辆都由法国出发，用 2~3 个星期穿越非洲大地，最后到达塞内加尔首都达喀尔，全程约 13 000 km。至今赛程的全程跑完率只有 38%，更有"跑完全赛程者均为胜利者"一说，可见赛事的艰辛程度。

7.1.3　耐力赛

耐力赛亦称"GT 赛"，是一种在规定赛道上进行长时间连续行驶的耐久型比赛。比赛车辆分旅行车和运动原型车两类，并根据发动机的工作容积分为若干级别，比赛中每车可设 2~3 名驾驶员，轮流驾驶。耐力赛是对汽车动力性、可靠性和驾驶员耐力的综合考验。

每年国际汽车耐力系列赛分为 11 站，在世界各地举行。比赛一般进行 8~12 h，以完成圈数的多少评定成绩。较著名的比赛有：法国勒芒（Le Mans）24 h 耐力赛、日本铃鹿（Suzuka）8 h 耐力赛等。

始于 1923 年的勒芒 24 h 耐力赛（Le Mans 24 Hour Race）是汽车耐力赛的典型例子。它是在位于巴黎西南 200 km 的小镇勒芒举行的重大赛事。赛道是由当地的高速公路和街区公路封闭成的一个环行路线,是单圈长 13.5 km 的沥青和水泥路面。比赛一般从第 1 天的下午 4 点开始,一直持续到次日的下午 4 点,历时 24 h。每辆赛车分别由 3 名赛手驾驶(20 世纪 80 年代中期以前为 2 名赛手),采用换人不换车的方法,所有的加油、换胎和维修时间都包括在 24 h 内。最后,行驶里程最多的赛车获胜,一般一昼夜下来,成绩最好的赛车行驶的里程将近 5 000 km,平均速度超过 200 km/h。在直线行驶时最高速度超过 400 km/h。

由于勒芒耐力赛是全球各种耐力赛时间最长的比赛,而且选手驾车在同一环行赛道上要不停地转上 350 多圈,比赛显得单调、乏味。不论车手、维修工还是观众,在下半夜时都会变得疲惫不堪。因此这场比赛被称为最辛苦、最乏味的赛事。

7.1.4 越野赛

越野赛是汽车道路比赛项目之一,是在一个或几个国家的公路和自然道路上举行的汽车比赛。经过几个国家的领土、总长度超过 10 000 km 或跨洲的比赛称马拉松越野赛。一般情况下,越野赛的赛程不得超过 15 天,比赛必须在白天进行。比赛每经过 10 个阶段后至少休息 18 h,参赛车辆必须是全轮驱动汽车。

每阶段的行驶距离自定,但每个赛段的最大长度,越野赛规定不超过 350 km,马拉松越野赛规定不超过 800 km。必须使用在 FIA 注册的全轮驱动汽车参赛(图 7-3)。

1996 年 FIA 首次对越野赛实行世界杯赛制,其中较著名的比赛有巴黎—达喀尔越野赛、突尼斯国际汽车赛、巴黎—莫斯科—北京马拉松汽车越野赛、阿拉伯联合酋长国沙漠挑战赛等。

图 7-3 汽车越野赛赛车

7.1.5 卡丁车赛

卡丁车赛是汽车场地比赛项目的一种。分方程式卡丁车,国际 A、B、C、E 级和普及级 6 类,共 12 个级别。卡丁车的结构十分简单,由钢管式车架、4 个小车轮、转向系统、脚蹬(油门、刹车)、风冷式发动机(二冲程或四冲程)、汽油箱、传动链护罩、车手座椅、前后及左右防撞保险杠及护套等组成。操纵简单,无车体外壳,装配 100 mL、125 mL 或 250 mL 汽油发动机的 4 轮单座位微型赛车,重心低,在曲折的环形路线上行驶,比赛速度感强。

卡丁车赛始于 1940 年,是赛车运动中最低的起步运动,是 F1 方程式赛车的摇篮,在欧洲也称为迷你方程式。卡丁车原本是一些父母设计出来供孩子们在后花园或大型停车场玩耍的玩具,最初是用剪草机改装而成的,设备及发动机均非常简单。渐渐地,卡丁车在性能及场地安全方面不断改良及转型,再加上可供标准比赛用的场地纷纷落成,由于其入门技术及费用要求不是很高，所以迅速发展为一项老少皆宜的运动项目，于是世界各地大大小小的国际性赛事应运而生。其中最具代表性的赛事是"全欧洲卡丁车锦标赛"和"日本世界杯锦标赛"。安全性方面，由于卡丁车的重心非常低，易于操控，所以，卡丁车可算是赛车运动中最安全的一种车型（图7-4）。

图7-4 比赛中的卡丁车

7.2 世界汽车名人

在汽车和汽车工业不断发展壮大的100多年的漫长岁月里，许多有学识、有远见的发明家、管理精英、能工巧匠为之奋斗终生，正是因为他们的工作，才有了汽车工业今天的辉煌。部分汽车名人在前面章节的汽车发展史、汽车企业简况中已介绍，在此不再赘述。本节重点挑选10位有代表性的、对世界或本国汽车工业发展有重大贡献和影响的汽车名人进行介绍。

1）威廉姆·迈巴赫

威廉姆·迈巴赫（图7-5）（Wilhelm Maybach，1846—1929），1846年2月9日出生于德国的海尔布隆，被称为"汽车发明大王"。迈巴赫在罗依特林根上学时，学校的负责人发现了迈巴赫的技术才能，并很好地培养了他。1865年，迈巴赫在罗依特林根见到了戈特利布·戴姆勒，从此迈巴赫成了戴姆勒的知音。1882年，迈巴赫跟随戴姆勒一起去了坎施塔特，

图7-5 威廉姆·迈巴赫

在那里两人着手研究和开发轻型高速内燃机。经过大量的试验研究，迈巴赫发明了热管点火系统（高速内燃机的重要部分）。当戴姆勒与合伙人在1890年建立戴姆勒发动机公司（DMG）时，迈巴赫被任命为总工程师。由于工作上的分歧，迈巴赫于1891年2月离开了公司。在随后一年半里，迈巴赫完成了诸多重要设计成果，包括喷嘴化油器、凤凰（Phoenix）牌发动机和皮带驱动系统的改进。1895年，一位英国实业家以35万马克为条件，要求戴姆勒公司请回迈巴赫任公司主任工程师。迈巴赫回到原来的职位后，第一个发明是带风扇的管状散热器，之后是蜂窝散热器，这一有效的发动机冷却系统为现代汽车的开发铺平了道路。随后他又发明了第一个四缸车用发动机。戴姆勒去世后，迈巴赫最伟大的发明是第一辆梅赛德斯汽车。该车在1901年3月的尼斯之旅车赛上非常轰动，因为相对于戴姆勒以前车型来说，它产生了技术上的大跨越，昭示着马车时代的彻底结束。

1907年，由于戴姆勒公司领导层无休止的争斗，迈巴赫再一次离开了戴姆勒公司。1909年3月23日，威廉姆·迈巴赫与儿子卡尔·迈巴赫（Karl Maybach）创办了飞机发动机制造股份有限公司，1981年更名为发动机股份有限公司（Maybach Motoren GmbH）。1919年，公司重返汽车行业，进行汽车和发动机设计。同年，迈巴赫父子在4个梅赛德斯轿车的底盘上建造了第一辆试验车w1，并进行了全面的实地测试，这就是第一辆迈巴赫轿车。随后他们又着手开发了w2型汽车发动机，该发动机缸径为95 mm，行程为135 mm，共有6个气缸，最大输出功率为51.5 kW（70马力）（2 200 r/min）。1921年，迈巴赫在柏林车展上公开表示："我要造最昂贵的轿车"，从而正式确立了迈巴赫的市场定位和未来发展方向，迈巴赫也成为汽车家族中最璀璨、最耀眼的一颗星。

2）费迪南德·波尔舍

费迪南德·波尔舍（图7-6）（Ferdinand Porsche，1875—1951）（又译为保时捷），世界上最杰出的"汽车设计大师"。1875年9月3日，波尔舍出生于原奥匈帝国波西米亚的一个铁匠之家。他自幼没有受过正规教育，但通过自己天才的思维和创新的设计，使一系列汽车品牌、车款和汽车技术打上了波尔舍的烙印。22岁那年，波尔舍设计了一台能安装在汽车轮内的电动机，以替代当时在汽车上普遍使用的链条传动，并因此获得了第一个混合传动系统专利。1900年，他首创的洛纳-保时捷（Lohner Porsche）电动汽车出现在巴黎世界工业产品博览会上，从此，他以"电动汽车之父"闻名于世。1906年，他受聘为戴姆勒公司奥地利分公司技术总监，其间，他设计的轻型赛车以106 mile/h的车速赢得西西里汽车大赛的冠军。1923—1928年，当波尔舍在斯图

图7-6 费迪南德·波尔舍

加特任戴姆勒-奔驰技术总监期间，开发了著名的梅赛德斯SS和SSK增压跑车。之后，波尔舍还开发了世界第一台风冷汽车发动机和第一台航空发动机。

1931年，波尔舍终于在斯图加特创办了自己的企业——保时捷工程事务所（Porsche Engineering Office）。这是一家独立的汽车工程咨询公司，对外承接从零部件到总成甚至到整车的技术开发项目和新技术研制。从20世纪30年代到第二次世界大战期间，这家小型工程

企业在汽车界享有很高的声誉，常常受委托解决最棘手的技术问题，并能对各类技术问题提出全新的解决方案。这期间，波尔舍为纳苏公司（NSU，后并入奥迪公司）设计过轿车；为汽车联合有限公司（Auto Union，奥迪公司的前身）设计过高性能赛车；为意大利西斯塔利亚（Cisitalia）公司设计过最高车速超过 300 km/h 的大奖赛（Grand Prix）用车。当然，最著名的要数为大众汽车公司设计的甲壳虫汽车了，它不但成就了千万人大众化汽车的梦想，也对当时德国汽车工业的发展乃至整个德国经济的繁荣产生了深远的影响。更为难得的是，它的生产一直延续到 2003 年 7 月，并成为世界上累计产量最大的车型。

第二次世界大战期间，波尔舍曾参与过德军坦克的研制工作，战后被盟军指控为战犯关进法国监狱。1948 年，获释后的波尔舍重操旧业，他所组建的保时捷设计有限公司精心设计、制作了 50 辆功率为 30 kW、铝制车身的保时捷 356 型跑车。由于该车在一次重大比赛中出人意料地战胜了许多欧美名车，波尔舍一夜之间成为妇孺皆知的英雄，保时捷汽车的地位由此得以确定。1951 年 1 月 30 日，就在保时捷 356 型跑车开始为公司赢得荣誉时，波尔舍因病去世，终年 76 岁。

3）亨利·福特

亨利·福特（图 7-7）(Henry Ford，1863—1947)，美国和世界汽车工业主要奠基者之一，被誉为"汽车大王"和"给世界装上轮子的人"。福特出生于 1863 年 7 月 30 日，其父是一位农场主。17 岁那年，他独自一人到位于底特律的密歇根汽车制造公司上班，并立志开一家制造机械的工厂。1893 年圣诞节，福特在自己的家中试验成功第一台汽油机，给了他极大的鼓舞，决心再接再厉，研制出自己的不用马拉的马车。1896 年春天，他的第一辆汽车试制成功。1899 年，福特又成功地制作出了三辆汽车。此后，福特曾有过两次办汽车厂的经历，但均以失败告终。1903 年 6 月，福特第三次与别人合作成立了福特汽车公司，制造出了性能稳定的 A 型汽车，在不到一年时间内就销出 650 辆，为福特公司日后的发展奠定了物质基础。第二年，A 型车月产量稳定在 300 辆，第三年达到 360 辆，福特汽车公司因此成为底特律最为忙碌的工厂。1906 年，N 型车问世，这是一种物美价廉的汽车，外形美观、性能良好，加

图 7-7 亨利·福特

之随后推出的 R 型、S 型等车，两年之内共售出 8 000 多辆。1908 年秋，令人注目的 T 型车问世了。T 型车的各种零件实现了总成互换；在大型总装车间，流水线装配法发展成了由机械传送带运送零件和工具，极大地提高了工作效率；采用低定价的销售策略，使大多数人都能够买得起；提供充足的零部件和及时的售后服务保障，消除了用户的后顾之忧。由于该车价格低廉、使用方便、维护容易，创造了累计 1 500 多万辆的产量记录。福特晚年特别保守专横，没能适应消费者需要的变化及时推出新车型。1927 年 T 型车停产并转产新的 A 型车时，由于转产组织匆忙、耗资巨大，加之接踵而来的美国经济大萧条的影响，福特公司元气大伤。1945 年，福特在感到自己无法控制局势之后，辞去了总经理的职务，把福特汽车公司交给长孙亨利·福特二世。1947 年 4 月 8 日，亨利·福特因脑溢血死于底特律，终年 83 岁。

4）威廉·杜兰特

威廉·杜兰特（图7-8）（William Durant，1861—1947），美国通用汽车公司的缔造者。杜兰特于1861年出生于美国马萨诸塞州波士顿市。1886年，杜兰特靠借债1 500美元在弗林特成立了一家马车制造公司。1904年，杜兰特用50万美元买进了陷于困境中的别克汽车公司，4年内就生产和销售了8 000多辆汽车，比当时的福特和凯迪拉克两家公司的销售总量还多。为了夺取汽车市场的霸主地位，1908年8月，杜兰特在新泽西州成立了通用汽车公司，被合并的公司包括别克、奥克兰、奥兹莫比尔、凯迪拉克4个大汽车公司和5个较小的汽车公司、3个卡车制造公司、10个汽车零部件公司，还有一个推销汽车的公司——加拿大麦克拉夫林汽车公司。此时的通用汽车公司是一个控股公司，它所辖的各个公司基本上是独立的经营单位。

图7-8 威廉·杜兰特

1910年，通用公司出现了严重的资金危机，杜兰特被解除了总经理的职务。退出通用公司的杜兰特伙同路易斯·雪佛兰（Louis Chevrolet）组建了雪佛兰汽车公司，取得了辉煌的经营成就。1917年8月1日，杜兰特通过股票调换的方式再次控制了通用公司。在杜兰特再次担任通用公司总经理的4年中，公司的规模扩大了8倍。但由于杜兰特一味地强调规模的扩大，导致活动资本枯竭，汽车销售下降，库存积压剧增，职工工资难付，亏损日益严重，杜兰特被迫于1920年辞职，永久地离开了通用公司。1920年11月后，他长期隐居在弗林特。到20世纪40年代，他在那里经营了一个滚木球游戏场，还在一家餐馆送外卖，在凄凉中度过余生。

杜兰特对通用公司的贡献不仅仅是产下通用这个婴儿，他的许多远见卓识和创举都成为日后汽车工业的座右铭。杜兰特是第一个提出轿车舒适化理念的人。他认为，汽车要想发挥它的潜力，就必须使它一年四季都让人感到舒适。正是因为这个理念，汽车成了美国人舒适的移动住宅，对整个美国文化都有巨大影响。杜兰特还创建了通用汽车公司承兑公司，这是工业领域建立的第一个为汽车买主和经销商提供贷款的公司。这家公司是汽车分期付款销售方式的前身，它的建立开创了汽车销售的新天地，挖掘出多于原有数字数倍的顾客，反过来以强大动力推进了汽车制造的迅猛发展。杜兰特的这一创举至今对开拓汽车需求、扩大汽车销售仍具有重大现实意义。作为一个失败者，杜兰特也在时时警示我们：扩张一定要从本企业的实际出发，要同企业的市场、资源、生产技术和管理水平等诸多客观制约因素相适应。如果置客观条件不顾，一味追求发展速度，不择手段地扩大生产规模，必然造成企业的畸形发展，从而使企业走向失败。

5）阿尔弗雷德·斯隆

阿尔弗雷德·斯隆（图7-9）（Alfred Sloan，1875—1966），汽车业界的管理奇才和著名企业家。他在通用汽车公司所创造的理念和成绩为全球企业界立下表率，开了大集团公司现代管理的先河。斯隆 1875 年 5 月 23 日出生于康涅狄格州一个富裕家庭，1895 年毕业于麻省理工学院。其父于 1898 年以 5 000 美元买下了一家小的滚珠轴承厂，送给他去经营。20 年后，斯隆以 1 350 万美元把工厂卖给了杜兰特而加盟通用汽车公司，他本人就此进入通用公司担任副总经理。在任副总经理期间，他曾给总经理写过三份有关内部管理弱点的专题报告，可惜刚愎自用的杜兰特对此不理睬，最终导致通用公司几乎倒闭。1923 年 5 月，斯隆担任了通用公司总经理的职务，对通用公司进行了一系列的整顿与改组，涉及范围包括公司的经营方向、相互协作、行政管理体制、组织系统、生产计划、报告制度、产供销管理、人事管理、财务管理、海外扩张战略等。由于这次改革的全面与成功，通用公司发生了一次质的变化。汽车产量逐年上升，自 1928 年超过福特公司之后，一直稳居世界首位，其国内市场占有率由 1921 年的 12% 增加到 1941 年的 44%。通用公司对这位管理奇才也给予了充分的尊重，自 1923 年接任总经理以来，一直到 1966 年以 91 岁高龄离开人世，斯隆始终担任着通用公司的总经理、董事长、名誉董事长等职。

图 7-9　阿尔弗雷德·斯隆

6) 沃尔特·克莱斯勒

沃尔特·克莱斯勒（图 7-10）（Walter Chrysler，1875—1940），克莱斯勒汽车公司的创始人。1875 年 4 月 2 日出生于美国堪萨斯沃米戈一个铁路技师的家庭。克莱斯勒 17 岁就立志当一名机械师。18 岁制造了一辆微型蒸汽汽车。1910 年，克莱斯勒受聘担任了通用汽车公司别克分部中一家工厂的技术经理。由于他精通机械、技术超群，在通用公司的作用越来越重要。通用公司一心一意想留下他为公司效力，但克莱斯勒却产生了离开通用公司独自去干一番事业的想法。正在此时，杜兰特重返通用公司，对克莱斯勒竭力挽留，不仅委任他担任了别克部的主要负责人和公司第一副总经理，而且还将其年薪一下子提高到 50 万美元。然而，由于克莱斯勒与杜兰特难以合作，他还是于 1920 年 3 月 25 日离开了通用公司。此后，克莱斯勒受聘担任了经营困难的威利斯-奥夫兰多（Willys Overland）汽车公司和麦克斯韦尔

图 7-10　沃尔特·克莱斯勒

（Maxwell）公司的顾问，同时参与经营这两家公司。1921 年，当麦克斯韦尔将倒闭时，他正式接管了公司的经营大权，名正言顺地对其进行了整改。1924 年，由克莱斯勒主持开发的第一个车型（克莱斯勒 6 号）问世，这种采用高压缩比发动机的汽车在市场销售中很受欢迎，问世当年就销出了 3.2 万辆，公司声誉得以提高。利用这一难得的良机，克莱斯勒接收、改组了麦克斯韦尔公司，并于 1925 年 6 月 6 日正式宣布成立克莱斯勒汽车公司，自己就任总经理。

克莱斯勒汽车公司成立以后，发展极其迅速，相继推出克莱斯勒4号和亨利5号两种新车。公司在1925年的国内排名只有27位，1926年末升至第5位，1927年又上升至第4位。1928年克莱斯勒公司通过股票交易的方式买下了道奇公司和普利茅斯汽车公司。1929年克莱斯勒公司跃升为美国三大汽车公司之一，后来还曾有过超过福特公司位居第2的辉煌。1935年7月22日，克莱斯勒在过完60周岁生日后，辞去了公司总经理职务改任董事长，直至1940年7月22日去世，享年65岁。

7) 安德烈·雪铁龙

安德烈·雪铁龙（图7-11）（Andre Citroen，1878—1935），法国雪铁龙汽车公司的创始人，发动机前置前轮驱动汽车技术的发明者。雪铁龙于1878年2月5日出生于法国巴黎，年轻时就认定科技进步将给人类带来幸福，所以选择到巴黎综合工科学院就读，准备将来当一名工程师。1900年，大学毕业的雪铁龙去波兰外婆家探亲度假，在旅途中偶然注意到一个装置上按"人"字形拼成的齿轮，这个小发现给了他灵感，从外婆家回来后，雪铁龙发明了"人"字形齿轮传动系统。1905年，雪铁龙建立了一个自己的小公司，专门生产自己的专利产品，因为"人"字形齿轮运转平稳和效率高，产品很快开始销往整个欧洲。1912年，雪铁龙来到美国，参观了亨利·福特的汽车厂，这次参观给了他极大的震撼，明白了在齿轮之后，自己应该做什么，那就是生产汽车。雪铁龙十分欣赏福特公司的大批量流水线生产方

图7-11 安德烈·雪铁龙

式，并把它第一次引入法国，在自己的工厂里进行试验。1913年，雪铁龙把自己的公司定名为雪铁龙齿轮工厂，专门从事齿轮传动机的生产，同时开始生产汽车。1919年5月28日，雪铁龙A型汽车诞生，该型车发动机功率为13.2 kW，最大速度为65 km/h，百公里油耗为7.5 L，采用电子打火，3挡变速器。到1924年，日产量达300辆，雪铁龙公司成了欧洲成功的汽车厂家之一。1924年7月28日，雪铁龙汽车公司正式挂牌成立。

雪铁龙坚持认为，汽车厂卖的不只是汽车，还有无微不至的服务。他逐步完善了汽车买卖方式，创立了一年保证期制度，建立分销网，罗列出零件目录及维修费用一览表，使所有销售点、维修点的费用得以统一。1922年，他大力推广分期付款售车方式，成立了全国第一个专司分期付款的机构，并在国外创办了不少汽车出租公司，在全国各地形成了一个游览车服务网。

富有的雪铁龙在生活上不求豪奢，只是不断地投资于工厂和开发新车型，追求技术上的不断进步，他甚至声称"只要主意好，代价不重要"。在工程师勒费伯的建议下，雪铁龙决定在新研制的汽车上采用一系列全新的技术：前轮驱动、流线型车身、自承重设计、扭力杆悬挂装置、液压制动、悬浮马达、自动变速器。由于所需经费庞大，他只好向部分经销商及米其林公司请求赞助。在当时因新车型研究周期过长而使产品未能如期推出，雪铁龙负债累累，不得不将公司卖给米其林公司。从此，他因忧郁住进了医院，1935年7月去世。实际上，今天的雪铁龙公司仍然名震全球，他的前轮驱动设计方案至今没过时，也是对他最大的

褒赏与怀念。

8) 阿尔芒·标致

阿尔芒·标致（图7-12）（Armand Peugeot，1849—1915），法国标致汽车公司的创始人，出身于工业世家，他接管家族企业时，标致公司已经是法国最重要的自行车制造商之一。阿尔芒·标致曾在巴黎中央高等工艺制造学校学习工程技术，并在英国深造，在那里接触了还处于萌芽状态的汽车工业。1871年，22岁的标致回国后，认定公司应当发展汽车。后来，标致与他人合作生产蒸汽汽车。1889年，标致Ⅰ型蒸汽汽车还曾在巴黎国际博览会展出。这时，大学同学埃米尔·勒瓦索（Emile Levassor）找到标致，向他推销戴姆勒发明的内燃机，并且两人专程前往德国拜会戴姆勒。戴姆勒向他们展示了他制造的内燃机和第二辆四轮汽车，标致完全被戴姆勒发动机和汽车征服了。回到法国后，他购买了P&L公司生产的戴姆勒发动机，并按照戴姆勒的思路组装汽车。1890年第一辆汽油机驱动的标致汽车——标致Ⅱ型汽车问世，这是德国以外出现的第一辆内燃机汽车。

图7-12 阿尔芒·标致

1891年9月6日，标致Ⅲ型四轮车正式向公众露面，还参加了全程2 045 km的越野行驶，这辆装了内燃机的四轮车用139 h跑完了2 045 km全程，轰动了世界，这时人们才确信汽车已经可以实用了。1896年，标致正式创建了标致汽车公司，成为法国主要的汽车厂家之一。这一年的夏天，标致14型面世，首次采用了标致专利的卧式双缸发动机。1901年，应用直列式单缸发动机的36型面世，有三座活顶和四座无篷两款，这是第一款发动机前置、用倾斜式转向盘取代转向舵的标致汽车，并且以螺杆螺母取代齿轮齿条作为转向传动机构。1903年，标致缩减了生产线，集中生产42型、43型、44型、50型、54型和56型6款汽车，而从1904年开始到第一次世界大战之前，标致开始每年推出一款新车型。由于法国人敏锐的判断力，特别是法国开明的法律制度（当时，德国、英国均有歧视机动车的法律），法国成了最早普及汽车的国家。标致公司也成为世界上第一家真正的汽车制造商。而此时的奔驰公司和戴姆勒公司都只满足于销售内燃机生产许可证，其汽车产品都停留在样车阶段。标致使汽车从样品变成商品，从一项研究变成一门工业。

9) 恩佐·法拉利

恩佐·法拉利（图7-13）（Enzo Ferrari，1898—1988），意大利著名的赛车手，法拉利汽车公司的创始人。法拉利1898年2月18日出生在意大利摩德纳城一个小钣金工厂主的家中。1920年，法拉利凭自己的才智和努力，在当时意大利的阿尔法-罗密欧汽车公司从事跑车设计，并已初露锋芒。年轻有为、血气方刚的恩佐·法拉利，不仅是一名跑车设计师，也是意大

图7-13 恩佐·法拉利

利有名的赛车队长,在赛车场上他一连串夺魁,震动了整个意大利。从那时起,法拉利相信了车轮的价值。法拉利把造车当成自己的生命。由于种种原因,1947年法拉利离开了阿尔法–罗密欧汽车公司,在意大利北部城市波伦亚的马拉奈洛镇创建了自己的汽车制造厂,同年生产出第一辆车后他以自己的名字进行命名——法拉利Tipo 125,以腾马图为商标。在此后的3年时间里,法拉利又相继生产了Tipo 166、Tipo 195、Tipo 212、Tipo 225等型赛车。由于赛车的性能需要在赛车场上才能得到检验,因此,法拉利积极参加各种汽车大赛,借以检验、宣传自己的赛车。法拉利赛车没有辜负他的期望,先后夺得过多项桂冠:在1951年的迈勒·米格拉尔汽车大赛上,排量4.1 L的Tipo 375获胜;在布宜诺斯艾利斯1 000 km汽车赛上,排量4.9 L的Tipo 410夺魁;1956年,经过法拉利改造的蓝旗车一举获得了世界汽车竞赛的最高荣誉——一级方程式赛车年度总冠军。这一连串的胜利,奠定了法拉利赛车在世界车坛至高无上的地位。法拉利除了制造赛车并参加大赛以外,还积极策划制造法拉利跑车,以求以车养车——用出售跑车所获得的利润来支持自己的赛车计划。可惜小规模的跑车生产获利有限,难以支持赛车队庞大的开销,经济常常陷入困境。1969年,法拉利答应让本国的菲亚特公司收购自己的公司,但条件就是对方在今后的岁月里不得干扰其赛车活动。

恩佐·法拉利于1988年8月14日在家里去世,享年90岁。直至去世前,法拉利一直未停止自己的工作,仍然每天上班,维护着他的法拉利跑车王国。

10) 饶斌

饶斌(图7–14)(1913—1987),中国汽车工业的杰出奠基人和开拓者,被誉为"中国汽车工业之父"。曾担任中国第一汽车制造厂厂长(现一汽集团)和第二汽车制造厂(现东风汽车公司)的创始人之一,第一机械工业部部长,中国汽车工业总公司董事长。饶斌原名饶鸿熹,1913年1月26日生于吉林省吉林市,祖籍江苏南京。1933年加入中国共产主义青年团,1937年加入中国共产党。中华人民共和国成立后,饶斌于1953年就任第一汽车制造厂厂长。由党政领导干部转到汽车工业,对饶斌是一次重大转折。由于他善于学习、善于总结、善于联系群众,很快由外行变为内行。只用了3年时间,就建成了中国汽车工业的摇篮——第一汽车制造厂。在引进的解放牌汽车投产后,又组织职工自行开发了东风牌轿车、红旗牌轿车,并着手改进解放牌汽车。1964年,饶斌受命筹建第二汽车制造厂,为选厂址他跑遍了中南地区。为建成世界级的第二汽车制造厂,他经过调查研

图7–14 饶斌

究和精心构思,最后提出了"包建"和"聚宝"两大方针,动员全国汽车工业技术人员和管理人员,将他们的聪明才智集中起来,建立了一个当代世界级水平的大汽车厂。一位在20世纪50年代还跟苏联专家学习产品设计、工艺设计、工厂设计的年轻人,到20世纪60年代就承担起为第二汽车制造厂设计性能更先进的汽车、规模更大的汽车厂的重要任务。第二汽车制造厂得以建成,可以说凝结了饶斌的毕生心血。从第一机械工业部部长岗位下来后,饶斌还在为中国汽车工业建设而奔波,他提出了在上海发展轿车工业的建议。在第一汽车制造厂参加解放牌载货汽车出车30周年纪念大会上曾激动地说:"我老了,无法投入中国

汽车工业的第三次创业。但是，我愿意躺在地上，化作一座桥，让大家踩着我的身躯走过，齐心协力把轿车工业搞上去。"1987年夏天，饶斌到上海视察为上海桑塔纳轿车配套的几家零部件厂，由于过度劳累，长期的高血压迸发脑溢血，经抢救无效，于1987年8月29日在上海去世，终年74岁。饶斌将自己生命的最后时间也留在了中国汽车工业战线上。

7.3 世界五大汽车展

汽车展览是专门为汽车举办的展览，是汽车制造商宣传品牌、展示最新汽车科技、发布新车的最佳场所，是真正的汽车峰会，也是让人们感受世界汽车工业发展脉搏、进行汽车技术交流、开拓汽车贸易的场所，因而国际汽车展览会备受各界关注。1894年12月11日至25日，在巴黎香榭丽舍大街产业宫举办了世界最早的汽车展览——"世界自行车、汽车博览会"。当时有9家公司参加展出，展品有自行车、摩托车、蒸汽汽车和汽油汽车。目前，在国际上颇为有名的有五大车展，其中欧洲有三个：法兰克福车展、巴黎车展和日内瓦车展；北美洲和亚洲各有一个：北美车展和东京车展。在中国，每两年一届的北京国际车展和上海国际车展较有影响。

1）巴黎车展

巴黎车展起源于1898年的国际汽车沙龙，直至1976年每年一届，此后每两年一届，在每年的9月底至10月初举行。巴黎车展法国味儿十足，每次车展都会拿出一个展馆展出老爷车。巴黎车展上，所有散发的车展资料都以价格表居多，展会上还将举行二手车拍卖，因此有人说巴黎车展是五大车展中商业性最强的。此外，巴黎车展还特别照顾一些不知名的超小型车，这在其他车展上是见不到的。

2）日内瓦车展

日内瓦车展创始于1924年，从1931年起，在瑞士日内瓦每年一届。每年的阳春三月，瑞士的日内瓦车展总会掀起一年中全球车展的高潮。日内瓦车展上的展车不仅是各汽车厂家最新、最前沿的作品，而且参展的车型也极为奢华。各大汽车公司总是选择日内瓦车展作为自己最新旗舰车型的首发地，因而博得了"国际汽车潮流风向标"的美誉。

3）法兰克福车展

法兰克福车展的前身为柏林车展，创办于1897年。1951年车展移到法兰克福举办，每年一届，轿车和商用车轮流展出。法兰克福车展是世界上规模最大的车展，有"汽车奥运会"之称。展会期间，所有能运用的高科技手段都会派上用场：大型互动媒体演示、模拟驾驶等亲身体验活动，让参与者欲罢不能。此外，法兰克福车展的地域色彩很强，也许因为是车的发源地，来看车展的观众不但汽车知识丰富全面，而且消费心理也非常成熟。对他们来说，看车展就是逛街，理性实用的成分居多。

4）北美车展

北美车展的前身是美国底特律国际汽车展览会，至今已有近百年历史，是美国创办历史最长的车展之一。1957年，欧洲汽车厂终于远渡重洋而来，首次出现了沃尔沃、奔驰、保时捷的身影，获得了美国民众的高度重视，底特律车展的"王旗"正式树起。1989年底特律车展更名为北美国际汽车展。每年1月5日左右，在美国汽车城底特律市COBO会展中心，北美车展率先拉开大幕。全球所有大汽车公司都会利用这一平台推出自己的概念车。北美车展"时装"味很浓,几乎成了概念车的天下。各种千奇百怪的设计,能想到的、无法想到的,在北美车展上都能见其身影,因此给人以科幻、离奇甚至怪异的感觉。

5)东京车展

东京车展创办于1954年,是五大车展中历史最短的。东京车展是亚洲最大的国际车展,被誉为"亚洲汽车风向标"。东京车展选择在深秋的10月举行,轿车展放在单数年,商务车展放在双数年。东京车展的突出特点是车型种类繁多,这恰恰体现了日本人的细腻。由于市场竞争激烈,精明的日本车商早已把市场细分成了无数个小块,甚至根据性别、年龄层次和特殊需求在同一平台上设计不同的车型。

7.4 世界四大汽车城

1)底特律——美国汽车城

底特律拥有汽车1.57亿辆,平均每1.5人就有一辆。垄断美国汽车工业的通用、福特和克莱斯勒汽车公司的总部均设在底特律城,全国1/4的汽车产于这里。全城442万人口,有91%的人以汽车工业为主。

2)丰田——日本汽车城

丰田市有人口28万,其中丰田汽车公司及其子公司的人员、家属占62%。丰田公司有10座汽车厂,生产几十个系列的轻重型汽车。此外,它还有1 240家协作厂。全公司每个职工平均年产值13万美元,居世界之首。

3)都灵——意大利汽车城

全市人口120万,其中35万多人从事汽车工业,每年生产汽车占意大利总量的75%。菲亚特公司1899年在这里创建汽车厂时,仅有41名职工,现在已发展为世界第七、欧洲第二大汽车公司。

4)斯图加特——德国汽车城

全城人口60万,是生产世界第一辆汽车的戴姆勒-奔驰汽车公司所在地。该公司在国内设有1 800个维修点,在国外17个国家和地区设有4 250个维修点。

7.5 汽车俱乐部

随着驾车人士对汽车需要和兴趣的日益高涨,各式各样的汽车俱乐部也相继诞生。有从事汽车比赛的俱乐部,有从事汽车越野活动的俱乐部,有从事汽车收藏的俱乐部,也有从事为驾车人提供服务的俱乐部等。俱乐部主要是为了满足汽车爱好者对汽车的不同兴趣爱好而成立的。从目前驾车人士的现实需要来讲,除了满足汽车爱好者们不同的兴趣爱好以外,提供全面的汽车服务最为重要。因此,一种既能组织爱好者进行活动又能够解决驾车人困难的综合性俱乐部最具实际意义。此类俱乐部在国际上统称AA组织,即Auto-mobile Association,有汽车协会、联合会的意思,它是一个不以赢利为目的、为普通驾车人服务的组织。全世界各国的AA组织共有2亿多会员。AA组织由来已久。1895年10月中旬,美国《芝加哥时报》在"车坛风云"专栏上发表了赛车驾驶人查尔斯·布雷迪·金格建议成立汽车俱乐部的一封信,成为车迷和车主议论的热门话题。1895年11

月1日，由《先驱者时报》主办的汽车大赛在芝加哥开幕，全国各地很多车主都赶来参加比赛。在此期间有60名车主聚集在一家酒店，响应金格的倡议而发起成立了美国汽车联盟，这是世界上最早的汽车俱乐部。随后，欧美各国都相继成立了专为驾驶人和车主服务的汽车俱乐部。

中国汽车俱乐部的出现始于1995年建立的北京大陆汽车救援中心，即现在的北京恩保大陆汽车俱乐部。这些汽车俱乐部多采用会员制的形式，向驾车人提供以24小时公路救援为主、其他综合性汽车服务为辅的全方位的汽车保障服务。

目前，全国以汽车救援为主的汽车俱乐部共有300余家，其中最具代表性的是北京的恩保大陆汽车俱乐部、北方之友汽车俱乐部，江苏的交广汽车俱乐部，上海的安吉汽车俱乐部，四川的川友汽车俱乐部和广东的广骏汽车俱乐部等。这些汽车俱乐部都遵照国际AA组织的运行模式，在本地建立起了符合中国国情，具有当地特色的以私家车车主为主要服务对象的汽车服务保障机构。经过数年来的不断完善，汽车俱乐部对驾车人士所提供的服务正日益规范，它的存在大大改善了本地驾车人士的用车环境，逐渐由简单的企业行为转变成为现代城市居民生活配套的城市服务行业。

和其他企业不同的是，汽车俱乐部不生产具体的产品，它提供的是一种服务。对于一个综合性汽车俱乐部而言，这种服务又分为生产型服务和生活型服务。生产型服务是指俱乐部为会员提供各种对车辆和车主本人的有关车辆的服务，它的目的是为广大会员解决在使用车辆过程中遇到的实际困难；而生活型服务则是以会员为主体的各种休闲、娱乐和交友服务。在节假日期间，俱乐部通过组织自驾车旅游、汽车越野、参观车展以及根据会员的不同兴趣爱好组织的网球联谊赛、棋牌比赛、垂钓比赛、企业管理讲座等多姿多彩的活动，极大地丰富了会员的业余生活，增加了会员对汽车知识的了解。同时，通过活动，扩大了人际交流，来自各行各业的会员，由陌生变熟悉，以汽车为媒介、以俱乐部为载体，在各自的业务范围和工作领域中，也寻求到了许多新的机遇。这也是会员通过汽车俱乐部解决了用车困难之后的另外一种收获。

7.6 汽车模特

"Model"（模特）一词源自法国，第一次出现是在1391年，1845年世界上出现第一个女模特，模特行业随着每一次的工业革命，都会向前发展一个阶段，因此模特行业距今已有600余年的历史。

汽车模特作为一个新兴行业，以其鲜明的行业特征融入社会，引导潮流，成为一种时尚，成为汽车文化不可分割的组成部分。美女和汽车的组合，逐渐成为一种时尚，一种全新的促销手段。红花绿叶两相宜，车模靓丽的面容、婉约动人的身段，与一辆辆名车一起构成了最完美的汽车展台。而钢铁铸就的汽车与柔美婀娜的车模，这一搭配也成为一种传统，一种定格，一种文化。

早在1985年我国就在北京举办了首届中国国际汽车博览会。1993年在北京的汽车展览会上，"香车美女"的概念由西方引入中国，在中国便出现了"汽车模特"这一新名词。"汽车模特"从此为我国汽车博览会增添了一道亮丽的风景，同时在某种程度上推动了中国车展业和中国汽车工业的发展。

所谓汽车模特，就是要表现人与车之间的关系，展示汽车的文化，其中包括汽车历史典故、市场定位、消费对象、汽车品牌及性能的推广等，表现出不同环境中人与车、与自然的关系，达到人体美与汽车美的完美结合。多数汽车厂商、经销商认为，能够成熟地展示品牌、表现汽车内涵的汽车模特对于车展而言已经不可或缺。

模特要与汽车的气质相符，并且要将汽车的内涵表现出来。不同的车有着不同的风格和品位，汽车模特也应有与之相应的气质、姿态。例如，一部跑车就需要树立一个热情奔放、充满活力的形象；一部豪华轿车则以高贵典雅为最佳，而概念车则应以抽象、前卫为代表；如果是家庭车，就以温馨、浪漫为主题；旅行车则以自然、休闲为重点。在车展上，无论是汽车衬托美女，还是美女代表汽车，这点并不重要，重要的是人们将汽车人性化，把车和人完美地融合在一起，这才是车展业的一次真正的飞跃。

7.7 国际汽车之最

1）最早的汽车

世界汽车史上公认的汽车发明人是卡尔·本茨和戈特利布·戴姆勒。1886 年 1 月 29 日，卡尔·本茨以一辆汽油发动机三轮车获得汽车制造专利权。这一天被公认为世界首辆汽车诞生日。

2）最早的警车

1903 年夏天，美国波士顿警察局购买的一辆斯坦雷蒸汽汽车，是最早的警用车。这种车被用来代替巴克贝伊地区一直使用的 4 匹马拉的警车。

3）最早的消防车

有记载的世界上最早的消防车，是 1518 年受德国奥格斯堡市的委托，由装饰工安东尼·布拉特纳制造的。1898 年 10 月，在凡尔赛举行的法国重量车比赛大会上，展出了法国里尔坎比埃公司制造的世界最早的消防车。

4）最早的电动汽车

1847 年，美国的法莫（M. Farmer）制造了第一辆以无导轨蓄电池为动力的电动汽车。1880 年，法国的卡米·福尔最先制造出利用蓄电池作为动力的、实用的电动汽车。

5）最早的电车

1879 年，工程师维尔纳·西门子（Werner Siemens）在柏林博览会上表演了"技术的奇迹"——借助电动机在专门铺设的轨道上运行的客车，于是德国出现了有轨电车。1882 年，在柏林诞生了世界上第一辆无轨电车。

6）功率最大的汽车

由美国弗拉德斐的怀特先生资助建造，经过两年时间完工的"怀特三倍号"，是历史上功率最大的汽车。该车重 4 500 kg，由 3 台自由牌 V12 飞机发动机作为动力，总排量达 81.188 L，功率为 1 125 kW（1 500 马力）。

7）最大的车

利勃海尔 T282B 不仅是世界上最大的柴油机动力驱动的双轴四轮卡车，它也是最大的交流电混合动力卡车（图 7 - 15）。它所搭载的 V 型 20 缸柴油机排量为 90 L，质量达到 10.5 t，扭矩为 14 457 N·m，最大车速为 64 km/h，额定载重为 363 t。

图 7-15 世界上最大的汽车

8）最长的车

美国人杰奥尔伯格基于凯迪拉克 ElDorado 打造出了一款车长达到 30.5 m 长的豪华轿车，成为世界上最长的汽车（图 7-16）。改造之后的新车，拥有 26 个车轮，跟辆小火车差不多。还自带游泳池、豪华套房、酒吧、小型高尔夫球场，尾部可以直接改装成一个停机坪，可以供一架直升机起落。

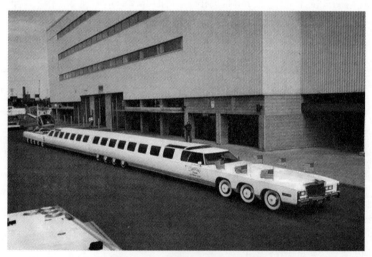

图 7-16 世界上最长的汽车

9）最小的车

两座版的 SMART 车身三围尺寸分别是 2 695 mm/1 663 mm/1 555 mm，而世界上最小的车 Peel P50 的车长仅 1 340 mm，甚至不足 SMART 车长的一半，可以想象这台车有多迷你（图 7-17）。此外，这款车的宽度及高度分别是 990 mm/1 200 mm，质量仅为 59 kg。Peel P50 只有三个车轮、一个驾驶位，它搭载的是一台排量为 49 mL 的单缸两冲程发动机，最大输出功率为 3.3 kW，最高速度为 61 km/h。虽然这辆车的安全性令人担忧，但英国法律并未对它进行"歧视"，而是选择合法允许其上路。

图 7-17 世界上最小的汽车

10）最大的载货汽车

福特公司加拿大分公司生产出一种巨型"大力神式"载货汽车，车长 20.5 m，宽 7.75 m，自重 250 t，可以装载 600 t 货物，发动机功率为 2 425 kW（3 300 马力），共有 10 个车轮，每个车轮高 3.5 m。

11）生产历史最长（产量最多）的汽车

早在 1933 年，德国希特勒就要求波尔舍设计生产一种大众化汽车，这就是后来的"甲壳虫"轿车。它在 1973 年成为全球销售量最高的汽车。这种车现在还在墨西哥的分厂生产。迄今为止，累计产量已超过 2 130 万辆。

12）最贵的量产车

爱好性能车的车主们应该对科尼塞克并不陌生，这个来自瑞典的汽车公司致力于打造超级跑车。旗下的 CCXR Trevita 以 485 万美金的价格成为有史以来最贵的量产车（图 7-18），值得一提的是，这款车全球限量仅 3 辆。CCXR Trevita 运用了独创的碳纤维钻石编织技术，并采用了罕见的白色碳纤维材质。全车搭载的是一台 4.7 L V8 双涡轮增压发动机，最大马力达到了惊人的 1 018 匹，扭矩达到了夸张的 1 080 N·m。而仅需 2.9 s 就能完成百公里加速，该车极速可超过 400 km/h。

图 7-18 世界上最贵的量产车

13）加速最快的车

标致208 T16（图7-19）搭载了一台3.2T V6发动机，通过两个使用寿命绝对足够低的高增压涡轮增压器压榨，输出功率高达652 kW（887马力）。这些能量通过一台6速序列式变速箱传递到四个车轮之上，由它们来折腾那可怜的、用不了多久就要报废的轮胎。就这样，标致208 T16的百公里加速时间只需1.8 s，而加速到200 km/h也不过是4.8 s，极速则达到了240 km/h。和POLO、飞度相比，这台才是真正意义上的小钢炮。

图7-19 世界上加速最快的车

14）时速最快的车

该车的名字叫寻血猎犬（Bloodhound），使用的是欧洲"台风"战斗机的喷气式发动机以及用螺栓固定的火箭发动机（图7-20）。这辆车长12.8 m，重6.4 t，车轮使用高强度钛合金制成，初步预计加速到时速1 600 km只需要40 s。当推动力达到300 mile/h（约合483 km/h）时，其就转换成为固液混合火箭，这款超声速汽车可以获得每秒9.8 m的驱动力，直到速度达到1 043 mile/h（约合1 678 km/h）。

图7-20 世界上时速最快的车

第8章
新能源汽车

8.1 新能源汽车发展的社会环境

随着全球经济的持续发展,能源和环境问题日益突出,降低车用化石能源消耗、减少汽车 CO_2 及各种污染物排放,是全球应对能源和环境问题最重要的举措之一。新能源汽车是汽车工业发展的时代产物,在国家层面,美、日、欧等汽车工业较为发达的国家和地区以不同形式阐述了本国新能源汽车发展计划及技术路线,如日本政府先后发布了《下一代汽车战略2010》和《纯电动和插电混合动力汽车指导方针》,美国政府发布了《电动汽车普及大挑战蓝图》,德国政府发布了《国家电动汽车发展计划》等,这些计划为各国的新能源汽车发展起到了明确的技术引领作用。在企业层面,美国、欧洲、日本以及中国的各大汽车集团,先后发布了各自的新能源战略与新能源车型产品。

作为我国战略性新兴产业之一,新能源汽车的发展承载着缓解石油资源短缺压力,解决日益突出的环境污染问题,实现我国汽车产业结构调整和转型升级,将汽车产业做大做强的历史使命。我国政府高度重视新能源汽车的技术和产业发展,习近平总书记指出"发展新能源汽车是我国从汽车大国到汽车强国的必由之路",先后发布的《节能与新能源汽车产业发展规划(2012—2020)》《中国制造2025》等一系列战略规划和推进政策,为我国新能源汽车的发展明确了方向。

8.1.1 能源危机

世界能源主要包括石油、天然气和煤炭等,传统汽车的燃料主要是由石油提炼出的汽油和柴油。石油是千百万年以前的古生物在地壳变动中埋入地下,逐级演变成有机碳氢化合物的混合物,因此地球上的石油资源是有限的。据2018年发布的《Bp世界能源统计》显示,截至2017年年底,全球已探明的石油储量为16 970亿桶,以2017年每日92 649千桶的开采速度,可开采50.2年。

汽车给我国的能源安全带来了巨大压力,而且这个压力正日益增大。从2009年起,我国汽车产销量连续居全球首位,2017年,我国汽车保有量已经超过2.1亿辆,我国已成为世界第一汽车生产大国和第一大新车销售市场,2007—2017年中国汽车产销和保有量趋势如图8-1和图8-2所示。国家信息中心副主任徐长明在2018年第十届全球汽车产业峰会上表示,预计到2020年中国汽车保有量将达到6.3亿辆,或成为全球第一,届时,汽车用油问题面临的挑战会越来越大。汽车消费的快速增长导致石油消耗加速增长,这使得我国石油对外依存度每年都在不断攀升。2017年中国汽车消耗成品油接近1.53亿吨,约占全国成品油表观总消费量的47.7%。按传统交通能源动力系统发展下去,将难以维持我们这个汽车大国的日益发展和昌盛。面对如此严峻的能源形势,我国汽车工业必须加大对新能源汽车的研发力度。

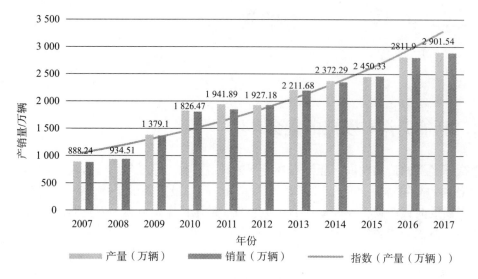

图8-1 2007—2017年中国汽车产销趋势

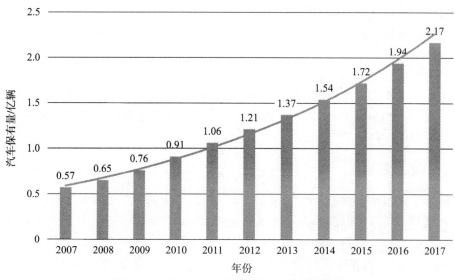

图8-2 2007—2017年中国汽车保有量趋势

8.1.2 环境问题

汽车尾气污染是由汽车排放的废气造成的环境污染,主要污染物为一氧化碳、碳氢化合物、氮氧化合物、二氧化硫、含铅化合物、苯并芘及固体颗粒物,能引起光化学烟雾等。

另外,汽车排放的二氧化碳(CO_2)、硫化物SO_x(SO和SO_2)、氮氧化物NO_x(NO和

NO_2)、氟氯烃等使温室效应、臭氧层破坏和酸雨等大气环境问题变得更为严重；汽车排出的 CO、NO_x、SO_x、未燃碳氢化合物 HC、颗粒物 PM 和臭味气体等污染空气，对人类和动植物危害甚大。

汽车工业的快速发展和汽车保有量的快速增长，给日常生活带来便利的同时也造成了严重的空气污染，影响人们的健康生活，破坏生态环境。机动车污染已成为我国空气污染的重要来源，是造成雾霾、光化学烟雾污染的重要原因。近年来机动车尾气排放已受到社会的广泛关注，因此，减少汽车尾气污染物排放，有效控制机动车污染物排放总量，对改善城市空气质量具有重要意义。

1）雾霾天气

2013 年，"雾霾"成为年度关键词。2013 年 1 月，北京及周边地区遭受长达 26 日的雾霾天气。同年 10 月，东北三省遭遇雾霾侵袭，哈尔滨出现史上最重雾霾，最低能见度小于 10 m。在全国范围内，华北至西南地区形成了 2 200 多公里的污染线。"雾霾"的频繁出现，加大了政府对大气环境治理的决心。2013 年 6 月，国务院出台《大气污染防治十条措施》，努力践行"同呼吸，共奋斗"的行为准则。随后，中央各部门及地方政府先后出台了《大气污染防治行动计划》、地区落实大气污染防治行动计划实施细则等文件。

雾霾天气是一种大气污染状态，雾霾是对大气中各种悬浮颗粒物含量超标的笼统表述，尤其是 PM2.5（粒径小于 2.5 μm 的颗粒物）被认为是造成雾霾天气的"元凶"。雾霾的源头多种多样，比如汽车尾气、工业排放、建筑扬尘、垃圾焚烧，甚至火山喷发等，雾霾天气通常是多种污染源混合作用形成的。

2013 年，中国环境科学研究院对形成北京雾霾天气的 PM2.5 来源进行了整体分析，汽车尾气排在第一，占比达 22.2%，已然成为 PM2.5 的重要来源。因此，积极加大汽车的节能减排力度，有效解决机动车尾气排放问题是城市雾霾治理的重点。第一，加强高污染机动车管理，以大中重型客货运输车辆为重点，淘汰高污染机动车；第二，加速推进高品质油源应用，逐步推广国Ⅳ标准的汽、柴油使用；第三，推广城市智能交通管理，缓解城市交通拥堵，促进城市交通可持续管理；第四，大力推广新能源汽车使用。

2）温室效应

石油能源的大量消耗会带来温室气体排放问题。二氧化碳是全球最重要的温室气体，是造成气候变化的主要原因，而它主要来自化石燃料的燃烧。气候变化风险加剧，交通领域二氧化碳排放成为关注重点。据 IEA 估计，汽车二氧化碳总排放量将从 1990 年的 29 亿吨增加到 2020 年的 60 亿吨。汽车对地球环境造成了巨大影响。

为了减少汽车对全球气候变暖的影响，削减温室气体二氧化碳的排放，汽车应尽量采用小排量发动机和稀薄燃烧发动机，最大限度地提高能源利用效率，从而减少汽车对全球气候变暖的影响。为了减少汽车二氧化碳的排放量，汽车二氧化碳排放法规开始实施。2008 年，欧盟要求轿车二氧化碳排放达到 140 g/km，对于汽油车，对应油耗 6 L/100 km 以下；2020 年，达到 100 g/km。

欧盟通过减少汽车二氧化碳排放的指令来限制新车的排放，到 2020 年欧洲新车二氧化碳平均排放将逐步降至 95 g/km。美国政府发布 2025 年企业平均燃油经济性法规，法规规定市场上各车企 2017—2025 年款新车的燃油经济性平均值应当达到 54.5 mile/gal，约合百公里 4.3 L 油耗，比当前车辆水平几乎提高一倍。日本的目标是 2020 年达到 115 g/km。中国也在新的排放法规中明确指出，争取到 2020 年我国汽车排放和能耗达到国际先进水平。

3）尾气排放

据统计，全球大气污染的 42% 源于交通车辆的污染。随着城市机动车数量的快速增长，大量机动车在一定时间、空间内的相对集中，从而造成城市的某一地区在排放污染物总量上超标，机动车排气污染已成为城市大气污染的主要贡献者。因此，必须研究改善城市机动车排放污染的对策和措施。

鉴于汽车尾气的危害，人们认识到需要对汽车尾气排放的有害物质加以限制。目前，国外执行的汽车排放标准主要有欧、美、日三大体系，其中以欧洲标准应用较广。自 20 世纪 90 年代以来，我国的汽车尾气治理提上日程，治理步伐不断"提速"。1993 年，我国颁布相当于欧洲 20 世纪 70 年代的汽车尾气排放标准，2000 年 1 月 1 日该标准提高为 20 世纪 90 年代初的标准，即欧洲 I 号标准，不达标的汽车不得生产销售。欧 V 标准于 2009 年 9 月 1 日开始实施。根据这一标准，柴油轿车的氮氧化物排放量不应超过 180 mg/100 km，比欧 IV 标准规定的排放量减少了 28%；颗粒物排放量则比欧 IV 标准规定的减少了 80%，所有柴油轿车必须配备颗粒物滤网。

相对于欧 V 标准，2014 年 9 月实施的欧 VI 标准，柴油轿车的氮氧化物排放量不应超过 80 mg/100 km，与欧 V 标准相比，欧 VI 标准对人体健康的益处将增加 60%~90%。柴油面包车和 7 座以下载客车实施欧 V 和欧 VI 标准的时间分别比轿车晚 1 年。2010 年 9 月，面包车等实施欧 V 标准，面包车的氮氧化物排放量不应超过 280 mg/100 km；2015 年 9 月实施欧 VI 标准后，新款面包车的氮氧化物排放量不应超过 125 mg/100 km。

我国汽车国 III、国 IV 排放标准在污染物排放限值上与欧 III、欧 IV 标准完全相同，但在实验方法上作了一些改进，在法规格式上也与欧 III、欧 IV 标准有很大差别。《关于实施国家第五阶段气体燃料点燃式发动机与汽车排放标准的公告》中规定：自 2013 年 1 月 1 日起，所有生产、进口、销售和注册登记的气体燃料点燃式发动机与汽车必须符合国 V 标准的要求，相关企业应及时调整生产、进口和销售计划。

8.1.3 新能源汽车的优势

新能源汽车具有多个优势：
（1）能源来源途径广。
（2）可以改善能源结构，解决汽车的能源替代问题。
（3）可以实现低排放，甚至零排放行驶，具有良好的环境保护效果。
（4）行驶噪声小。
（5）可以对能量进行制动回收。
（6）结构简单，使用维护方便。

下面具体从能源与环境两方面，分析新能源汽车的优势。

1）新能源汽车能量利用率高

通过发展新能源汽车技术和推广应用新能源汽车，可以减少石油燃料的总消耗量。与传统燃油汽车相比，新能源汽车能量利用效率高。据测算，将原油提炼成汽、柴油并用于燃油汽车驱动时，平均能量利用率仅为 14% 左右。而新能源汽车中的电动汽车即使仅使用燃烧重油发电，其能量经重油提炼、电厂热电转换、电力输配、电池充电、电机损耗等环节，在电机输出轴也可得到20%左右的能量,所以电动汽车从原油到汽车车轮驱动的能量转换效率比燃油汽车高约5%(图8-3)。

图8-3 电动汽车与燃油汽车能量转换效率比较

新能源汽车可以改变能源消耗结构。例如电动汽车不再纯粹依赖于化石能源,其不受石油资源的限制,可利用核能、煤炭、水力、太阳能、风能和地热等一切可以用来转化为电能的能量(图8-4),拓宽了能源获取的渠道,有效缓解了我国的石油能源安全问题。据有关专家对石油有效利用情况分析,若利用上述类型的电能,电动汽车比燃油汽车节能70%左右,能源费用可节省50%左右,这对于中国这样一个人口众多、能源紧缺的国家是相当重要的。

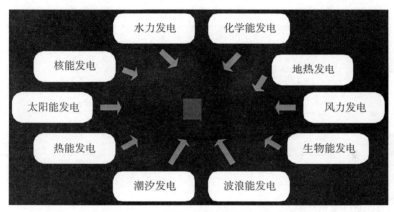

图8-4 电动汽车能源的多样化

2)新能源汽车环境污染小

雾霾天气严重影响人们的日常生活,2013年中国环境科学研究院的研究显示,汽车尾气排放是PM2.5的重要来源之一,这使得推广新能源汽车迫在眉睫,发展绿色低碳城市,应用新能源汽车代替燃油汽车,从源头上控制对环境的污染,缓解日益严重的雾霾天气。

以电动汽车为例,按照目前我国80%的高煤电比例,同等车重的电动汽车与燃油汽车相比,CO_2排放降低潜力可达30%。随着我国煤电发电水平的提高和电力来源的多元化、清洁化,电动汽车的减排效果将会更加明显。2006年通过的《可再生能源法》明确可再生能源是中国能源优先发展的领域,提出大力发展可再生能源,到2010年使可再生能源消费量达到能源消费总量的10%,实现部分可再生能源技术的商业化;到2020年达到15%的发展目标,大批可再生能源技术达到商业化水平,努力使可再生能源占一次能源总量的18%以上;到2050年可再生能源在能源消费总量中达到30%以上,成为重要的替代能源;到2100年可再生能源在能源消费总量中达到50%以上,并基本消除传统利用方式,实现能源消费结构的根本性改变。

另外,相对于燃油发动机汽车,新能源汽车产生的噪声较小。相关资料显示,电动汽车由于采用电力驱动,比同类燃油车辆低 5 dB 以上(图 8-5),表 8-1 为燃油汽车和电动汽车在不同车速下的噪声(dB)对比,从表中统计数据可以看出,电动汽车对降低城市噪声污染方面有显著优势,所以大规模推广新能源汽车将大幅度降低城市噪声。

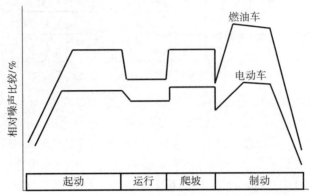

图 8-5　燃油汽车和电动汽车产生的噪声比较

表 8-1　燃油汽车和电动汽车在不同车速下的噪声　　　　　　　　　dB

汽车行驶状态	燃油汽车		电动汽车	
	车内	车外	车内	车外
匀速 35 km/h	73	67	66	66
匀速 50 km/h	70	69	70	66
加速 35 km/h	81	75	72	66
加速 50 km/h	76	72	71	66

8.2　新能源汽车概述

新能源汽车是指采用非常规的车用燃料作为动力来源(或使用常规的车用燃料、采用新型车载动力装置),综合车辆的动力控制和驱动方面的先进技术,形成的技术原理先进,具有新技术、新结构的汽车。

新能源汽车主要包括纯电动汽车、混合动力汽车、燃料电池汽车和氢内燃机汽车等。新能源汽车和普通内燃机汽车的优缺点比较如表 8-2 所示。

表 8-2　新能源汽车和普通内燃机汽车优缺点比较

类别	能量来源	能源效率	排放	制造成本	使用成本	维护成本	补充燃料	功率	质量	行驶里程/km	配套设备
普通内燃机	受限	低	无	一般	一般	一般	方便	大	轻	>400	完善
纯电动	一般	最高	一般	高	最低	高	不方便	小	重	<300	不完善
混合动力	受限	较高	无	较高	一般	最高	方便	一般	较重	>500	完善
燃料电池	困难	高	无	高	最高	高	不方便	小	一般	<300	不完善
氢内燃机	困难	高	无	高	高	高	不方便	一般	轻	>300	不完善

8.2.1 纯电动汽车

纯电动汽车（Battery Electric Vehicle，BEV）是指利用动力电池（如铅酸电池、镍镉电池、镍氢电池或锂离子电池）作为储能动力源，通过动力电池向驱动电机提供电能，驱动电机运转，从而推动电动汽车前进的一种新能源汽车，其基本结构示意图如图8-6所示。

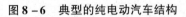

相对于燃油汽车，纯电动汽车所具有的优点如下：

（1）零排放，零污染，噪声小。
（2）结构简单，使用维修方便。

图8-6 典型的纯电动汽车结构

（3）能量转换效率高，同时可回收制动时和下坡时的能量，提高能量的利用效率。
（4）可在夜间利用电网的廉价"谷电"进行充电，起到平抑电网的峰谷差的作用。

8.2.2 混合动力汽车

混合动力汽车是指汽车动力传动系统由两个或多个能同时运转的单个动力传动系统联合组成的汽车，汽车的行驶功率依据实际的汽车行驶状态由单个动力传动系统单独或多个动力传动系统共同提供。

通常所说的混合动力汽车，一般是指油电混合动力汽车（Hybrid Electric Vehicle，HEV），即采用传统的内燃机（柴油机或汽油机）和电动机作为动力源，也有的发动机经过改造使用其他替代燃料，例如压缩天然气、丙烷和乙醇燃料等。

1）根据混合动力驱动的联结方式分类

根据混合动力驱动的联结方式，一般把混合动力汽车分为三类：

（1）串联式混合动力汽车。它主要由发动机、发电机和驱动电机三大动力总成组成，三大动力总成用串联方式组成了HEV的动力系统。

串联式混合动力汽车由内燃机直接带动发电机发电，产生的电能通过控制单元传到电池，再由电池传输给电动机转化为动能，最后通过变速机构来驱动汽车，如图8-7所示。电池对在发电机产生的能量和电动机需要的能量之间进行调节，从而保证车辆正常工作。

串联式混合动力电动汽车具有如下特点：

①车载能量源环节和混合。
②单一的动力装置。
③车载能量源由两个以上的能量联合组成。

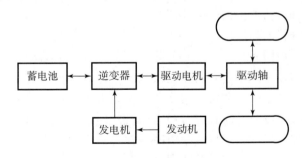

图8-7 串联式混合动力汽车结构

串联式混合动力汽车实现了车载能量源的多样化，可充分发挥各种能量源的优势，并通过适当的控制实现它们的最佳组合,满足汽车行驶的各种特殊要求。

(2) 并联式混合动力汽车。发动机和发电机都是动力总成,两大动力总成的功率可以互相叠加输出,也可以单独输出。

并联式混合动力汽车采用发动机和驱动电机两套独立的驱动系统驱动车轮,如图 8-8 所示。发动机和驱动电机通常通过不同的离合器来驱动车轮,可以采用发动机单独驱动、驱动电机单独驱动或者发动机和驱动电机混合驱动三种工作模式。当发动机提供的功率大于车辆所需驱动功率时或者当车辆制动时,驱动电机工作于发电机状态,给动力电池充电。与串联式混合动力相比,它需要两个驱动装置,即发动机和驱动电机。在相同的驱动性能要求下,由于驱动电机系统和发动机可以同时提供动力,并联式比串联式所需的发动机和驱动电机功率都要小。

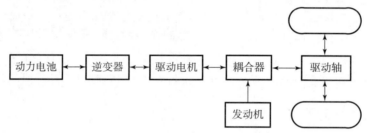

图 8-8 并联式混合动力汽车结构

并联式混合动力汽车具有以下特点:
①机械动能的混合。
②具有两个或多个动力装置。
③每一个动力装置都有自己单独的车载能量源。

(3) 混联式混合动力汽车。它是综合了串联式和并联式的结构而组成的电动汽车,主要由发动机、电动-发电机和驱动电机三大动力总成组成。

混联式混合动力汽车的内燃机系统和电机驱动系统各有一套机械变速机构,两套机构或通过齿轮系,或采用行星轮式结构结合在一起,从而综合调节内燃机与电动机之间的转速关系,可以更加灵活地根据工况来调节内燃机的功率输出和电动机的运转。

如图 8-9 所示,混联式混合动力汽车的动力传动系统中具有两个电机系统,即发电机和电机驱动系统,兼备了串联式混合动力车载能量源的混合以及并联式混合动力机械动能的混合,驱动模式灵活,能量效率更高。在实际应用中主要由两种方案,即开关式和功率分流式。

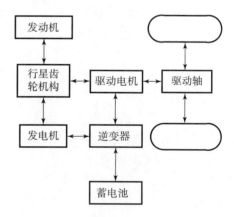

图 8-9 混联式混合动力汽车结构

如图 8-10 所示,离合器起到了串联结构和并联结构的切换作用,若离合器打开,则该混合动力传动系统即简单的串联式结构;若离合器接合且发电机不工作,则该混合动力传动系统即简单的并联式结构;若离合器接合且发电机工作于发电模式,则该混合动力传动系统即复杂的混联式结构。

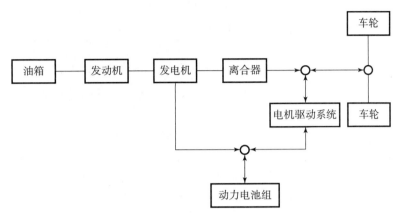

图 8-10 开关式混联式混合动力电动汽车

如图 8-11 所示，巧妙地利用了行星轮系功率分流以及 3 个自由度的特点，发动机、发电机以及驱动轴分别与行星轮系的 3 个轴相连。在正常工作时，发动机的输出动力自动分流为两部分，一部分直接输出到驱动轴，与电机驱动系统输出的动力联合组成并联式结构；一部分输出到发电机，发电机发出的电能与动力电池组组成串联式结构。

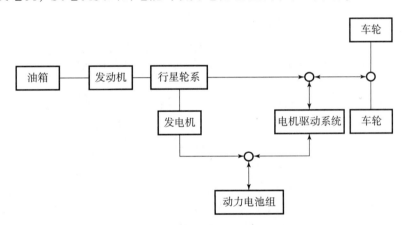

图 8-11 功率分流式混联式混合动力电动汽车

2) 根据在混合动力系统中混合度的不同分类

根据在混合动力系统中混合度的不同，混合动力系统还可以分为以下四类：

（1）微混合动力系统。代表车型是标致雪铁龙集团的混合动力版 C3 和丰田的混合动力版 Vitz。从严格意义上来讲，这种微混合动力系统的汽车不属于真正的混合动力汽车，因为它的电机并没有为汽车行驶提供持续的动力。

（2）轻混合动力系统。代表车型是通用的混合动力皮卡车。轻混合动力系统除了能够实现用发电机控制发动机的起动和停止，还能够实现：在减速和制动工况下，对部分能量进行吸收；在行驶过程中，发动机等速运转，发动机产生的能量可以在车轮的驱动需求和发电机的充电需求之间进行调节。轻混合动力系统的混合度一般在 20% 以下。

（3）中混合动力系统。本田旗下混合动力的 Insight、Accord 和 Civic 都属于这种系统。

中混合动力系统采用的是高压电机。另外,中混合动力系统还增加了一个功能:在汽车处于加速或者大负荷工况时,电动机能够辅助驱动车轮,从而补充发动机本身动力输出的不足,从而更好地提高整车的性能。这种系统的混合程度较高,可以达到30%,目前技术已经成熟,应用广泛。

(4)完全混合动力系统。丰田的 Prius 和未来的 Estima 属于完全混合动力系统。该系统采用了272~650 V 的高压启动电机,混合程度更高。与中混合动力系统相比,完全混合动力系统的混合度可以达到甚至超过50%。

8.2.3 燃料电池汽车

燃料电池汽车(FCEV)是一种用车载燃料电池装置产生的电力作为动力的汽车。与通常的电动汽车比较,其动力方面的不同在于 FCEV 用的电力来自车载燃料电池装置,电动汽车所用的电力来自由电网充电的蓄电池。

与传统汽车相比,燃料电池汽车与传统的内燃机驱动汽车在构造及动力传输等方面的不同,对汽车的整体设计提出了新的要求。燃料电池汽车的动力系统主要由燃料电池发动机、燃料存储装置(主要用于储氢)、驱动电机、动力电池组等组成(图8-12),采用燃料电池发电作为主要能量源,通过电动机驱动车辆前进。

燃料电池汽车具有效率高、节能环保(以氢气为能源、排放物为水)、运行平稳、噪声小等优点。

燃料电池作为电动汽车的动力来源,其特点主要表现在:

(1)能量转化效率高。燃料电池的能量转换效率可高达60%~80%,为内燃机的2~3倍。

(2)不污染环境。燃料电池的燃料是氢和氧,生成物是清洁的水,它

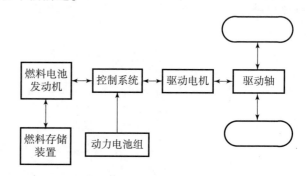

图8-12 燃料电池汽车结构

本身工作不产生 CO 和 CO_2,也没有硫和微粒排出,没有高温反应,也不产生 NO_x。如果使用车载的甲醇重整催化器供给氢气,仅会产生微量的 CO 和较少的 CO_2。

但现阶段,燃料电池的许多关键技术还处于研发试验阶段。此外,燃料电池的理想燃料——氢气,在制备、供应、储运等方面距离产业化还有大量的技术与经济问题有待解决。

作为燃料电池必不可少的反应催化剂——稀有金属铂金(Pt)被大量应用。按照现有燃料电池对铂金的消耗量,地球上所有储量都用来制造车用燃料电池,也仅能满足几百万辆车的需求。因此如何降低稀有金属用量也是燃料电池汽车推广应用的技术和资源瓶颈之一。

8.2.4 氢内燃机汽车

氢内燃机汽车(HICEV)是靠内燃机燃烧氢气(通常分解甲烷或电解水取得)及空气中的氧产生动力的汽车,如图8-13所示。

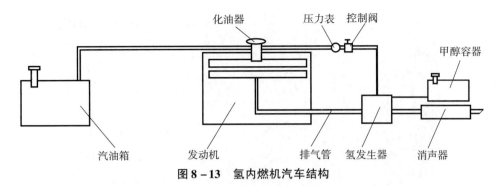

图 8－13　氢内燃机汽车结构

氢内燃机汽车是传统汽油内燃机汽车的改动版本。氢内燃机直接燃烧氢,不使用其他燃料并产生水蒸气排出。但问题是氢燃料容易很快耗尽,载满氢气的油箱只能支持行驶较短的里程。

氢内燃机汽车的优点：排放物是纯水,行驶时不产生任何污染物。氢内燃机汽车的缺点：氢燃料的存储和运输按照目前的技术条件来说非常困难,因为氢分子非常小,极易透过储藏装置的外壳逃逸。另外最致命的问题是,氢气的提取需要通过电解水或者利用天然气,如此一来同样需要消耗大量能源,除非使用核电来提取,否则无法从根本上降低二氧化碳排放。

8.3　国外新能源汽车发展现状

燃油汽车的其中一个优势在于世界石油的储备充足,但 1973 年出现的石油危机,让大家意识到这种资源不是源源不断的,同时燃油汽车最大的弊端就是对环境的污染严重,很多城市逐渐开始面临空气污染问题,迫使人们开始关注环保问题,就像 1952 年,伦敦由于空气原因死亡了 4 000 多人,美国底特律——汽车城,同样因为环境问题导致大量人口搬迁。慢慢地,人们越来越关注环保问题,电动汽车也重新进入人们的视野中,人们开始不断地寻找新能源来取代传统的石油和煤炭等能源材料。

1970 年,美国颁布了《清洁空气法案》,再加上 1973 年爆发的第一次石油危机,激起了人们开发燃油汽车替代品的兴趣。到 1976 年,美国国会采取措施,通过了电动和混合动力汽车研究开发和示范法案,该法案由美国能源部授权,用于支持和开发电动汽车和混合动力汽车。

20 世纪 70 年代的电动汽车生产市场上,两家公司成为领导者,其中排名第一的是 Sebring - Vanguard,它生产了超过 2 000 辆 CitiCars 电动汽车（图 8 - 14）。到 2011 年,CitiCars 及它的系列电动汽车仍旧是美国生产量最多的电动汽车（后来被特斯拉电动跑车所超越）。CitiCars 最高速度能够达到 44 mile/h,续航里程在 50 ~ 60 mile 之间。

20 世纪八九十年代,废气排放量监管促使汽车生产商将目标投向电动汽车。在 1990 年颁布的《清洁空气法修正案》和 1992 年颁布的《能源政策法案》促使市场对电动汽车再次进行投资。加州空气资源委员会甚至还通过一项新的法规,要求汽车生产商需生产和销售零废气排放的汽车,这样才允许他们在该州出售其他车辆。

1992 年,美国三大汽车公司通用、福特、克莱斯勒组成了美国先锋电子财团,从事电

图 8-14 Sebring-Vanguard 生产的 CitiCars

动汽车的开发，重点研究新型蓄电池、轻质材料在电动汽车上的应用，低滚动阻力的轮胎，制动再生电能系统，快速充电装置等。2001 年 8 月，通用汽车公司推出了世界上首辆配置汽油转化器的燃料电池汽车，这是一款基于雪佛兰 S10 皮卡车的原型车。

丰田公司于 1996 年 11 月在第 13 届国际电动车会议上推出日本第一辆燃料电池电动汽车 Prius（图 8-15）。日本的本田也在 1999 年推出 Honda Insight 混合动力车型（图 8-16）。这款车型创造了当时全球最低的油耗（每升汽油行驶 35 km）和最清洁的排放（每行驶 1 km 仅排放 80 g 二氧化碳）。

图 8-15 第一代丰田 Pruis

2006 年，特斯拉宣布计划推出续航里程达到 200 mile 的电动汽车，这条消息轰动了整个电动汽车市场。到 2011 年，特斯拉拥有了其第一款电动汽车 Roadster（图 8-17），其续航里程超过了 240 mile，售价超过 10 万美元。

图 8-16 第一代 Honda Insight

图 8-17 特斯拉 Roadster

日产 Leaf（图 8-18）续航里程为 100 mile，价格在 3 万美元左右，这款电动汽车目前仍旧是全球销量最好的电动汽车。截至 2017 年年底，日产共卖出 30 多万辆 Leaf。

近年来，随着新能源汽车的大力发展，新能源汽车的销量也在不断增高，下面主要介绍美国、欧洲和日本的新能源汽车发展情况。

1）美国

根据国外网站统计，2016 年美国新能源汽车总销量为 15.9 万辆，是 2015 年总销量的 1.4 倍，占 2016 年全球总销量的 23.95%。纯电动汽车和插电式车型依旧是市场的主要销售车型，其市场比例如图 8-19 所示。新能源汽车销量前三的车型分别是特斯拉 Model S（2 9421 辆）、雪佛兰 Volt（24 739 辆）和特斯拉 Model X（18 223 辆）。2016 年美国新能源汽车销量前 10 排名如图 8-20 所示。

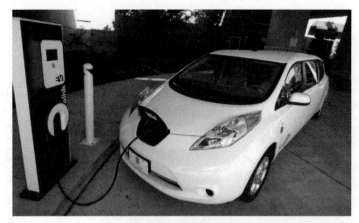

图 8-18　日产 Leaf

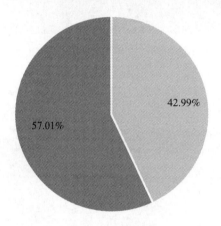

■ 纯电动汽车　■ 混合动力汽车

图 8-19　2016 年美国纯电动汽车和插电式车型市场占比

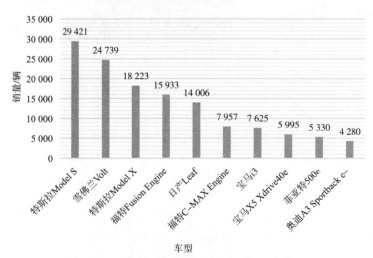

图 8-20　2016 年美国新能源汽车销量前 10 排名

2) 欧洲

欧洲的电动汽车实质上从 2011 年开始启动,在 2015 年实现了快速增长(插电式混合动力汽车整体增速 177%、纯电动汽车整体增速 52%),在 2016 年,欧洲销售的新能源汽车总量超过 50 万辆,达到 510 090 辆。2016 年欧洲各国新能源汽车销售情况如图 8-21、表 8-3 及表 8-4 所示。

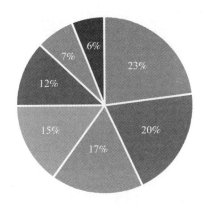

■挪威 ■英国 ■其他国家 ■法国 ■德国 ■瑞典 ■荷兰

图 8-21 2016 年欧洲各国新能源汽车销售占比(彩插)

表 8-3 2016 年欧洲新能源汽车销量整体情况

新能源汽车类型	2016 年销量/辆	市场增长情况/%
纯电动汽车	90 795	3
插电式混合动力汽车	112 999	17
油电混合动力汽车	303 506	29

表 8-4 2016 年欧洲各国新能源汽车销量排名情况

销量排名	纯电动汽车/辆	插电式混合动力汽车/辆	油电混合动力汽车/辆
1	法国:21 751	英国:24 714	英国:52 002
2	德国:11 410	荷兰:18 612	法国:50 961
3	英国:10 264	德国:13 751	意大利:37 128

3) 日本

早在 1997 年,日本丰田公司就率先推出了全球首款量产混合动力汽车 Prius,截至 2017 年 1 月,其全球销量已超过 390 万辆。此外,丰田已在公司的十几种车型上采用了混合动力技术。2014 年年底,丰田在全球首次面向普通消费者销售氢燃料电池汽车 Mirai,续航里程可达 650 km。日本本田也在混合动力技术上大举投入,在日本国内有 47% 的本田车 Clarity。日产和三菱等公司则将目光投向了纯电动汽车。2010 年,日产推出纯电动汽车 Leaf,其最新款一次充电续航里程可达 378 km,可基本满足中短距离交通需求。但是日本现阶段普及量最大的车型为混合动力汽车,其主要原因在于不断增加的车型填补了市场的空白,给消费者提供更多选择。2011—2016 年日本新能源汽车销量如图 8-22 所示。

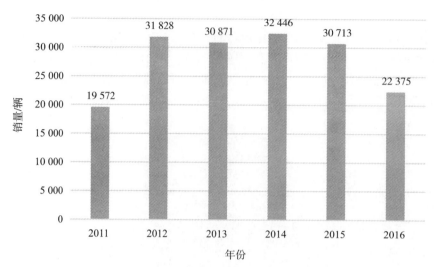

图 8-22　2011—2016 年日本新能源汽车销量

2016 年，受丰田 Prius 退市的影响，日本新能源汽车市场甚至下滑到 2 万辆左右的市场规模。2017 年是日本新能源汽车的大年，丰田推出了第二代 Prius Prime PHEV，日产也推出了 40 kW·h 的 2018 款 Leaf，使得前三季度的销量就超过了 3 万辆，达到了 35 349 辆。在日本市场，畅销的新能源汽车主要是 Prius Prime PHV、Leaf 和 Outlander PHEV，其他车型的销量都在 300 辆以内。

8.4　我国新能源汽车发展现状

中国新能源汽车产业始于 21 世纪初。2001 年，新能源汽车研究项目被列入国家"十五"期间的"863"重大科技课题，并规划了以汽油车为起点，向氢动力车目标挺进的战略。"十一五"以来，我国提出"节能和新能源汽车"战略，政府高度关注新能源汽车的研发和产业化。

我国新能源汽车发展主要分为两大阶段：第一阶段是以混合动力汽车为主，燃料电池汽车等新能源汽车为辅的发展方向，开拓新能源汽车市场；第二阶段是在纯电动汽车技术成熟的基础上，纯电动汽车逐步替代混合动力汽车及燃料电池汽车以至于完全占据新能源汽车市场，实现零排放的阶段。

2008 年，新能源汽车在国内已呈全面出击之势。2008 年成为我国"新能源汽车元年"。2008 年 1—12 月新能源汽车的销量增长主要是乘用车的增长，1—12 月新能源乘用车销售 899 台，同比增长 117%，而商用的新能源车共销售 1 536 台，1—12 月同比下滑 17%。

2009 年，在密集的扶持政策出台背景下，我国新能源汽车驶入快速发展轨道。虽然新能源汽车在中国汽车市场的比例依然微乎其微，但它在中国商用车市场上的增长潜力已开始释放。2009 年 1—11 月，新能源乘用车销量同比下降 61.96%，至 310 辆。2009 年 1—11 月，新能源商用车——主要是液化石油气客车、液化天然气客车、混合动力客车等——销量同比增长 178.98%，至 4 034 辆。相比在乘用车市场的冷遇，"新能源汽车"在中国商用车市场已开始迅猛增长。

2010年，我国正加大对新能源汽车的扶持力度，2010年6月1日起，国家在上海、长春、深圳、杭州和合肥等5个城市启动私人购买新能源汽车补贴试点工作。2010年7月，国家将十城千辆节能与新能源汽车示范推广试点城市由20个增至25个。选择5个城市作为对私人购买节能与新能源汽车给予补贴试点。新能源汽车正进入全面政策扶持阶段。

2011—2015年开始进入产业化阶段，在全社会推广新能源城市客车、混合动力轿车、小型电动车。

据相关统计，截至2013年上半年，在一系列的政策支持下，我国新能源汽车产销比上年同期有较快增长。新能源汽车销售达到5 889辆，比上年同期增长42.7%，其中纯电动汽车为5 114辆，插电式混合动力汽车达到775辆。

"十二五"期间，国家大幅提高纯电动汽车、插电式混合动力汽车累计产销量，初步形成与市场规模相适应的充电设施体系和新能源汽车商业运行模式。到2020年则实现纯电动汽车、插电式混合动力汽车累计产销量在2015年的基础上再上一个新台阶，实现规模化商业运营。

发展新能源汽车是国家战略。经过10余年的研究开发和示范运行，我国新能源汽车行业已经形成了从原材料供应、动力电池、整车控制器等关键零部件研发生产，到整车设计制造，以及充电基础设施的配套建设等完整的产业链，具备了产业化基础。

2012年国务院出台《节能与新能源汽车产业发展规划（2012—2020年）》，提出了新能源汽车行业具体的产业化目标：到2020年，纯电动汽车和插电式混合动力汽车生产能力达到200万辆，累计产销量超过500万辆。此后，国家接连出台了一系列配套补贴优惠政策，这些政策以车辆购置补贴政策为主，包括全国范围内的车辆购置税减免、政府及公共机构采购、扶持性电价、充电基础设施建设支持等，对新能源汽车行业进行全方位扶持。

在国家及地方政府配套政策的支持下，我国新能源汽车实现了产业化和规模化的飞跃式发展。2011年我国新能源汽车产量仅0.8万辆，占全国汽车产量的比例不到千分之一；2017年我国新能源汽车产量已达到79.4万辆，占全国汽车产量的比例超过2.7%，如图8-23所示。2018年前11个月，我国新能源汽车产销分别达到105.4万辆和103万辆，同比分别增长63.6%和68%。

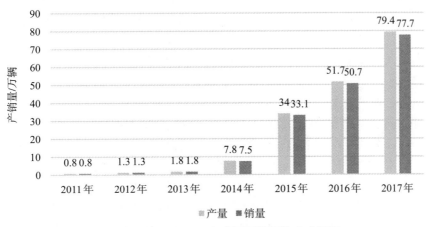

图8-23　2011—2017年我国新能源汽车产销量

我国已经连续三年位居全球新能源汽车产销第一大国。2017年，全球新能源汽车总销量超过142万辆，累计销售突破340万辆。截至2017年年底，我国新能源汽车累计销量达到180万辆,在全球累计销量中超过50%。无论是销量、增速还是全球市场份额,中国均为世界第一。

虽然我国新能源汽车发展迅速,但也有一定的弊端。当前,新能源汽车技术水平提高很快,市场规模逐步扩大,但也出现了盲目发展的苗头,在这样的背景下,非常有必要强化企业主体责任和政府监管责任,规范和引导市场主体投资行为,加强技术创新和企业合作,防范盲目建设和无序发展。

以上是从宏观角度介绍我国新能源汽车整体的发展水平,下面从具体几个重点领域进行介绍,包括乘用车、客车、专用车、充电桩和动力电池。

(1) 新能源乘用车方面。2017年,我国新能源乘用车销售57.8万台,占新能源汽车总销量的74%。2017年新能源乘用车销量排名前十的企业分别是比亚迪、北汽新能源、上汽乘用车、知豆、众泰、奇瑞、江铃、长安、江淮、吉利,如图8-24所示。

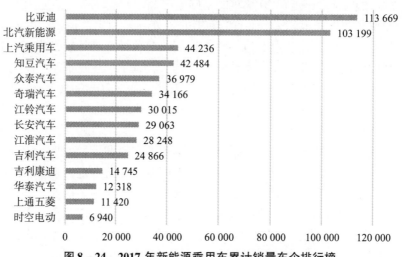

图8-24 2017年新能源乘用车累计销量车企排行榜

(2) 新能源客车方面。2017年,我国新能源客车销售8.7万台,主要企业有:宇通、比亚迪、福田、厦门金龙、厦门金旅、苏州金龙、珠海银隆、安凯客车、南京金龙、中通客车、湖南中车时代、申龙客车等。

(3) 新能源专用车方面。2017年,我国新能源专用车销售15.2万辆。2017年新能源专用车销量排名前十的企业分别是东风、湖北新楚风、陕西通家、大运汽车、南京金龙、中通客车、重庆瑞驰、奇瑞汽车、成功汽车、吉利商用车,如图8-25所示。

(4) 充电桩方面。截至2017年年底,全国充电桩数量达45万个,公共充电设施已基本完成新国标升级,公共充电桩21万个,同比增长了51%。按172万辆的新能源汽车保有量计算,新能源汽车车桩比约为3.8∶1。充电基础设施仍然是我们发展的短板。

(5) 动力电池方面。2017年我国新能源汽车(EV+PHEV)动力电池装机总电量约36.24 GW·h,相比2016年28 GW·h的数据,同比增长约29.4%。2017年动力电池装机量排名前十的企业分别是宁德时代、比亚迪、沃特玛、国轩高科、比克动力、孚能、力神、国能、亿纬锂能、智航,如图8-26所示。

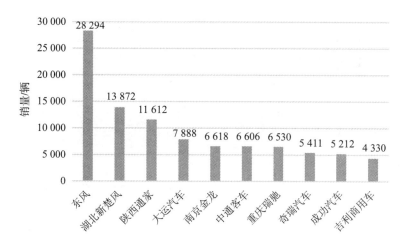

图 8-25　2017 年新能源专用车销量前十名

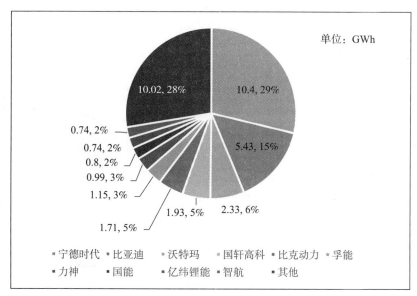

图 8-26　2017 年动力电池企业装机量排行（彩插）

8.5　新能源汽车的代表性产品

8.5.1　纯电动汽车

1. 特斯拉 Model S

特斯拉 Model S（图 8-27）是一款由特斯拉汽车公司制造的全尺寸高性能电动轿车，外观造型方面，该车定位一款四门 Coupe 车型，动感的车身线条使人过目不忘。另值得一提的是，特斯拉 Model S 的镀铬门把手在触摸之后可以自动弹出，充满科技感的设计从拉开车门时便开始体现。

图 8-27 特斯拉 Model S

动力方面，特斯拉 Model S 将提供两种不同能量的电池供消费者选择，分别为 75 kW·h 和 100 kW·h，这两种不同容量的电池将为车辆提供 469 km 和 570 km 的最大巡航里程。Model S 的性能表现十分出色，0～100 km/h 加速最快仅需 2.7 s。通过 Autopilot 自动辅助驾驶，Model S 还可以使高速公路驾驶更为安全且轻松。

2. 比亚迪·宋 EV400

在换上全新造型的前保险杠后，比亚迪·宋 EV400（图 8-28）的整体造型比上一代比亚迪·宋 EV300 轻便了不少，通过车身线条的勾勒和双色车顶搭配，令比亚迪·宋 EV400 更具动感。侧身基本都是俯冲的线条，并在车尾处有大角度上扬，动感十足，但少了几分稳重。尾部造型比较圆润，尾灯与前大灯设计相呼应，整体与上一代变化不大。

大灯使用了时下流行的鹰眼式造型，再配上点阵式日间行车灯，视觉效果非常不错。内部加入的蓝色灯组点缀，表明了自己新能源汽车的身份。

图 8-28 比亚迪·宋 EV400

电池能量由原 48 kW·h 提升 61.9 kW·h，而电池能量密度也由 96 W·h/kg 提升至最高 140.97 W·h/kg。0～60 km/h 加速时间为 4.8 s。新车 NEDC 综合工况续航里程可达 360 km，在 60 km/h 等速状态下续航里程可达 400 km。

3. FF 91

FF 91（图 8-29）是全球化的互联网生态电动车公司 Faraday Future 首款量产车，美国当地时间 2017 年 1 月 3 日（北京时间 2017 年 1 月 4 日）在美国拉斯维加斯全球首发。

FF 91 的车身设计纯粹、简洁而聚焦，它拥有 5 250 mm×2 283 mm×1 598 mm 的长宽高车身尺寸，轴距 3 200 mm。整车运用了大量的空气动力学设计元素，风阻系数仅为 0.25，圆润的车头与富有棱角的车尾设计让整车拥有极佳的动态表现。大量轻量化铝合金车身材质的采用，让整车更轻也更加坚固，不仅大幅提升车辆的续航里程，而且也为用户带来了前所未有的安全感。

FF 91 的车身圆弧形的车辆线条从车头一直延伸而下，两条棱线将车辆分割开来，这样的设计元素除了让外形层次感更加分明以外，还可以为整车带来更好的空气动力学特性。尾部造型同样美轮美奂，流线型线条的勾勒让整车显得动感十足，层次感分明的车尾也让整车视觉效果大气磅礴。

图 8-29　FF 91

8.5.2　混合动力汽车

1. 比亚迪·唐

新一代唐插电式混动版会根据不同配置的车型来提供不同的电池容量，纯电续航里程分为 80 km 和 100 km 两种。悬浮的 C 柱和双腰线设计，进一步强化了这款拥有 4.5 s 百公里加速性能的 SUV 的运动感，并且使侧面视觉更加立体、耐看（图 8-30）。

图 8-30　比亚迪·唐侧面

一体双联，精确识别在尾部（图 8-31），全新一代唐展现出来的设计关键词是"简洁"与"识别"。后雨刮被隐藏在上扰流尾翼，显得车后窗及尾门一马平川，看不见多余的设计。一体成形的"双联尾灯"，不仅让这款大 7 座 SUV 在视觉上像跑车那样扁平、宽体、动感，更能成为让人一眼就认出这款车的重要标识。

内饰方面，全新一代唐十分简约（图 8-32），14.6 in 的全触摸中控大屏也让内饰降低了按键的布局，悬浮的设计也显得科技感十足，用料方面也采用了大量的皮质进行包裹，营造出不错的高级感，很符合现代的简约审美。

图 8-31 比亚迪·唐尾部

图 8-32 比亚迪·唐内饰

2. 丰田普锐斯（Prius）

普锐斯是丰田汽车公司的一款混合动力车，其核心是 TOYOTA 第二代油电混合动力系统 THSII，使用的 THSII 更有效地组合了串联式和并联式，使两者的优势发挥到极致。普锐斯于 1997 年 10 月底问世，是世界上最早实现批量生产的混合动力汽车。普锐斯因革命性地降低了车辆燃耗和尾气排放，其划时代之意义与先进性得到了全世界的高度评价。普锐斯配备了智能门锁与按钮启动系统和电子排挡系统，此外，还配备了智能泊车辅助系统和独特的 EV 驾驶模式。

新款普锐斯 C 在外观整体造型上没有变化（图 8-33），主要在细节上有所调整，使得整体看起来更加运动。调整的细节主要包括新车在雾灯区域边缘加入了黑色装饰，同时对侧裙、后扰流板、后保险杠下方加入了黑色饰件及包围。另外，新车还有一项升级，就是铝合金轮圈为全系标配。

图 8-33　2018 款丰田普锐斯 C 外观

内饰方面新款车型没有变化（图 8-34），主要升级体现在安全配置方面。新款普锐斯 C 将标配丰田 SafetySense-C 安全套件，这个套件包括预碰撞紧急刹车、车道偏离预警、自动远光灯等。在动力方面，新车没有变化，依然搭载 1.5 L 四缸发动机与电动机组成的混合动力系统，最大输出功率为 73 kW（100 马力）。

图 8-34　2018 款丰田普锐斯 C 内饰

8.5.3　燃料电池汽车

1. 丰田 Mirai

丰田 Mirai（图 8-35）外观设计非常前卫，看上去霸气十足。细长的车灯，夸张的前格栅设计，不仅仅是出于美观和运动造型考虑，还能最大范围地吸入空气，为燃料电池系统提供氧气并散热。尾灯采用分体式设计，采用大量 LED 光源，看上去科技感十足。该车综合续航里程可以达到 650 km，百公里加速为 9.6 s。

图 8-35 丰田 Mirai

2. 现代 Nexo

现代 Nexo 的总行驶里程约为 595 km，其中三个氢气储罐的总储存量为 156.6 L，如此大的储气量其总充气时间仅用 5 min。

外观方面（图 8-36），现代 Nexo 在设计方面大量汲取了 FE Fuel Cell 燃料电池概念车的设计元素，据官方介绍，其灵感源自自然和水，象征着该车型零排放的特性。

图 8-36 现代 Nexo 外观

自然、流畅、不做作的造型设计，前脸延续了此前概念车的设计理念，中网完全就是大嘴式的冲击感，前进气格栅采用了十分普通的倒梯形设计，格栅、饰条的夸张设计风格，使得车头增添了许多所谓的前卫、大胆气息。格栅内部除了横长幅的融入之外，还加入了波浪状的设计元素。前大灯则沿用了众多车型的分体式设计概念，日间行车灯在造型上十分修长，银色饰条的融入，更加深了人们对这种拉伸感的印象。

车尾方面（图 8-37），现代 Nexo 的整体轮廓较为简洁，三角形的尾灯组采用黑底设计，造型也与大灯相呼应。此外，该车型的 D 柱处利用黑色饰条营造出了与众不同的悬浮式车顶效果，使整车看起来更加动感。

图 8-37 现代 Nexo 尾部

内饰方面（图 8-38），内舱的层次感、沉稳度以及科技感，使得整车内部空间的格调，被营造出相当前卫、超现代，且丰富多彩的氛围。7 in + 12.3 in 的贯穿式中控屏更是让人感觉到满满的科技感，中控台采用了生物材料，符合人们对环保、新能源的期许。仪表盘依然是液晶样式，这种风格可见于奔驰诸多款车型。搭配上双辐式方向盘，使整车内饰更为新颖。除了常规配置之外，该车型的内部还配备了空气加湿装置，可以循环利用由氢能转化出的水，以创建更适宜的客舱环境。

图 8-38 现代 Nexo 内饰

8.5.4 其他新能源汽车

1. 氢内燃机汽车——长安氢程

2008 年 4 月 20 日，长安自主研发的中国首款氢动力概念跑车氢程（图 8-39）震撼亮相北京车展，氢程以先进的理念、领先的技术和出色的设计，成为闪耀本届车展的最耀眼夺目的概念车型。长安氢程氢动力概念跑车，展示了氢能源汽车节能环保，兼顾充沛的动力性和驾乘舒适性的优越性，对未来氢能源的实际应用具有示范意义；同时也为人们利用能源多样化、持续畅享汽车文明与生活提供了无限遐想。

这款融汇了长安汽车前沿设计理念的概念跑车，凭借流畅的外观线条和舒适内饰，在极具未来艺术风格的非凡设计中，体现了人与自然的优美融合。

图 8-39　长安氢程

据长安集团介绍，长安氢动力概念跑车氢程的整体设计灵感源自水流等自然形态，体现了一种人与自然相融合的现代设计理念。其外形设计源自水流急速流动时的状态，通过富有张力的形面、雕塑感的线条分割，刚柔并济，体现了东方传统神韵与现代科技的完美结合。氢程的内饰设计则源自水流静静流过顽石的自然形态，动静结合，在光影的幻化间体现出"明月松间照，清泉石上流"的意境，营造出舒适的驾乘空间。全景式车窗的设计给氢程带来独一无二的视觉效果，将人与自然完全融合为一体，让驾乘者充分接近自然，做到了运动与舒适的完美结合。同时，这种设计使车身的风阻系数降低到 0.26，还大大提升了整车的燃料经济性。

长安氢动力概念跑车氢程，不仅外观造型优美和谐，更以其零排放成为真正的绿色汽车。长安氢动力概念跑车氢程的最大亮点是其在燃料上的革新。氢程氢动力概念跑车，搭载长安具备全球领先技术的增压中冷氢内燃机，以氢能源作为直接燃料，体现了长安汽车在新能源运用和动力系统研究等领域的核心突破和创新成就。氢程搭载长安具备全球领先技术且已成功点火的增压中冷氢内燃机，直接以压缩氢气为燃料，配合总线电控及紧凑的人机工程布置，充分展现了高效、科技与环保特色。其性能不仅可以达到汽油机的水平，效率上还比同排量的汽油机高 30% 以上、HC、CO、CO_2 的排放几乎为零，完全可实现超低排放并具有良好的低温起动性。而且，氢程在一次性加足燃料的情况下，巡航距离可达 230 km 以上。由于采取全铝车身结构设计，氢动力概念跑车整体尺寸虽达 4 600 mm × 1 870 mm × 1 350 mm，整备质量却仅为 750 kg。配合高性能增压中冷氢内燃机，使得它的质量功率比高达 5.46 kg/马力，0~100 km/h 加速时间轻松进入 6.5 s，最高速度更是突破了 230 km/h。

2. 太阳能汽车——汉能 Solar A

汉能集团在 2018 上海 CES 展上亮相了太阳能电动车 Solar A（图 8-40），并公布了更多新车的参数细节。该车搭载一块全太阳能电池，电池容量为 40 kW·h，续航里程可达 420 km，0~100 km/h 加速时间为 9.5 s。

图 8-40　汉能 Solar A

汉能集团在 2016 年就发布了四款太阳能电动车，分别为 Solar O、Solar R、Solar L 以及 Solar A。Solar A 的整体设计颇为方正，车身尺寸方面，新车长/宽/高分别为 4 326 mm/1 808 mm/1 717 mm，轴距 2 880 mm，整备质量为 1 200 kg。此外，新车采用了 4 座布局。Solar A 的侧面和尾部如图 8-41 和图 8-42 所示。

图 8-41　汉能 Solar A 侧面

新车使用了汉能自家的砷化镓薄膜太阳能电池芯片技术，在一定的光照条件下能实现光电转化，并结合储能系统、智能控制系统可实现利用太阳能给车辆电池充电。在行车状态时，太阳能薄膜面积为 5 m^2，静止展开时面积可达 7.5 m^2，光照 5~6 h，发电量在 8~10 kW·h，可以驱动汽车行驶 80 km 左右。

图 8-42 汉能 Solar A 尾部

第 9 章
智能网联汽车

9.1 智能网联汽车概述

近年来,随着节能与新能源汽车技术的崛起,中国汽车产业迎来了发展的黄金时期。但是,随着汽车保有量的不断增长,能源、环境、安全以及交通拥堵等方面的形势不容乐观。2017 年,我国汽车产销量已达到 2 900 万辆,连续九年位于世界第一位,汽车保有量已达 2.17 亿辆。与此同时,我国因交通事故死亡的人数连续多年处于世界前几位,每年造成的直接经济损失达 10 亿元,这一数字同欧美等发达国家一样高。研究表明,高级驾驶辅助系统(ADAS)、车-车/车-路协同(V2V/V2X)、自动驾驶等车辆智能化、网联化技术的应用可以降低汽车交通事故发生概率的 50%~80%,可以使交通通行效率提升10%~30%,并极大地提升汽车的驾乘感受,提高舒适性。

在此背景下,具有智能化和网联化特点的智能网联汽车逐步成为汽车行业发展的下一个爆发点。在当今以移动互联、大数据、云计算、人工智能、5G 通信技术为代表的新一轮科技革命方兴未艾之时,中国政府提出了"中国制造 2025"及"互联网+"发展战略,大力推动产业转型升级和结构优化调整,而智能网联汽车处于传统汽车产业与新兴互联网产业的交叉点,其自身规模大、带动效应强、国际化程度高、资金技术人才密集,必将成为新一轮科技革命以及中国制造业转型升级的重要支柱。

智能网联汽车(Intelligent Connected Vehicle,ICV)是指搭载先进的车载传感器、控制器、执行器等装置,并融合现代通信与网络技术,实现车与 X(人、车、路、云端等)智能信息交换、共享,具备复杂环境感知、智能决策、协同控制等功能,可实现"安全、高效、舒适、节能"行驶,并最终可实现替代人来操作的新一代汽车。智能网联汽车的概念不同于车联网,前者侧重于车辆本身,而车联网(Internet of Vehicles,IoV)是由车辆位置、速度和路线等信息构成的巨大交互网络,它所描述的是包括"端-管-云"三级体系在内的网络结构。智能网联汽车、智能汽车与车联网、智能交通等概念间的相互关系如图 9-1 所示。智能汽车隶属于智能交通大系统,而智能网联汽车则属于智能汽车与车联网的交集。

智能网联汽车技术的出现,使汽车厂商能

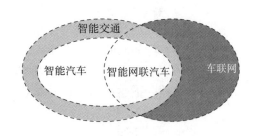

图 9-1 智能网联汽车、智能汽车与车联网、智能交通等概念间的相互关系

够为消费者提供全方位的个性化服务，提升汽车智能化水平和自动驾驶能力，改善汽车驾乘感受，提升消费者的使用体验；通过汽车、道路和基础设施的相互联通，能够有效提高道路通行效率，减少交通碰撞事故的发生。发展车联网及智能网联汽车技术，对促进汽车和信息通信产业创新发展，构建汽车和交通服务新模式新业态，推动自动驾驶技术创新和应用，提高交通效率和安全水平具有重要意义。因此，建立完善的智能网联汽车标准体系，引导和推动我国智能网联汽车技术发展和产品应用，培育我国智能网联汽车技术自主创新环境，提升整体技术水平和国际竞争力，是构建安全、高效、健康、智慧运行的未来汽车社会的必由之路。

为全面实施"中国制造2025"，深入推进"互联网+"，推动相关产业转型升级，大力培育新动能，2017年年底，工业和信息化部和国家标准化管理委员会印发了《国家车联网产业标准体系建设指南（智能网联汽车）》，其中明确了智能网联汽车的技术逻辑应以"信息感知"和"决策控制"为主线，应将信息感知、决策预警、智能控制作为发展的技术核心，并逐渐完成替代驾驶员驾驶的任务，实现完全自动驾驶。智能网联汽车技术分类如图9-2所示。智能网联汽车通过智能化与网联化两条技术路径协同实现"信息感知"和"决策控制"功能。

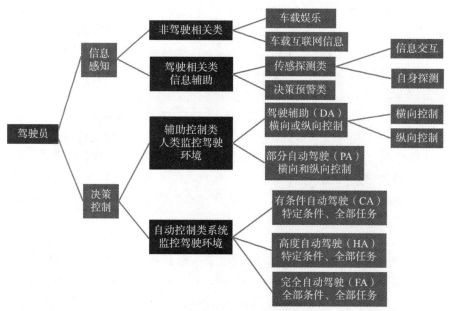

图9-2　智能网联汽车技术分类

从图9-2中可以看出，作为智能网联汽车决策控制的主要技术，自动驾驶可以分为5个级别。行业内较为公认的分级主要有两种，即NHTSA标准和SAE标准。2013年，美国交通部下辖的美国国家公路交通安全管理局（NHTSA），率先发布了自动驾驶汽车的分级标准，其对自动驾驶的描述分为0级的非自动驾驶和4个级别的自动驾驶分级：

（1）特定功能自动化：包含基本的自动驾驶辅助功能，比如防抱死、电子稳定控制、车道保持及其他类似功能。

（2）部分自动化：整合多项功能，通常包括自适应巡航控制和车道保持功能，汽车可以自动行驶，但是需要人类驾驶员的频繁监视和及时干预。

(3) 有条件自动化：可以完全实现自动驾驶，但是在不同情况下，行驶过程中可能会需要人类驾驶员作出决定，但是人类驾驶者无须作出及时的应答。

(4) 完全自动化：汽车无须人为干预，可以自行作出决定。

现阶段认可度更高的一种标准是国际自动机工程师学会（SAE）在2014年制定的自动驾驶汽车分级标准，其对自动化的描述分为除0级非自动驾驶外的5个等级。美国交通部在2016年发布的针对自动驾驶汽车的首项联邦指导方针——《自动驾驶汽车联邦政策》（Federal Automated Vehicles Policy），宣布采用在世界范围内应用更加广泛的SAE分级标准。

中国国家制造强国建设战略咨询委员会在2016年10月发布了《节能与新能源汽车技术路线图》（以下简称《路线图》），参考了SAE对自动驾驶智能汽车的分级，并结合我国国情以及道路条件，明确了智能网联汽车智能化、网联化两个层面的分级，如表9-1和表9-2所示。

表9-1 智能化等级

智能化等级	等级名称	等级定义	控制	监视	失效应对	典型工况
人监控驾驶环境						
1（DA）	辅助驾驶	系统根据环境信息执行转向和加减速中的一项操作，其他驾驶操作都由人完成	人与系统	人	人	车道内正常行驶，高速公路无车道干涉路段，泊车工况
2（PA）	部分自动驾驶	系统根据环境信息执行转向和加减速操作，其他驾驶操作都由人完成	人与系统	人	人	高速公路及市区无车道干涉路段，换道、环岛绕行、拥堵跟车等工况
自动驾驶系统（"系统"）监控驾驶环境						
3（CA）	有条件自动驾驶	系统完成所有驾驶操作，根据系统请求，驾驶员需要提供适当的干预	系统	系统	人	高速公路正常行驶工况，市区无车道干涉路段
4（HA）	高度自动驾驶	系统完成所有驾驶操作，特定环境下系统会向驾驶员提出响应请求，驾驶员可以对系统请求不进行响应	系统	系统	系统	高速公路全部工况及市区有车道干涉路段
5（FA）	完全自动驾驶	系统可以完成驾驶员能够完成的所有道路环境下的操作，不需要驾驶员介入	系统	系统	系统	所有行驶工况

表 9-2 网联化等级

网联化等级	等级名称	等级定义	控制	典型信息	传输需求
1	网联辅助信息交互	基于车-路、车-后台通信,实现导航等辅助信息的获取以及车辆行驶与驾驶员操作等数据的上传	人	地图、交通流量、交通标志、油耗、里程等信息	传输实时性、可靠性要求较低
2	网联协同感知	基于车-车、车-路、车-人、车-后台的通信,实时获取车辆周边交通环境信息,与车载传感器的感知信息融合,作为自车决策与控制系统的输入	人与系统	周边车辆/行人/非机动车位置、信号灯相位、道路预警等信息	传输实时性、可靠性要求较高
3	网联协同决策与控制	基于车-车、车-路、车-人、车-后台的通信,实时获取车辆周边交通环境信息,车-车、车-路等各交通参与者之间信息进行交互融合,形成车-车、车-路等各交通参与者之间的协同决策与控制	人与系统	车-车、车-路间的协同控制信息	传输实时性、可靠性要求最高

根据《路线图》,智能网联汽车可分为智能化与网联化两个层面,其发展现状和目标如图 9-3 所示。智能网联汽车的总体发展目标如下:

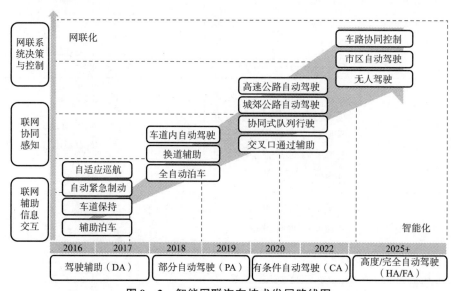

图 9-3 智能网联汽车技术发展路线图

2020年，初步形成以企业为主体、市场为导向、产学研用紧密结合、跨产业协同发展的智能网联汽车自主创新体系。先进驾驶辅助系统自主份额达50%，网联式驾驶辅助系统装配率达到10%，DA、PA整车自主份额超过40%；2025年，基本建成自主的智能网联汽车产业链与智慧交通体系。ADAS自主份额达60%，网联式驾驶辅助系统装配率达到30%，DA、PA、HA整车自主份额达50%以上；同时，应提出车辆相关的智慧交通解决方案，普通道路的交通效率提高80%，交通事故数减少80%，交通事故死亡人数减少90%，汽车二氧化碳排放大约减少20%。

智能网联汽车是汽车产业发展中重要的一步，具有非常深远的意义。高度的智能化和网联化解放了驾驶员的双手，使人们可以真正享受到乘坐汽车带来的乐趣和便利，它改变了人们对于交通工具的认识，改变了人们的思维方式。现如今，智能网联汽车正在全球范围内飞速发展，从政府到企业均认识到其重要战略意义，并从顶层设计、市场、技术等方面促进传统汽车向智能网联汽车的发展。

9.2 智能网联汽车发展的社会环境

现如今，信息化和智能化不断深入到人们生活的各个领域，人们对于汽车的安全性、互联性、舒适性和娱乐性的要求也日益提高。从技术的发展来看，大数据技术、云计算、传感器、人工智能、通信技术等发展迅速。在这种背景下，智能网联汽车应运而生。2013年全球智能网联汽车业务规模达180亿欧元，预计2020年业务规模将突破500亿欧元，同时，全球智能网联汽车保有量将达1.53亿辆。智能网联汽车业务已经成为汽车市场增长的引擎，是汽车工业的重要发展方向。

9.2.1 智能网联汽车环境要素分析

智能网联汽车近年来能得到蓬勃发展，与相关社会环境因素是分不开的。利用PEST分析法对中国智能网联汽车产业发展的宏观环境要素进行分析，其中，P是政治（Politics），E是经济（Economy），S是社会（Society），T是技术（Technology）。

1）政治环境

（1）2011年，《国家"十二五"科学技术发展规划》中将智能网联汽车项目列为国家科技重大专项项目。

（2）2014年，十部委联合发文《关于征求促进汽车维修业转型升级提升服务质量的指导意见》。

（3）2017年年底，工业和信息化部和国家标准化管理委员会印发了《国家车联网产业标准体系建设指南（智能网联汽车）》。

（4）各地产业联盟和产业基地的建立推动了智能网联汽车产业进程。

2）经济环境

（1）城市汽车数量快速增长。

（2）截至2017年，汽车保有量达到3.1亿辆。

（3）中国城镇居民可支配收入超过26 000元。

（4）中国汽车后市场规模超过5 000亿元。

3）社会环境

(1) 中国城镇化进程加快，2017 年，我国城镇化率已提高至 58.52%。
(2) 中国交通事故频发加快智能交通发展。
(3) 城市交通严重拥堵。
(4) 城市空气污染日益严重。
(5) 用户对智能汽车需求逐渐提升。

4）技术环境

(1) 中国基础网络技术与配置提升。
(2) 中国在物联网技术研发和标准研制方面取得一定突破。
(3) 自主品牌整合能力逐步提升，高精地图领域技术领先。
(4) 自主可控的通信技术和互联网技术发展迅速。
(5) 关键部件研发能力稳步发展，ADAS、传感器技术提升。

车联网及智能网联汽车符合下一阶段国家政策的方向，与国内经济增长水平匹配，具有较高的社会需求，当前产业基础和技术研发实力较强。综合来看，具有较好的外部环境条件。

9.2.2　智能网联汽车的优势

相比于传统汽车，智能网联汽车由于具有自动驾驶和网联化的特点，可以避免驾驶员在驾驶过程中的不当操作，并且具有更加完善的感知和通信能力，可以极大地提升传统汽车的安全性。

据统计，虽然近年来我国道路交通事故具有一定的降幅，但是发生率依然较高。目前，中国道路交通事故年死亡人数仍高居世界第二位。每年交通运输事故总量仍居高位，事故起数、死亡人数分别占全国重特大事故总量的 70% 和 80%。2016 年，我国道路交通安全事故造成 63 093 人死亡，直接经济损失达 12.1 亿元。因此，加强交通运输安全，研发更高安全性的车辆迫在眉睫。

无人驾驶汽车具有多方面的优势：无人驾驶技术能使交通事故率降低 90%，车联网技术可使道路通行率提高 10%；无人驾驶技术能有效节约燃油与降低排放，汽车的燃油经济性可提高 20%~30%，高速公路编队行驶更可降低 10%~15% 的油耗；另外，无人驾驶汽车还可以带来显著的社会与经济效益，拉动机械、电子、通信、互联网等相关产业的快速发展；无人驾驶汽车具有重大的国防意义，如无人驾驶战斗车辆等；同时也能够影响个人生活方式，如减轻驾驶负担，实现车辆共享，提供便捷出行方式等。

9.3　国内外智能网联汽车发展历史与现状

智能网联汽车的出现可以使人们的交通出行方式变得更加安全、舒适、节能、环保，是未来城市智能交通中重要的一环，是汽车产业的一次大的变革。对此，美、欧、日等发达国家和地区从政府和企业等层面给予了高度的重视，并做出了快速的应对措施，在政策上加大对智能网联汽车的研发和产业化的支持力度，在智能网联汽车核心技术方面加大投入，并已经在一些技术领域有了一定的积累。我国进入 21 世纪后也开始在智能网联汽车产业方面布局,把握后发优势,积极进行相关技术的研发。

汽车联网已经成为全球发展共识,根据美国汽车咨询公司 IHS 预测,2022 年全球联网汽车的市场保有量将达 3.5 亿台,市场占比达到 24%,具有联网功能的新车销量将达到 9 800 万台,市场占比达 94%。图 9-4 所示为汽车联网率预测。随着汽车联网技术的多样化和联网率的不断提升,智能网联汽车市场潜力将逐步释放。

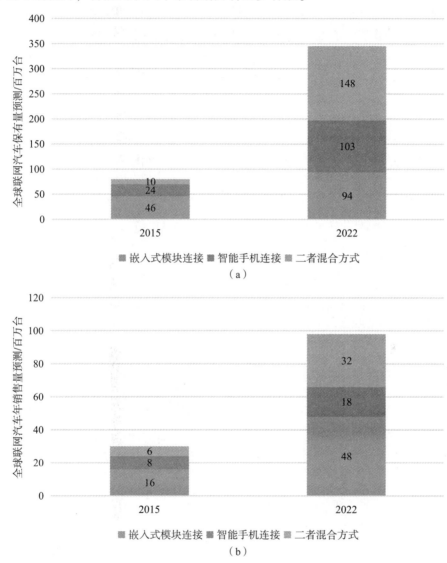

图 9-4 汽车联网率预测(彩插)

(a) 全国联网汽车保有量预测;(b) 全球联网汽车年销售量预测

9.3.1 国外发展历史与现状

全球第一辆自动驾驶概念车出现在 1939 年,通用汽车公司在纽约世博会上展出了全球首款自动驾驶概念车——Futurama,从此,智能网联汽车经历了近 80 年的发展历程。最近 30 年内,随着信息技术和计算机运算能力的提升,智能网联汽车进入高速发展阶段。以美国、日本、欧洲为首的国家和地区最早开始了此方面的布局和研发,由政府主导,提出产业升级战略,加快推进产业创新和融合发展。

智能网联汽车是美国、日本、欧洲智能交通系统(Intelligent Transportation Systems,ITS)发展的重要环节,经历了较长的发展历程。

1. 美国

美国的智能网联汽车研究主要由交通运输部(DOT)主导,并成立了ITS联合项目办公室(ITS-JPO),2010年,美国交通运输部便提出了《ITS战略计划2010—2014》,这标志着美国首次将大力发展网联技术以及汽车应用提升至国家战略层面。从此,美国ITS正式进入新的阶段。

随后的2011年,美国交通运输部开始对汽车网联技术进行研发与测试,并在2012年验证了网联汽车技术的应用可以大幅提升车辆安全性。自此,美国正式开启了大规模的针对智能网联汽车的技术和应用的研究。2014年,美国交通运输部与ITS联合办公室提出了《ITS战略计划2010—2014》的升级版发展规划《ITS战略计划2015—2019》,美国的ITS战略从单纯的汽车网联化升级为汽车网联化与智能化两条发展主线。ITS联合项目办公室同时对多项基于车-车、车-路协同通信的网联汽车通信技术进行推进,并从包括网联汽车的安全性应用、移动性应用、政策以及示范应用工程在内的多个维度进行了技术研究。具体可分为以下几类:

1)安全性

(1)基于车-车通信的安全应用。

(2)网联汽车安全应用测试验证。

(3)基于车-路通信的安全应用。

2)移动性

(1)交通数据获取和管理研究。

(2)动态移动应用研究。

3)政策

联网汽车政策和体制研究。

4)网联汽车技术研究

(1)标准研究。

(2)人因研究。

(3)核心系统。

(4)认证。

(5)测试场地。

5)网联汽车示范工程

2013年,美国国家公路交通安全管理局(NHTSA)为了进一步推进美国自动驾驶车辆技术的研究,发布了第一个关于自动驾驶汽车的政策——《关于自动驾驶车辆政策的初步声明》,明确了其在自动驾驶领域所支持的研究方向,主要有人为因素研究、系统性能需求开发、电控系统安全性三大领域。其中,人为因素主要研究内容有人车交互研究、人车控制方法研究、人因分析评价工具的研发等;系统性能需求开发主要包括PA、CA等级系统概念与功能需求,自动驾驶系统性能指标研究等内容;电控系统安全性的研究内容主要有自动驾驶汽车电控系统功能设计、网络系统潜在风险研究等。

2. 日本

日本在智能车辆领域发展较早,在 1991 年便开始支持先进安全汽车(ASV)项目,1994 年,日本政府由建设省、运输省、警察厅、通产省、邮政省五省厅组成了联席会议,专门负责 ITS 的研发与应用。2010—2015 年,第五期 ASV 项目的主要研究方向包括:

(1)开发先进、综合的安全驾驶和驾驶员监控技术。

(2)开发并推动基于 V2X 协同通信的车辆驾驶辅助系统应用。

(3)推动先进安全技术的商业化应用与提高用户可接受程度。

(4)推动日本先进安全汽车与国际相关技术标准的协调与兼容性。

2005 年,日本启动了"智能道路计划(Smart Way)",针对协同式车辆-道路系统中车载信息系统和路测系统进行了研发和测试的工作,并成立了由各级政府、企业共 223 家机构构成的开发联盟,将智能道路计划作为一项国家政策予以实施。通过更加先进的信息通信技术,智能道路计划的目标是将车辆和道路设施连接成一个整体,进行相互之间的信息交互,二者既是信息接收者又是信息提供者,集成化的车载终端可以进行信息处理。

2014 年,日本内阁府制定了《SIP(战略性创新创造项目)自动驾驶系统研究开发计划》,明确了自动驾驶研发的四大方向,推动相关领域的协同技术开发。SIP 自动驾驶系统研究内容有以下几点:

(1)自动驾驶系统的开发与验证。

①先进的动态地图。

②ITS 预测信息生成技术。

③环境识别传感技术。

④安全性提升技术。

(2)国家数据库建设及数据分析。

(3)国际合作的建立。

(4)下一代都市交通的发展。

3. 欧洲

为促进欧洲科学技术的发展,欧盟从 1984 年开始实施"研究、技术开发及示范框架计划(Framework Program)",简称"欧盟框架计划",具有研究水平高、涉及领域广、投资力度大、参与国家多等特点。欧盟框架计划是当今世界上最大的官方科技计划之一,以研究国际科技前沿主题和竞争性科技难点为重点,是欧盟投资最多、内容最丰富的全球性科研与技术开发计划。迄今已完成实施七个框架计划,第八项框架计划——"地平线 2020(Horizon 2020)"正在实施。

在这八个框架计划中,无一例外地将智能网联汽车产业及其相关领域纳入了需大力发展的技术方向,并已取得显著的成就。在 2014 年启动的"地平线 2020"计划中,欧盟重点支持了包括道路、物流、智能交通系统的多项有关智能网联汽车的研究领域。其中,公路部分主要研究内容有高精度地图、车载平台、自动驾驶系统及 HMI、云计算、数据管理等多个方面;物流方面主要是研发产品从运输、物流管理到终端用户一体化智能交通技术;智能交通系统的研究内容包括供应链协同,互联性,数据共享,ITS 广泛性和兼容性等。

2012 年,欧盟委员会提出了《欧盟未来交通研究与创新计划》,在交通安全领域,提出了以下重点研究内容：

（1）加强车–车、车–路、路–路之间的通信，实现信息共享，提高车辆安全性。

（2）综合考虑驾驶员、车辆与道路一体化的道路安全系统，并通过政策、标准、法规的引导，快速推动相关技术的研究与产业化应用。

（3）加速推动主动安全、被动安全以及道路紧急救援相关的应用与服务。

（4）加速推动交通信息化的研究与应用。

4. 典型案例

智能网联汽车的技术发展主线是智能化和网联化。在智能化方面，欧、美、日等国家和地区均取得了明显进展。2009年，美国谷歌公司启动无人驾驶汽车计划并随后推出第一代自动驾驶汽车以来，至今已发展到第三代。第一代谷歌无人驾驶汽车是在丰田普锐斯车型上改造而来的；第二代是在丰田雷克萨斯车型上改造的；2015年6月推出的第三代其自动化程度为第4级，由谷歌完全自主设计和生产的无人驾驶汽车。该车没有配置方向盘、油门、后视镜等部件，不需要人类驾驶员操作即可起动、行驶和停止。2016年12月13日，谷歌的母公司Alphabet宣布将自动驾驶汽车项目分拆为一家单独的公司Waymo，专注于智能网联汽车的研发（图9–5）。2017年10月24日，德尔福（DELPHI）宣布收购自动驾驶出行服务商nuTonomy，致力于加速研发具有自动驾驶功能的智能网联汽车。

图9–5 Waymo智能网联汽车

2015年，丰田推出了一套可以充分利用搭载车上的摄像头及GPS自动绘制高精度地图的"地图自动绘制系统"。沃尔沃已开发出自动紧急制动、行人和骑车者监测、车道偏移辅助和自适应式巡航控制等技术。

在网联化方面，部分整车、零部件及其他企业积极推动V2V（Vehicle–to–Vehicle，车对车通信）技术的发展。1996年，通用汽车推出基于全球定位系统卫星和无线通信技术向客户提供服务的OnStar安吉星系统。2005年，通用汽车提出V2V概念并展示V2V系统，该系统基于全球定位系统GPS及无线技术的全方位物体定位传感器工作。2014年6月，福特汽车在台北国际电脑展上，发布搭载V2V技术的全新第六代野马跑车，同时还发布紧急救援通信功能（Emergency Assistance）等多项车联网技术。2014年7月，沃尔沃发布了基于爱立信的云端服务Sensus智能操作系统，旨在打造基于车联网、物联网和大数据的智能城市交通生态系统，2015年9月，电装公司首次对V2X技术在车距控制、右转碰撞预警、紧急车辆避让等功能中的有效性进行了验证。

9.3.2 国内发展历史与现状

智能网联汽车作为智能交通系统中的重要环节,在国内引起了高度重视。中国自20世纪90年代中期开始对智能交通相关战略和技术开展规划和研发,比美国、日本、欧洲晚10~30年。2000年,我国成立了全国智能交通系统(ITS)协调指导小组及办公室,设立"智能交通系统关键技术开发和示范工程"项目,包括八大重点发展领域,分别为:交通管理与规划、电子收费、出行者信息、车辆安全和驾驶辅助、紧急事件和安全、运营管理、综合运输及自动公路,提出开展智能车、路协同关键技术研究以及大城市区域交通协同联动控制关键技术研究。

近几年,国家工业和信息化部、科学技术部、交通运输部、国家自然科学基金委员会和各级地方政府都积极从各方面支持我国智能网联汽车的发展。2011年以来,工信部连续多年发布物联网专项支持,其中智能网联汽车是重点支持对象之一;科技部在车-路协同、车联网等方面已经进行了多个"863计划"的国家立项和政策支持;交通运输部要求"两客一危"车辆和货运车辆必须安装符合规定的车联网终端并上报数据,已经形成了全国联网的大型交通管理平台。自2009年以来,国家自然科学基金委员会定期举办"智能车未来挑战赛",推动我国智能驾驶技术的进步。《中国制造2025》战略要求促进智能网联汽车技术和产业发展,实现工业化和信息化的高度融合,智能网联汽车被列为发展重点;2017年5月,工信部、科技部等部委联合发布了《汽车产业中长期规划》,将智能网联汽车列为我国汽车产业接下来的发展重点,将智能网联作为我国汽车行业实现弯道超车的重大突破口。

在多项政策和法规的推动下,国内多所高校、科研机构,以及汽车企业相互合作、协同创新,制定了各自的智能网联汽车发展规划,也形成了一些战略发展联盟。清华大学、国防科技大学、北京理工大学、北方车辆研究所等高校和科研院所通过"863计划"和"中国制造2025"等的支持,已经在智能网联汽车的环境感知、人的行为认知和决策方面取得了一些成果,并应用车载传感器和车-车、车-路协同通信,成功研制出具有一定驾驶辅助能力的车载系统,在样车上进行了一定的试验与演示。清华大学、吉林大学等高校联合汽车企业共同开发了具有自适应巡航控制系统(ACC)、车道偏离预警系统(LDWS)等功能的高级驾驶辅助系统(ADAS),并已经开始阶段性量产。北京理工大学智能车研究所基于多年来对智能网联汽车的研究,在环境感知、路径规划、运动控制等方面均取得了一定的进展,图9-6所示为北京理工大学进行测试和研发使用的自动驾驶汽车。

除高校和研究机构外,我国自主汽车品牌也积极参与到智能网联汽车的研发中来。一汽、北汽、上汽、长安、吉利、广汽等企业均有部分量产车型搭载了ADAS高级驾驶辅助系统,并具备一定的联网能力,但其ADAS核心技术及部件仍然来自国外供应商,如博世、大陆、德尔福等。对此,各大车企也做出了相应的应对措施。

2017年,北汽集团在新能源汽车工作会上正式提出了北汽发展新能源汽车的"引领2025战略",将以纯电动为主攻方向,EV(纯电动)、PHEV(插电混动)和FCEV(燃料电池)三线并举,加强轻量化、智能化和网联化等新兴技术的深度融合。因此北汽新能源将以全新纯电动整车平台、无人驾驶技术、大数据应用、智能充电、智慧出行服务等五大技术平台,加速智能网联汽车产品研发等工程建设。

图 9-6 北京理工大学智能车

除北汽外,一汽、上汽、长安等主要整车企业都制定了智能网联汽车发展的系统战略,并取得了阶段性成果。一汽"挚途"展示了手机叫车、自主停车、拥堵跟车、自主驾驶等功能;上汽初步实现 120 km/h 下的自动巡航、自动跟车、车道保持、换道行驶、自主超车以及远程遥控停车等功能;长安首次在国内进行了 2 000 km 的自动驾驶公共道路测试试验;吉利实现自动紧急制动和自适应巡航等基本驾驶辅助技术的量产开发,与信息产业及研究院所合作开发车载通信技术及智能驾驶技术;广汽也开发了自主的自动驾驶汽车,初步实现了城市环境下全开放路段的自动驾驶。

随着中国互联网产业的崛起,许多互联网企业纷纷加入智能网联汽车的争夺战中。不同于汽车生产企业专注于智能网联汽车的硬件制造,互联网企业大多选择涉足智能网联汽车的服务领域,2014 年 7 月,阿里巴巴与上汽集团签订合作协议,开展互联网汽车应用的相关研发,打造布局互联网汽车生态圈,并且成立了独立的专注于研究互联网汽车解决方案的公司"斑马智行",2016 年推出了首款智能网联汽车荣威 RX5(图 9-7、图 9-8),从车载大屏到专门为汽车智能操作系统定制的 HMI 设计,均体现出汽车在智能化和网联化上的进步;百度和腾讯也推出了自己的车机互联产品或自动驾驶战略,2017 年 4 月 19 日,百度发布了名为"Apollo(阿波罗)"的自动驾驶平台,旨在向汽车行业及自动驾驶领域的合作伙伴提供一个开放、完整、安全的软件平台,帮助他们结合车辆和硬件系统,快速搭建一套属于自己的完整的自动驾驶系统。

此外,以蔚来、小鹏、威马等企业为代表的互联网新造车势力也在崛起。2017 年 12 月,蔚来发布了旗下首款高性能智能互联 SUV——ES8,如图 9-9 所示,该车搭载 NIO Pilot 驾驶辅助系统,并配备 Mobileye EyeQ4 自动驾驶处理芯片,ES8 还搭载了车载人工智能系统,基于车载计算能力和云计算平台,提升车辆的网联化水平。

智能网联汽车基础设施方面,国家电网也充分利用大数据、云计算、物联网、移动互联网等新技术,建成了开放、智能、互动、高效的网联车辆平台,到 2017 年 9 月已实现与普天新能源、特来电、星星充电等 17 家充电运营商互联互通,接入的充电桩总数超过 16.7 万个,成为全球覆盖范围最广、接入设备最多、技术水平最高的智慧车联网,并完成了全国绝大部分充电桩的统一接入和统一支付,为电动汽车用户和充电运营商提供信息服务、运维服务和金融服务,促进了社会资源的共享。此外,该平台目前已与吉利、比亚迪、江淮等 20 余个厂家技术对接,能对电动车的实时状态、电池寿命等进行监控预测,实现了与充电运营平台、车企车辆管理平台的数据共享,并通过充电、用电、驾驶等大数据分析为用户提供更多服务。目前北京已接入了 1.5 万个个人充电桩,全面覆盖了各个区县。

图 9-7　阿里巴巴与上汽合作研发的智能网联车型

图 9-8　互联网汽车荣威 RX5 内饰

图 9-9 蔚来 ES8

9.4 智能网联汽车先进技术

电动汽车作为机械、电子、能源、计算机、信息技术等多种高新技术的集成，是典型的高新技术产品，其最终目标是实现智能化、网联化和轻量化。电动车辆的数据对提高关键技术的研发速度、降低研发成本及验证技术可靠性等方面的作用是十分显著的，因此通过智能网联电动汽车车载终端来获取和统计电动车的数据便显得尤为重要。目前随着电动车辆在我国的普及，智能网联电动车辆的通信互联技术也在不断地发展。

智能网联汽车技术体系主要包括汽车感知技术、汽车无线通信技术、汽车导航技术、电子地图与定位技术、车载物联网终端技术、智能控制技术、海量数据处理技术、数据整合技术、智能交通技术、视频监控技术、新一代移动通信网络技术等，其技术架构如图 9-10 所示。这些技术相辅相成，配合实现。

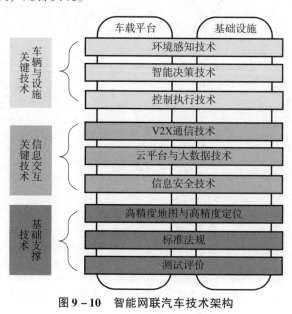

图 9-10 智能网联汽车技术架构

9.4.2 车辆与设施关键技术

1. 车辆感知技术

车辆感知技术是智能网联汽车的末梢神经，是最基础也是最关键的技术之一。车辆感知技术主要有传感器技术、无线射频识别（RFID）技术、卫星定位感知技术等，主要用于车况及控制系统感知、道路环境感知、车辆自身位置感知以及辅助驾驶系统感知等。

车况及控制系统感知，可以实现辅助驾驶、驾驶行为分析、主动安全提醒、远程驾驶控制甚至自动驾驶等。道路环境感知是车辆与外部进行感知的主要技术，也是车辆与智能交通融合的关键技术。道路环境感知主要有路面感知、交通状况感知、交通信号感知、行人感知、智能交通感知等。

智能网联汽车位置感知技术是车辆行车监控、在线调度、智能交通和辅助驾驶的技术基础，主要采用卫星定位技术、电磁感应技术和无线射频识别技术。由于电子感应技术及无线射频识别技术等需在路面或路上嵌入相关的感应装置，对智能交通技术要求较高，因此最常用的还是卫星定位技术。

2. 智能控制与智能交通技术

智能控制技术（Intelligent Control Technology，ICT）是控制理论发展的新阶段，主要用来解决那些用传统方法难以解决的复杂系统的控制问题。常用的智能控制技术包括模糊逻辑控制、神经网络控制、专家系统、学习控制、分层递阶控制和遗传算法等。以智能控制为核心的智能控制系统具备一定的智能行为，如自学习、自适应和自组织等。智能控制技术与车联网技术结合，可对联网车辆进行实时信息分析与在线控制等功能。

智能交通基于现代电子信息技术，主要面向于交通服务。其以信息收集、处理、发布、交换、分析、利用为主线，为交通参与者提供多样性的服务，利用高科技使传统交通模式变得更加智能化，更加安全、节能、高效。21世纪是公路交通智能化的时代，智能交通系统是一种先进的一体化交通综合管理系统，在该系统中，车辆能够在道路上自由行驶，公路能够自动将交通流量调整至最佳状态。借助于这个系统，管理人员可以很轻松地掌控道路及车辆的行踪。智能网联汽车要真正实现与外界互联，应与智能交通技术充分融合。

3. 自动驾驶技术

自动驾驶是目前研究极为广泛的智能网联汽车技术之一，其技术研发可以大致分为三个阶段。第一阶段是基本的驾驶辅助，包括ACC自适应巡航系统、AEB自动制动系统等；第二阶段是高级驾驶辅助（ADAS），包括多项基本驾驶辅助的整合，如车道偏离预警与保持、前方车辆探测及安全车距保持、行人检测、驾驶员行为监测、车辆运动控制与通信等；第三阶段是完全自动驾驶，汽车可以自主接管所有驾驶工作。

目前投入使用的自动驾驶大多处在ADAS阶段，其运作基于不同的传感器技术，车辆上采用的主要传感器为雷达传感器、视觉摄像机等，可以检测车辆周围环境条件，并给出碰撞预警，提高驾驶安全。

ADAS可以分为三个层级，即前端的感知层、中端的算法决策层和后端的执行层，如图9-11所示。感知层主要包括各种车载终端，如雷达、摄像头、V2X通信和GPS等系统，相当于人类的眼睛和耳朵等器官；算法决策层对雷达、摄像头等感知系统所传递的信息进行分析，根据汽车所处的不同环境，按照一定的预先指定的算法，做出及时的判断和决策，相当于人类的大脑；执行层包括汽车上各种执行部件，如制动、转向等，相当于人类的四肢。

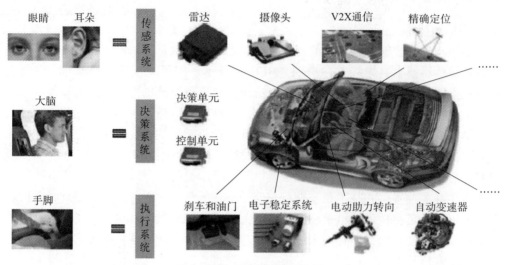

图 9-11 ADAS 的三个层次

9.4.3 信息交互关键技术

1. 车辆无线数据通信技术

无线电子通信技术是智能网联汽车信息传输的重要技术手段，目前汽车将逐渐成为移动的多媒体信息中心，与办公场所、物流信息平台、智能物联网系统、家庭住宅等通过先进的通信技术密切相连，充分体现"无缝移动通信"的互联要求，其发展趋势是灵活性、数字化、互联性、整合性及私密性。汽车通信技术主要有移动通信技术、移动互联网技术等。

移动通信（Mobile Communication）是移动体之间的通信，或移动体与固定体之间的通信。移动体可以是人，也可以是汽车、火车、轮船、收音机等在移动状态中的物体。通信双方采用的频段遍及低频、中频、高频、甚高频和特高频。移动通信系统由移动台、基台、移动交换局组成。将互联网技术与移动通信技术相融合，就成为移动互联网技术。

从网联汽车应用角度看，可以使用的接入技术包括第四代、第五代移动通信技术及车载电话、车载台、车载传真、车载对讲等。

车载自组织网络也是车辆外部无线通信的重要部分。车载自组织网络依靠短距离通信技术，实现车与车（V2V）以及车与路边基站（V2I）之间的通信。与传统的基础设施网络相比，车载自组织网络有两个主要优势：首先，车载自组织网络具有成本低、容易部署和操作的优势，消费者无须订阅即可享受服务。其次，从技术角度来看，智能交通系统中传播的许多信息有很强的位置相关性，车载自组织网络能够很方便地为临近车辆建立实时或者非实时的短距离通信，在交通运输中的出现，将会很大程度上扩展司机的视野与车载部件的功能，从而提高道路交通的安全性与效率。

除上述与外界的无线通信技术外，智能网联汽车还应包含车内无线数据通信系统，即应用无线通信技术的车载电脑系统。随着电脑和网络技术应用到汽车上，正在形成新的称之为无线数据通信系统的电脑市场。无线数据通信系统是无线通信技术、卫星导航系统、网络通信技术和车载电脑综合的产物。汽车在行驶过程中出现故障时，通过无线通信连接服务中心进行远程车辆诊断，内置在车辆内部的计算机记录汽车主要部件的状态，并随时为维修人员提供准确的故障位置和原因。通过终端机接收信息并查看交通地图、路况介绍、交通信息、安全与治安服务以及娱乐信息服务等，如图 9-12 所示，在后座还可以玩电子游戏、应用网络（包括金融、新闻、电子邮件、E-mail 等）。通过无线数据通信系统提供的服务，用户不仅可以了解交通信息、临近停车场的车位状况，确认当前位置，还可以与家里的网络服务器连接，及时了解家中的电器运转情况、安全情况与客人来访情况。也就是说，综合上述所有功能的车载计算机系统称为无线数据通信系统。

图 9-12　车载信息通信

无线数据通信系统目前主要应用在车载系统，根据使用目的可分为几种基本类型：交通信息与导航服务、安全驾驶与车辆保护及故障诊断的车辆维护服务、娱乐及通信服务。为实现上述功能，同时也需要提供全球定位系统技术、地理信息系统（Geographic Information System，GIS）、智能型交通系统技术。无线数据通信系统逐渐演变为综合了全球卫星定位系统的跟踪装置和无线通信等技术的车载系统。

2. 智能网联汽车的数据挖掘

相比于传统汽车，具有智能网联功能的电动汽车电气化程度更高，机械结构相对简单，可以采集的数据项更丰富，可以支持多方面、深层次的数据分析需求。目前由于动力电池技术水平的限制，电动汽车面临着充电时间长和续驶里程不足的问题，一系列安全事故的发生使得电动汽车的安全问题，尤其是动力电池的安全问题，得到了研究人员和消费者的密切关注。同时，依托数据采集和无线通信技术，智能网联电动汽车大数据平台近年来发展迅速，大数据挖掘方法在智能网联汽车大数据管理平台的数据展示、智能网联汽车运行数据分析、故障数量统计等方面具有得天独厚的数据优势。利用智能网联汽车大数据分析为消费者提供车辆运行状态分析以及安全预警等服务能够促进智能网联汽车产业的发展，优化其使用体验。智能网联汽车的数据挖掘主要有以下几点应用：

（1）安全预警与管理。相比于传统汽车，电动汽车无尾气排放，噪声低，能够满足环境保护要求,但是用电设备设施的增加也带来驱动电池发热量大、线路多、电器控制系统复杂等问题。一旦车辆设计、装配不合理,车辆使用、操作不当,日常维护不当或发生碰撞等缺陷存在,电池或各类电器控制设备就极容易在工作运行时发生火灾,给驾驶员和乘客带来安全隐患。因此如何对电动汽车安全隐患实现有效监控与提前预警是亟须解决的问题。随着大数据挖掘技术的发展,越来越多的大数据方法被应用到实际生活和工程应用中。从电动汽车的电池安全角度分析,可以利用当前大数据中的云计算技术和电动汽车车载终端设计一种电动汽车电池安全预警系统,实现对电动汽车电池包括运行、充放电、检修、防盗在内的全方面监测、数据云同步、云服务端的高性能数据分析、事故预警和全领域电池追踪。

(2) 车辆运行管理和统计。电动汽车的运行统计分析系统主要实现车辆整体性能统计分析、电池组性能统计分析、车辆运行统计分析、统计报表及分析图表打印等功能。电池性能的统计分析模块是电动汽车特有的,给出了电池组充电的统计分析结果、电池组放电的统计分析结果、不同电池组行驶里程统计分析结果以及电池组性能评价统计分析结果;系统处理的数据主要来自监控子系统通过车载终端收到的实时数据及定期传回的历史数据,统计分析的结果相应地以直方图、曲线图、报表的形式给出。因此需要建立起相应的大数据平台并对其相应的数据进行收集与分析,从而实现对电动汽车的整车性能以及运行情况的充分了解,以及电动汽车设计的最优化。

(3) 车辆技术分析。通过数据收集、挖掘与分析能够实现电动汽车电池剩余电量估计与续驶里程预测,以及动力电池系统的运行管理。

①电动汽车续驶里程预测。续驶里程是指电动汽车上动力电池以全充满状态开始到标准规定的实验结束时所走过的里程,是电动汽车的经济性指标之一,对续驶里程的精确预测是电动汽车发展的必然趋势。采用从出发地到目的地之间的所有与路径相关的数据,例如天气、路况、道路类型(高速公路或市区道路)、道路等级,同时把车辆行驶的历史数据(整车历史能耗值、历史行驶工况)、实时数据以及车辆和电池的性能考虑在内,使用大数据技术对其进行整理分析,确定并提取关键特性,输入相关的预测模型,最终得到精度较高的续驶里程估算值。

②电动汽车电池 SOC 估计。电池的荷电状态(State of Charge, SOC)作为电池动力性能、估计汽车续航里程的重要指标,其估算的准确性直接影响驾驶员对电池状态的掌握和行驶计划的制订,甚至关乎电动汽车的接受程度。随着大数据时代的到来,基于大数据驱动方法的 SOC 估计模型的优势逐渐显现,如神经网络方法、支持向量回归法以及模糊逻辑算法等能够快速、方便、高精度地估算 SOC。

③电动汽车动力电池系统运行管理。通过海量实时数据、历史数据和技术的积累对电池管理系统的功能进行不断完善,例如优化硬件设计、提高软件的自适应性和提高数据挖掘与分析能力。

(4) 政府统筹与管理。政府需要对车辆安全、交通管理、公共安全、产业政策、环境保护方面进行管理。加强和完善大数据基础设施建设及服务功能,加快搭建统一平台,统筹大数据研发应用,从组织保障、数据采集、数据共享、数据应用等方面入手,建立部门联络、分级管理、信息保密、授权使用、考核激励等一系列机制,加强平台建设及日常管理,广泛应用物联网、云计算、数据实时分析产品、分布式数据处理系统等新一代信息技术,可以形成周期性的数据统计报告,有效挖掘、存储、处理、分析大数据,从宏观的角度严密观察社会运行和经济发展的状况，使得政府能够更加全面地掌握当前经济发展状况，创新性地利用大数据辅助决策，提升公共服务，来促进信息化与政务发展深度融合，提高大数据在政府决策中的作用。

9.4.4 基础支撑技术

基础支撑技术中的重点之一是高精度电子地图技术。电子地图与定位技术通常应用于两个领域：车辆跟踪系统和车辆导航系统。车载电子地图与定位是全球卫星定位技术与电子地图技术的集成技术，全球卫星定位系统接收到的信号和计速装置所提供的信息，通过接收器提供给车辆导航系统，并由软件系统分析处理，重叠在存储的地图之上，驾驶员就可以知道自己目前的位置以及行驶的方向了。最后一个环节叫做成图，也是车载导航系统中最重要的一环。离开了成图，导航系统就没有了方向。

车载导航系统的地图数据库来源于多种渠道，其中最主要的来源是城市政府机关提供的街区数据库。对于一个好的车载导航系统来说，地图的数量、准确程度与数据的及时性都很重要。不管全球卫星定位系统提供的坐标位置有多么准确，如果导航系统不能提供所在地区的地图，或是提供的地图有误，该导航系统就可以说毫无价值。

此外，智能网联汽车整体标准体系以及涉及汽车、交通、通信等各领域的关键技术标准体系的制定，智能网联汽车测试评价方法与测试环境建设也是需要研究的技术性问题。

9.5 智能网联汽车的代表性产品

9.5.1 通用 OnStar

通用汽车公司在 1995 年创立了全资子公司"OnStar（安吉星）"（图 9-13），OnStar 技术主要是为以通用汽车为主的汽车提供安全信息服务，包括自动撞车报警、道路援助、远程解锁服务、免提电话、远程车辆诊断和逐向道路导航（Turn-by-Turn Navigation）等服务。OnStar 也是世界上最早进入智能网联汽车领域的产品之一。

OnStar 的硬件系统在出厂时就已安装好，操作面板通常位于车内天花板或内后视镜上，使用起来非常简单，按下面板上的 ON 键，系统就会与 OnStar 应答中心连线，通过语音便能够获得所需的帮助，如图 9-14 所示。

图 9-13 安吉星

无论是车主按下"ON"或红色求救键，或是 OnStar 系统通过车辆传感器检测到车辆的安全气囊展开时，该系统都会自动通过 CDMA 网络连线指挥中心，车辆的定位信息、车主的相关信息和车辆信息都会一同显示在负责应答的专业顾问的显示器上，使顾问与车主的沟通更加快捷并且具有针对性。

图 9-14　蓝色的"ON"键接通应答中心,十字红色键呼叫救援(彩插)

　　OnStar 系统所包含的外置天线的功率可达普通手机信号发射功率的 5 倍,能够连接到更远距离的通信基站,有着较高的可靠性,目前中国电信 CDMA 网络也在建设和完善中,随着网络覆盖面的扩大,未来 OnStar 的覆盖范围将会进一步扩张。

9.5.2　特斯拉

　　特斯拉作为电动汽车行业智能化与网联化的开拓者,其战略较为激进。2012 年,该公司便推出了具有一定的联网能力和自动驾驶能力的纯电动轿车 Model S,2015 年推出的 Model X 车型已经可以实现在高速公路等结构化道路上实现无人驾驶(图 9-15),2016 年 7 月,特斯拉表示将在无人驾驶汽车和共享汽车领域加大研发力度。同时,扩展汽车产品线,推出旅行车、SUV 等多种类型的汽车产品。无人驾驶智能网联汽车方面,特斯拉通过大规模实地驾驶数据实现 10 倍于人类驾驶的安全性,为所有新车装配 Autopilot 2.0 自动驾驶硬件系统,相比于 Autopilot 1.0,其硬件方面有了大幅的提升,详见表 9-3。这套单车硬件系统包括 8 个摄像头、12 个超声波雷达、1 个毫米波雷达及效率提升 40 倍的英伟达泰坦图形处理器。据统计,装配有 Autopilot 套件的特斯拉汽车已经在全球各地的各种路况和天气环境下行驶了超过 20.9 亿公里(包括未开启 Autopilot 功能时的数据,此时 Autopilot 处于"影子模式",同样处在收集环境信息的模式下),这为特斯拉收集到大量宝贵的数据,这是很多智能网联汽车在测试过程中很难实现的。

图 9-15　特斯拉 Model X

表 9 – 3 Autopilot 1.0 与 2.0 硬件设备对比

硬件设备及性能	Autopilot 1.0	Autopilot 2.0
前置摄像头	1 个	3 个（正常、广角、长焦）
后置摄像头	1 个（仅用于倒车影像）	3 个（参与自动驾驶）
侧置摄像头	无	2 个（左右各一）
超声波雷达	12 个	12 个（探测距离增加一倍）
前置毫米波雷达	1 个	1 个（性能增强）
车载处理器运算能力	第二代处理器运算能力是第一代的 40 倍	

9.5.3 百度

除了传统车厂外，互联网公司在智能网联汽车产业发展中起到的推动作用同样不可小觑。百度对智能网联汽车有较早的布局。2015 年 12 月，百度公司宣布，经过两年的研发和测试，百度无人驾驶汽车在国内首次实现了城市、环路及高速公路路况下的全自动驾驶。使用宝马 3 系 GT 作为测试车（图 9 – 16），完成了从北京中关村到奥林匹克森林公园的往返路程，途中多次加减速、跟车、变道、超车，最高速度达到 100 km/h。

图 9 – 16 百度无人驾驶测试车

从图 9 – 16 可以看到，车顶位置装备了两个主要的传感器。位于前面的圆柱体传感器是 360°激光雷达，可以探测周围 60 m 内的路况，并对其进行建模，形成一个 3D 地图。而后面位置的传感器是高精度地图 GPS，它用来精确定位汽车所处的位置，该地图可以达到 20 cm 的定位精度，并可以辨别桥上桥下、摄像头、路牌等道路设施。

除装备有高精度传感器外，该车辆还具有宝马提供的车辆控制接口，由宝马提供技术支持。百度利用自主采集的高精度地图，配合环境感知、驾驶决策等算法，实现车辆探测、识别、跟踪等功能，最终实现无人驾驶。

百度于 2017 年 4 月启动了 Apollo 计划，这是一个开源软件平台，旨在通过整个汽车行业的合作加快自动驾驶汽车的发展。在短短 14 个月的时间里，百度与 100 多个主要的原始设备制造商、汽车供应商和芯片制造商建立了合作关系，如图 9 – 17 所示。

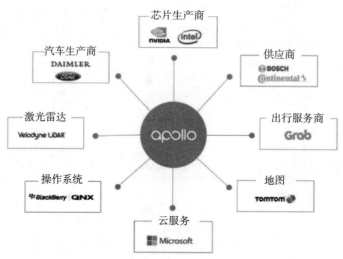

图9-17 Apollo合作企业

有了这个跨越一系列垂直领域的庞大合作伙伴网络,百度可以将大部分时间和精力集中在自己的专业领域——人工智能和软件开发。阿波罗平台是一套完整的软硬件和服务系统,包括车辆平台、硬件平台、软件平台、云端数据服务等四大部分。

百度还将开放环境感知、路径规划、车辆控制、车载操作系统等功能的代码或能力,并且提供完整的开发测试工具。同时会在车辆和传感器等领域选择协同度和兼容性最好的合作伙伴,推荐给接入阿波罗平台的第三方合作伙伴使用,进一步降低无人车的研发门槛。百度旨在建立一个以合作为中心的生态体系,发挥百度在人工智能领域的技术优势,为合作伙伴赋能,共同促进自动驾驶以及智能网联汽车技术的发展和普及。

第 10 章
汽车共享

10.1 汽车共享概述

10.1.1 共享汽车的概念及特点

在传统观念中,汽车、自行车等交通工具往往作为一种私有化的物品,购买者拥有车辆的所有权和使用权。但在当前阶段,这种消费理念已不适用于当前社会交通的发展状况,尤其是在以北京、上海为代表的国际化大都市。随着经济的发展,人民生活水平的提高,汽车已经从大件奢侈品的地位慢慢走下神坛,步入寻常百姓的家中,购买汽车的门槛已经大幅降低,这导致了城市汽车保有量的剧增。虽然相关部门制定了一系列政策措施来限制道路行驶车辆的数量,但成效并不明显,拥堵的路况已经阻碍了城市交通秩序的正常运行,降低了人们的出行体验。同时私家车上路的时间远不如停在停车位或车库的时间,对于社会整体来讲是过剩的资源,对于个人来讲较低的利用率也是一种成本的浪费。

汽车共享是将未被利用的车辆甚至所有在行驶车辆的空闲座位等过剩资源进行整合,借助移动化互联网以及各类终端,实现信息的聚合和实时更新,为车辆所有者和车辆租用者之间建立畅通便捷的沟通平台,充分调动一切可用的交通运力资源满足各类人群的出行需求。

在交通领域引入汽车共享的理念,一方面对于有购车计划的人群起到一定分流作用,当各类汽车共享出行模式成熟,能够满足普通出行时,一定程度上可以减少汽车保有量,尽可能充分地利用交通运力资源,缓解交通拥堵问题,提高社会整体运行效率。另一方面,面对当前环境污染的压力,新能源车辆的发展尚不十分成熟的现状下,提高车辆的载客率,对现有车辆资源整合利用也是目前汽车转型过渡时期实现控制传统燃油汽车保有量,缓解环境负担的重要手段。

10.1.2 我国汽车共享发展现状

近年来,汽车共享在我国发展得如火如荼,也出现了一批发展势头旺盛的汽车共享企业。这些企业借鉴了国外同行在起步阶段的经验,同时针对业务的开展进行调整,使之更适合亚洲甚至国内的交通环境和用户使用习惯。

始于 2011 年的"车纷享"(图 10-1)是国内最早开展自主汽车共享的先驱者之一,在杭州投入了分时自助租赁小排量环保车辆 150 余辆,会员数量已超过 1.5 万。"车纷享"实现了用户自助预订、在线交易、自助取车、车辆导航、语音服务、电量油量及续航里程检测、行车状态记录、智能费用结算和异常报警等功能。用户可以随时就近租、还车辆,公司也可以实时监控汽车的运行状况。

图 10-1 "车纷享"

我国的 Evcard(图 10-2)于 2013 年在上海成立,在创立伊始并没有立刻进入市场,而是通过两年的调研和规划,首创了"A-X 异点租还"模式。Evcard 的特色在于完全采用纯电动汽车,打造绿色、开放、生态的共享出行交通体系,依托于分时网点及互联网移动终端,实现无人值守、自助服务、任一网点借还、网上付费的新型汽车租赁模式。Evcard 由上汽集团和上海国际汽车城共同出资打造,与整车制造厂的结合为纯电动汽车的运营维护降低了成本。到 2017 年 1 月,Evcard 成功升级为"全球最大电动汽车分时共享品牌",截至 2017 年 7 月底,Evcard 已进驻 31 个城市,在全国设立约 5 200 个网点,匹配 29 000 个车位。

图 10-2 Evcard

10.1.3 汽车共享形式

汽车共享的发展呈现井喷式增长,目前可以将其共享形式按照四类划分:汽车租赁、分时租赁、顺风车及专车,如图 10-3 所示。下面分别对这四类不同汽车共享形式进行介绍。

1. 汽车租赁

汽车租赁是指在约定时间内,租赁经营人将租赁汽车(包括载货汽车和载客汽车)交付承租人使用,不提供驾驶劳务的经营方式。汽车租赁的实质是在把汽车的产权与使用权分开的基础上,通过出租汽车的使用权而获取收益的一种经营行为,其出租的除了实物汽车以

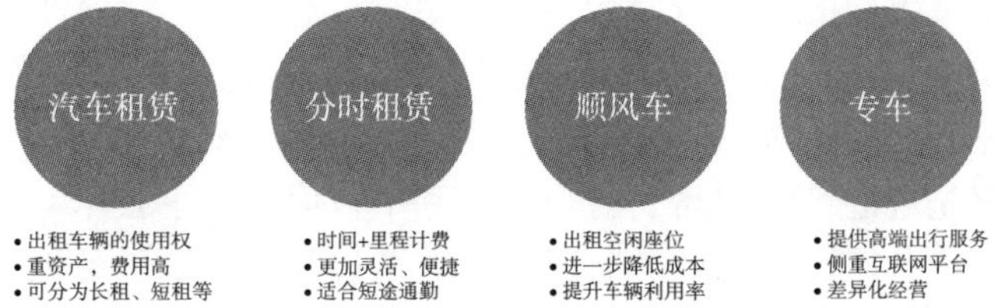

```
汽车租赁              分时租赁            顺风车              专车
● 出租车辆的使用权    ● 时间+里程计费    ● 出租空闲座位     ● 提供高端出行服务
● 重资产、费用高      ● 更加灵活、便捷   ● 进一步降低成本   ● 侧重互联网平台
● 可分为长租、短租等  ● 适合短途通勤     ● 提升车辆利用率   ● 差异化经营
```

图10-3 汽车主要共享形式

外，还包含保证该车辆正常、合法上路行驶的所有手续与相关价值。

与分时租赁和顺风车不同的是，汽车租赁理念较为传统，早期一般由汽车租赁公司购买汽车并持有汽车的产权，然后将使用权进行出租并盈利，后期出现了一些汽车租赁服务提供商同时提供平台服务，即个人长期闲置车辆可在汽车租赁平台进行登记，同时租车者可在平台选择与自己使用时间和车型需求相符合的车辆。

汽车租赁对于个人主要有以下优势：首先消费者可以持续体验到最新的车型，而汽车作为使用周期较长的产品，购买汽车可能使消费者自身无法及时获得最新的汽车性能外观体验；其次，自购车辆之后的维修和保养都会给消费者带来诸多困扰和不便，汽车租赁则为消费者避免了这方面的忧虑，而且往往汽车租赁公司都会为消费者提供保险服务，进一步优化了用户的实际体验；最后，私家车即使在不经常使用的情况下仍然会为消费者带来持续的成本支出，比如停车费用、保养费用和年检费用等，采用租车的方式实际上间接为消费者降低了使用成本。

2. 分时租赁

分时租赁与传统汽车租赁类似，用户获得一段时间内汽车的使用权，并为之支付相关费用。分时租赁在价格上具有一定的优势，比网约车模式更符合年轻人的消费习惯，自助消费，直接实现车辆调用，方便快捷；同时分时租赁还具有租还车的简便性、灵活性等特点，仅需通过手机App注册，就可以按需用车、按时计费，满足用户在城市区间内的短途出行需求（图10-4）。近年来信息技术的发展为汽车共享的技术需求提供了保障，同时也为汽车共享业务提供了更加丰富的功能扩展。

图10-4 分时租赁

与传统的汽车租赁不同的是，分时租赁多指短时短途出行，通常限于城市内部使用，传统汽车租赁多指以天为单位的长期租用，路程时间跨度较大。分时租赁所提供的服务方式也与汽车租赁有较大差别，分时租赁往往在城市内部设置有分布广泛的网点，用户可就近借车、就近还车，利用先进的终端支付、身份认证和平台信息共享技术，省去了烦琐的借还手续。从服务提供商的运营属性上看，分时租赁一般通过融资租赁的方式获得汽车，通常与传统车企进行合作，减少了对固定资本的依赖性，充分利用各方资源，以互联网为依托开展精细化运营；传统汽车租赁则是重资产性产业，业务的扩展和维持均需要大量固定资产，运营成本较高。

分时租赁相对于私家车以及传统的汽车租赁具有更加明显的优势。分时租赁将原来单辆车的购买成本及使用成本进行分摊，使得用户出行的费用进一步降低。同时，分时租赁借助互联网和信息技术的优势，简化了借车和租车的程序，在终端进一步优化了用户体验，以移动互联网的优势，时刻将最新的车辆信息提供给用户群体，保证了车辆信息的实时有效，用户可以根据自己的位置和使用需求就近选择车辆。汽车共享短时短途的应用场景可以更好地与新能源汽车相配合，在停车地点设置充电桩，在无人使用时对车辆进行补电。共享纯电动汽车不仅符合当前节能减排的社会需求，而且也更利于对车辆进行统一管理。

3. 顺风车

顺风车是指出行路线和时间交叠的几个人共同乘坐同一辆车出行，车费由几位乘客共同承担的出行模式（图10-5）。其实质是打破了单辆车的限制，将车辆零散为若干个空闲座位，满足出行计划相同的乘客需求。顺风车最早在韩国、希腊以及欧美地区开展，主要以出租车的"合乘制"运行，后期得到了政府和社会的一致认可，在我国北京、广州等多个城市已经率先开展了相关服务的试运营。

顺风车从另一个角度进一步提升了交通运行效率，通过出行车辆的空闲座位对零散乘客进行吸收，一方面提升了车辆的满载率，降低了人均出行能耗和排放；另一方面减少了汽车数量，缓解了交通压力，提升了社会运行效率。对于个人来讲，无论是车主还是乘客，都通过对车费的分担降低了自身的出行成本。

4. 专车

专车是指互联网约车平台为商务出行人群提供的专人专车的优质出行服务，有别于

图10-5　顺风车

传统的出租车，其特色在于主打商务用车市场，一般采用中高档汽车，筛选经验丰富的司机，车内配备有各类出行用品，同时提供全程的标准化商务礼仪服务。专车借助于移动互联网技术，满足实时预约的功能需求，提供周围可预约的车辆位置信息，并有经济、舒适、豪华等各类车型以满足不同人群的出行需求。专车以统一的标准化服务、高端的硬件品质以及舒适贴心的出行体验保证了用户的满意度，与传统的出租车进行差异化市场经营，互有补充，丰富了交通市场的内涵。

10.1.4 共享汽车关键技术

共享汽车关键技术如图 10-6 所示。

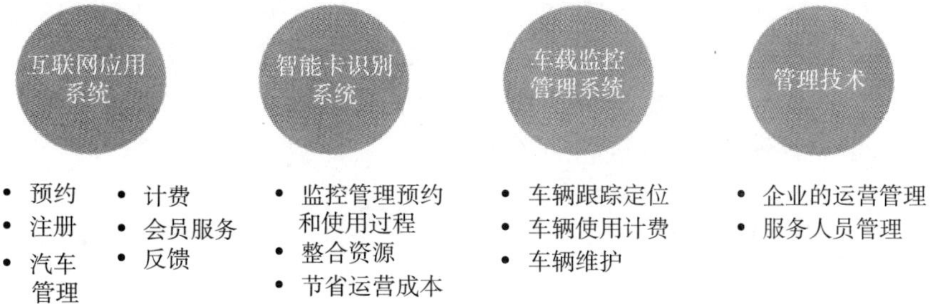

图 10-6 共享汽车关键技术

1. 互联网应用系统

（1）预约：快速的在线预约共享网络。在行驶中，可通过移动电话呼叫中心运营商预定汽车。

（2）注册：专业定制的申请表格，方便新会员加入。设置一系列智能的自动申请审批工作，包括驾驶记录的检查和收取申请费等。

（3）汽车管理：强大、灵活的车辆管理系统使所有的车辆顺利地完成共享任务，并最大限度地提高利用率。

（4）计费：根据汽车共享地区的整体交通背景，设定最为合理的共享费率。

（5）会员服务：用于处理汽车共享运营中的一些不可避免的问题，比如延迟交车时间、额外的罚款等。只要在网上点击鼠标，系统即可提供有效的解决方法。

（6）反馈：系统将为会员公开完整的报告，包括行业标准的使用情况报告、会员的统计、资料准确的会计明细、会员人数统计等。

互联网应用为用户和管理者提供了合理的控制，同时也为搜索以及便民服务提供了一个可靠的平台。

2. 智能卡识别系统

智能卡识别系统开发采用了 RFID（无线射频识别，即电子标签）技术，Zipcar 公司的每辆车都安装了一个嵌入式系统监控器，一方面用于和智能卡信息对接，另一方面用于动态掌握汽车的实时状态。此外，Zipcar 公司的中央 IT 系统租用了北美境内大型移动运营商 Cingular 的无线网络，这样智能卡和汽车监控器就能通过这套无线网络将所有信息在 Zipcar 和每辆汽车之间进行即时的同步交换。智能卡识别技术采用远程智能信息处理硬件和软件系统，方便汽车共享公司管理会员和汽车。智能卡识别系统的主要作用：汽车预定和使用过程的监控和管理；对会员出行数据和成本统计的记录；整合现有车辆、财务和人力资源系统；节省量化的运营成本。

3. 车载监控管理系统

车载监控管理系统可以实时监控车辆的使用状况。如果汽车发动机或者电池等发生故障，监控系统就会自动发送电子邮件通知相关人员来处理。车内安装 GPS 定位跟踪系统，为汽车的安全使用提供保障。系统将自动记录行车里程并计算费用。清洁人员也可通过此系统安排闲置车辆的清洁工作。

4. 管理技术

先进的工程管理技术对于共享公司的运营也起到了很大的作用。以 Zipcar 公司采用的"持续改善法"（Kaizen）为例，这是一套较为成熟的日本质量管理技术，这项技术呈现了两个方面的含义：第一，组织中的每一个人都有义务参与到改进的工作中去；第二，每个人皆有改善的空间。Zipcar 公司将此技术运用在改进业务流程方面。此外，符合市场定位的营销管理和先进的企业管理技术也是必不可少的。

10.2 共享租赁模式

10.2.1 共享租赁的运营模式

1. 以车-桩-位为整体系统的模式

汽车共享是一个重资产投资性行业，大部分资金用来购置车辆以及缴纳汽车保险。不仅如此，车位的租赁、充电桩的配置也是投入的一部分，所以重资产模式前期的投入巨大。同时各商家为了争夺客源，向新老用户提供大量代金券以及免费体验机会，这些都为电动汽车租赁企业的资金运转带来压力。

车-桩-位一体模式的特点可以概括如下：

（1）所有运营车辆均为企业自有，且为用户提供配套的充电服务、预约服务等。

（2）在运营方面大大节省人力。

（3）运营成本高，需承担车辆贬值的风险，扩张速度较为缓慢。

2. 以平台为主的互联网租赁模式

基于上述模式的难点，为避免对企业造成资金压力，不少分时租赁企业采取了和网约车类似的"轻资产、重运营"模式。这种模式打破以往传统概念里自建桩、自买车、自租位的重资产模式，多数以平台为切入点，打通全产业链条，整合电动汽车厂商、能源企业、车位资源企业三大领域，打造利于出行的全生态化平台。不仅如此，此模式还将打破"定点还、定点取"的传统弊端。

轻资产模式的特点可以概括如下：

（1）企业提供车辆的来源以租赁为主，运营方面主要采用集中调配、统一补电的模式。

（2）不用背负前期过重的资产损耗。

（3）在车辆运营方面要耗费大量的人工、充电等成本。

（4）共享汽车是重服务的行业，平台化运营很难对终端服务状况做到把控，服务质量难有保障。

按照企业提供分时租赁车辆是否为私家车，平台为主的租赁模式还可以细分为两类：采用租赁车辆的模式和私家车模式。

第一类：分时租赁的车辆来自租赁公司，分时租赁公司还需提供服务平台。以壹壹租车为例，其提供的车辆主要是与租赁公司合作，从租赁公司提车，然后租给用户，壹壹租车在租车市场扮演"中介"的角色。

第二类：用于 P2P 分时租赁的车辆由私家车主提供，运营商只需要遵循"共享经济"

的原则，为用户和车主提供管理和协调 P2P 交易的平台和统一的保障措施即可（图 10-7）。与现在的滴滴、Uber 运营模式类似，P2P 分时租赁的运营商并不需要购买和维护车辆。但是在车辆的运营管理上以及违章保险等问题上，尚没有很好的解决方案，运营效率低，租车者的用车体验不佳。

3. 与旅游等生态相结合的落地拓展模式

"与旅游等生态相结合的落地拓展模式"依托于城市旅游的发展，解决游客的"最后一公里"问题，降低用户的使用成本。采用新能源车辆共享的方式，将旅游城区、景区、交通枢纽串联起来，解决自助型旅客碎片化的用车

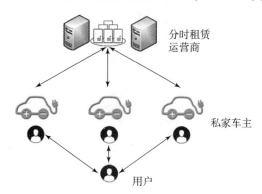

图 10-7 模式共享租赁示意图

需求。在景区设置分时汽车租赁网点，主要面向青年人、中年人，为其提供便捷的用户体验，可以作为共享汽车进入市场的突破口。

与旅游等生态相结合的运营模式的特点：

（1）与旅游等产业相结合，具有地域特色，以新能源车辆租赁为主，为景点增添靓丽风景线，有利于生态环境的保护和发展。

（2）旅游景区年轻人偏多，对于新兴事物的接受能力较强。

（3）共享汽车利用率随旅游季有淡季和旺季划分，且旅游景点集中分布，便于对租赁车辆的统筹调度管理。

（4）具有一定的局限性，不是旅游城市的地区对该模式的推广存在一定的难度。

10.2.2 共享租赁的服务模式

现阶段的共享租赁企业主要提供同地取还车、异地取还车和自由流动三种服务模式，其运行示意图和代表企业如图 10-8 所示。

具体按照取还车地点进行划分，相关研究一般会从两个角度对共享租赁的服务模式进行划分：

（1）"双向"和"单向"的分时租赁系统，如图 10-9 所示。

（2）"非区域浮动"和"区域浮动"的分时租赁系统。

第一个角度中，"双向"共享租赁系统一般是指共享租赁汽车从哪里借就需要归还在同一地方，即原地取还车，而"单向"系统下则可以异地取还车。

第二个角度中，"非区域浮动"共享租赁系统一般是指用户取车和还车的地点通常是指

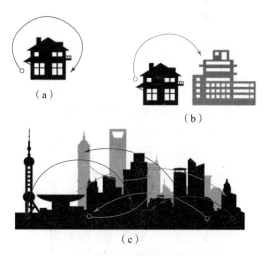

图 10-8 三种主要的分时租赁服务模式及代表企业

(a) 同地取还模式（A to A）例如：Car2share；
(b) 异地取还模式（A to B）例如：Evcard；
(c) 自由流动模式（X to Y）例如：Car2go

定的停车位或者区域,而"区域浮动"系统下用户则可以在特定区域内的任意停车位上取车或者还车。

图10-9 "双向"和"单向"共享租赁系统示意图
(a)"双向"系统;(b)"单向"系统

基于上述两个角度可以将共享租赁的服务类型划分为下面四类:
同地取还车模式(双向,非区域浮动)、异地取还车模式(单向,非区域浮动)、半自由流动模式(单向,半区域浮动)、自由流动模式(单向,区域浮动)。

(1) 同地取还车模式。第一种同地取还车模式基于"双向"共享租赁系统,是最原始的共享租赁模式。其特点是共享租赁车辆分布在固定的网点,用户需要提前在特定网点进行车辆预约和取车,结束行程后需要将车辆归还至原网点,是一开始绝大多数共享租赁公司采用的模式。共享租赁车辆停放在分时租赁站点内,站点的分布基于人口居住密度、商业用地程度、空间利用率、公司战略等方面进行规划,目标用户距离站点的步行距离要合适,用户在某一站点租车后必须在约定时间内返回该站点还车。

(2) 异地取还模式。停车的区域是固定的网点,用户可以在不同的固定网点之间取还车。虽然自主性和灵活性不如自由流动模式高,但是相对于同地取还车的模式还是提高了不少。但与此同时,对站点车辆的调度和运营提出了更高的挑战。

(3) 半自由流动模式。该模式是从固定网点到区域流动之间的一种过渡模式,既可以是从固定网点取车然后在指定区域内还车,也可以是在指定区域内取车然后在固定网点内还车。从成本和可行性考虑,前者都比后者要好很多,因此目前出现的公司都以前者的模式为主。

(4) 自由流动模式。传统的固定站点被扩展至一个区域,整个区域内的共享租赁汽车都可以被任意使用或者停放,而一旦车辆开出区域外则需要开回该区域,或者开到其他规划的共享租赁区域进行停放,大大提高了共享租赁的灵活性和自主性。用户只要通过手机和互联网就能及时了解车辆的当前剩余能量、位置以及车内清洁状况等信息,并根据情况就近租车。显然该模式的应用推广中,用户如何找到并使用车辆是一个关键问题。由于是"单向"系统,异地取还车的使用方式是可以被接受的,并且不需要提前一天预订,车辆可以被随用随取。但是,自由流动模式在增加用户便利性的同时也会大大增加运维成本。

为了长期维持共享租赁区域的平衡,运营商需要定期投放一定的共享租赁车辆,同时区域自身也需要满足"自平衡"的条件,即某个分时租赁区域能够维持汽车数量与使用频率平衡。居住在"自平衡"的区域里的人们再次使用共享租赁车辆的可能性会更高,并且其停车点也会吸引更多的新用户,以达到一种不经过外界干预而实现分时租赁"自给自足"的良好状态。而如果不是在这样的区域,在交通繁忙的线路或者人口密度高的地方投放共享租赁车辆，经过一段时间的使用，车辆会被随意停放、闲置或者不再被使用。

上述四类服务模式的特征对比如表 10-1 所示。

表 10-1 分时租赁各类服务模式特征对比

模式	同地取还车模式	异地取还车模式	半自由流动模式	自由流动模式
取还网点情况	A 地取 A 地还，固定网点取还车	A 地取 B 地还，专属网点取车，还车可以挑选离自己目的地近的专属网点还车	A 地取 X 地还，专属网点取车，还车可以还到网点也可以在任意合法停车位置还车	X 地取 X 地还，有专属网点也有上一用户停放在不同位置的车，新用户通过手机定位找到车来使用；可以在任意合法停车位置还车
运营管理成本分析	管理成本低，分布相对集中在核心商业区或者高校附近	1. 对电动车而言存在晚间充电问题 2. 调度费用（可能存在网点车辆积压问题）	1. 当车辆有停车费用时公司将会承担 2. 当停车位置与最近网点距离较远时用户需承担额外换车调度费用	1. 当车辆有停车费用时接力用户将会承担 2. 当停车位置与最近网点距离较远时用户需承担额外换车调度费用
发展趋势和代表企业	Car2share	属于目前共享租赁的主流模式，网点分布相对均匀。代表企业有 GoFun、一度、EVCARD、知豆、iblue 的蓝租车、宜维租车等	只有少数几家共享租赁公司使用该模式，如壹壹租车，PonyCar	即行 Car2go、途歌

10.2.3 共享租赁的盈利模式

新型共享汽车企业最大的问题在于缺乏核心竞争力，较低的市场准入门槛使竞争者纷纷涌入市场，甚至出现一些无序竞争的局面。对于用户而言，虽然使用成本的降低可刺激他们对共享汽车品牌的选择，但在价格相对一致的前提下，他们并不在意提供共享汽车服务的品牌。由此可见，打价格战无助于提升用户对品牌忠诚度。因此，拥有庞大用户规模的市场领跑企业需重新探索盈利模式，通过提供差异化的增值服务形成品牌的市场区隔，从而基于现有的用户规模进一步拓展利润空间。

1. 基础性盈利模式

共享汽车需以媒体经营思路，为用户策划本地生活出行攻略，通过这一增值服务形成品牌价值。所谓媒体经营思路，即共享汽车企业基于现有的庞大用户规模及用户传播渠道，如共享汽车 App、微信公众号、短信推送等，围绕骑行策划并发布内容。为依托汽车租赁业务实现媒体化经营，共享汽车企业需以满足用户的休闲娱乐需求为切入点，通过策划各种短距离休闲出行方案，使汽车共享深度融入用户生活。以花城广州为例，四季如春、花期不断使赏花成为广州的城市旅游名片，共享汽车企业可围绕不同的花期，为用户设计最佳看花线路，并将沿途的景点、美食、其他休闲娱乐项目一一纳入短距离的出行攻略中。

同时还需充分考虑共享汽车的商品属性——本地生活服务类商品。既然提供的是本地生活服务，共享汽车企业的媒体化经营策略需足够本地化。一方面，需为居民及旅行者提供具有本地特色的出行攻略，充分发挥共享汽车作为短距离出行代步工具的优势；另一方面，共享汽车所进驻的每一个城市均需独立运营用户传播渠道，以期更有针对性地服务于本地出行，实行同城统一运营管理。

共享汽车之所以能形成规模经济，有赖于市场广泛且持久的需求，以及较高的使用周转率，无论是通过提高使用周转率抑或是提高每辆车的"客单价"，汽车租赁业务都是共享汽车企业的基础性盈利模式。一旦某个共享汽车企业通过媒体化转型，持续为用户提供有价值的出行信息时，用户便能从这类增值服务中感受到品牌价值，品牌的市场区隔及品牌忠诚度由此形成。在此基础上，共享汽车企业才可能将汽车分时租赁业务作为基础性盈利模式。

2. 广告业务盈利模式

当共享汽车企业成功依托汽车分时租赁业务开展媒体化经营后，用户便可能对共享汽车企业所提供的出行策划形成"路径依赖"，这就为共享汽车企业开展广告业务、拓展媒体化经营之路奠定了基础。对于转型媒体化经营的共享汽车企业而言，通过开展边际成本趋零的广告业务，能进一步拓展盈利空间。

共享汽车企业得以开展广告业务拓展媒体化经营的理由如下：

（1）用户群体规模庞大且对共享汽车的使用频率高。对于合作企业而言，一方面用户规模和使用频次决定了广告所能触达的用户的多少；另一方面，共享汽车企业具有潜在出行需求的用户，可借助营销转化为合作企业的潜在消费者及口碑传播者。

（2）出行类营销的应用场景广且创意载体多。这意味着可供共享汽车企业实施营销策划的创意空间巨大，因为但凡涉及出行的应用场景皆可挖掘营销价值。

（3）创意度高、新鲜感十足的出行类营销策划易受到新一代青年人的关注，在社会群中形成关联效应，从而扩大营销方案的影响力及影响范围。

（4）因为共享汽车都使用实名制注册，所以从某种程度上来说，可以实现精准的广告投放。利用互联网大数据，分析车辆运行的轨迹，然后根据轨迹为用户推送广告。比如，用户经常开车去一些景点，可以在车上推送一些关于旅游的信息。

在营销策划的层面，共享汽车企业可从以下几个营销应用方向寻找广告合作机会：

（1）提供汽车试驾体验。对于具有新车推广需求的汽车厂商而言，除了要通过电视、报纸、杂志、地铁及公交车站的灯箱广告、视频植入广告、视频贴片广告、视频弹窗广告、App开屏广告、汽车论坛、社交媒体等常规的营销传播渠道投放广告之外，还需要提供试驾服务以便用户获得直观的、立体化的用车、乘车体验，最终推动新车的销售。如果汽车厂商与共享汽车企业合作，通过为共享汽车企业提供免费试驾或试乘车辆，便能将共享汽车庞大的用户群转化为新款车型的潜在消费者。并且，当用户通过试驾或乘车体验感受新款车型的性能及舒适度时，他们会主动将体验通过社交媒体转化为社交谈资。一旦借助共享汽车企业已有的用户规模实现口碑传播，汽车品牌能有效降低营销传播成本。

（2）推广城市旅游资源。旅游与出行具有高度相关性，因此旅游资源推广方的目标市场与共享汽车的消费群体高度重合，由此，推广城市旅游资源也可纳入共享汽车企业寻找广告合作机会的范畴。城市旅游资源除了包括景点、景区、节庆文化等推广，还包括特色出行方式的推广，如观光巴士、游艇游船、观景直升机等特色旅游体验。

共享汽车企业 Uber 曾在泰国泼水节期间通过 App 推出"一键预约蓄水车"的活动，身处泰国的用户可打开 App 寻找离自己最近的蓄水卡车，当用户点击预约蓄水车的按钮后，他们将获得由 Uber 提供的雨衣、手机防水信封等"生存套装"，以及 20 min 登顶卡车为水枪蓄水并占领"制高点"打击行人的权力。借助这一充满创意的营销策划案，更多游客加入了泼水节活动并深刻感受到泰国传统节庆文化的魅力。我国的共享汽车企业也可借鉴上述策划，利用创意吸引用户关注并前往体验具有地方特色的旅游资源。

10.3 汽车共享典型模式案例

10.3.1 分时租赁

2000 年创立于哈佛大学的 Zipcar，提供一种 24 小时随去随用的自驾汽车服务，发展至今已成为全球最大的汽车共享运营商。在世界 30 多个大城市、超过 350 所大学校园和约 30 个机场，有超过 85 万的会员，1 万多辆共享汽车。Zipcar 的车源主要来自私家车共享和租赁公司的二次租赁。汽车主要停放于高人流密度区域，每一位 Zipcar 的会员均可以收到一张会员卡，会员可以通过网站、电话和应用软件等多客户终端实时获取周围车辆位置、车况和价格等基本信息，车辆的开启和锁停完全可通过一张会员卡完成，实现了信用卡自动划账以及网络寄发电子账单等功能。同时 Zipcar 拥有强大的互联网数据服务系统，其每辆车均装有嵌入式的系统服务器，一方面与会员卡中的电子标签进行信息对接，另一方面实时将本地车辆信息上报 Zipcar 后台系统，从而可以掌握每辆车的动态情况。分时租赁运营模式如图 10-10 所示。

10.3.2 顺风车

滴滴出行作为国内最早提供线上出租车预约服务的企业，其诞生打破了传统的出租车市场格局，彻底改变了路边拦车的打车方式，通过为出租车司机和乘客提供交易平台，实现双方信息对称共享，逐渐累积了海量用户，并将业务扩展到顺风车、专车、代驾等多个领域。同时滴滴平台通过对出租车、快车、专车的呼叫服务，呈现城市交通状况，利用出行大数据了解人流分布和流向，整合所有出行、交通领域，力争成为"全球最大的一站式出行平台"。

滴滴顺风车，开拓了国内的顺风车市场。有搭乘需求的乘客提前在顺风车 App 上发布自己的乘车时间和地点，附近的车主进行抢单，将车内的空置座位资源"租"出去，在通勤途中获得部分养车费用（图 10-11）。在中国，由于信用度的问题，顺风车出行方式的出现略晚于滴滴打车、Uber 等专车模式，在平台管理机制下，车主与乘客之间相互进行评价，为陌生人之间建立信用度考量的桥梁，对乘车和付费安全提供一定的保障。

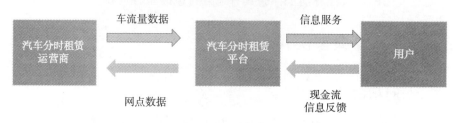

图 10 – 10 分时租赁运营模式

图 10 – 11 滴滴顺风车运营模式

10.3.3 专车

Uber 于 2009 年在美国成立，起初业务主要是对旧金山地区闲置的出租车资源进行整合，提供出租车预约服务，后来专注于私家车预约市场，即专车或快车服务。乘客通过移动端发出用车需求，附近司机进行响应，但是与预约出租车服务不同的是，车辆的供给方为私家车车主，乘客可以根据需求选择不同价位的车型，例如若追求价格便宜可以选择快车等低价车型，追求高品质的服务可以选择高端、商务车型。如今 Uber 已经覆盖了全球超过 58 个国家和地区，超过 300 个城市，并且受到了资本的青睐，获得巨额融资。Uber 汽车运营模式如图 10 – 12 所示。

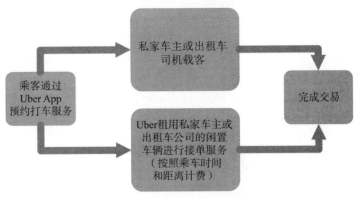

图 10-12　Uber 汽车运营模式

10.4　未来出行方式

随着能源危机和环境问题日益严重，可持续发展的理念逐渐深入人心。推广以电动汽车为主的新能源汽车作为交通领域解决节能、环保和大气雾霾问题的有效措施，日趋受到国内外各界的关注。目前提出的"绿色城市"的发展思想归根结底体现在人与自然的和谐发展。在不破坏生态和人文环境的同时，秉持节能和可再生的原则，采用绿色建筑和节能材料，建设低碳的绿色城市。最大限度地整合城市资源，优化环境，为人们提供健康、宜居、高效的生活空间。

汽车共享以多样的运营模式、共享方式，较大程度地整合了过剩汽车资源，对缓解道路拥堵、环境污染以及目前新能源车辆发展初期的充电时间长、续航里程不足等问题都有明显的改善。

依托新时代大数据云端处理技术和车联网技术，共享汽车运营的车辆质量将进一步提升，功能进一步完善，管理进一步规范。运营商可以租赁位置相对偏僻、费用低的停车位，降低车位成本；运营车辆可自动检测能源情况，自动寻找合适的充电设施并自动充电，降低充电成本。基于车联网大数据的汽车共享，进一步拓宽运营范围，进军高运营成本市场，如机场站点等场景的运营。

同时借助"互联网+"模式，构建汽车共享云平台，实现行业互联互通，真正实现标准化、智能化的全产业链智慧交通共享服务平台，打造一个良性的产业生态圈。共享汽车是未来中国智慧交通的核心组成部分，智慧城市的发展也将需要共享汽车的大量数据支撑，合力推进城市智慧出行建设，为用户提供更便捷的出行选择将是大势所趋。

未来交通系统将是以自动驾驶为核心，以共享出行为主要模式，以绿色出行方式、集约化公共交通、电动出行方式为主要交通工具，以预约出行为主要管理手段的时代。我们可以预见，汽车共享必将在城市交通系统中扮演重要的角色，为未来人类提供更优质、高效、便捷的生活体验。

参 考 文 献

[1] 李升全，李振湘. 汽车文化与概论 [M]. 北京：北京理工大学出版社，2011.
[2] 余志生. 汽车理论 [M]. 3版. 北京：机械工业出版社，2000.
[3] 刘志刚. 汽车发展史简述 [J]. 汽车运用，2000（12）：15-16.
[4] 刘世恺. 汽车百年史话 [M]. 北京：人民交通出版社，2005.
[5] 中国汽车工业协会. 中国汽车工业发展年度报告 [M]. 北京：社会科学文献出版社，2015.
[6] 林平. 汽车佳话：著名汽车公司传奇 [M]. 北京：电子工业出版社，2006.
[7] 何宝文. 汽车文化与常识 [M]. 北京：清华大学出版社，2010.
[8] 张发明. 汽车品牌与文化 [M]. 北京：机械工业出版社，2013.
[9] 王海林，蔡兴旺. 汽车构造与原理. 上册，发动机 [M]. 3版. 北京：机械工业出版社，2013.
[10] 刘仁鑫，蔡兴旺. 汽车构造与原理. 中册，底盘 车身 [M]. 3版. 北京：机械工业出版社，2013.
[11] 刘仁鑫，蔡兴旺. 汽车构造与原理. 下册，底盘 [M]. 北京：机械工业出版社，2004.
[12] 李光亮，金纯. 汽车造型设计 [M]. 北京：中国水利水电出版社，2013.
[13] 朱茂桃，智淑亚. 汽车车身现代设计 [M]. 北京：国防工业出版社，2014.
[14] 毛恩荣，张红，宋正河. 车辆人机工程学 [M]. 2版. 北京：北京理工大学出版社，2007.
[15] [美] Vivek D Bhise. 汽车设计中的人机工程学 [M]. 李惠彬，刘亚茹，等译. 北京：机械工业出版社，2014.
[16] 王洪宇. 现代汽车电子技术的应用现状及发展趋势 [J]. 科技与创新，2018（23）：154-155.
[17] 于艳敏. 新能源汽车轻量化技术应用现状 [J]. 汽车工程师，2018，259（11）：50-52+57.
[18] 理查德. 现代汽车技术 [M]. 北京：机械工业出版社，2010.
[19] 刘智婷. 汽车知识与文化 [M]. 北京：机械工业出版社，2012.
[20] 陈德海，汪锋锁. 汽车知识与名车欣赏 [M]. 广州：中山大学出版社，2009.
[21] 韩印，李晓峰. 世界汽车名厂名车名人 [M]. 北京：人民交通出版社，2000.
[22] 李国春. 汽车世界之最 [J]. 汽车运用，2010（10）：49-50.
[23] 王震坡，孙逢春，刘鹏. 电动汽车原理与应用技术 [M]. 北京：机械工业出版

社，2014.

[24] 中国汽车技术研究中心. 节能与新能源汽车年鉴 [M]. 北京：中国经济出版社，2017.

[25] 中国汽车技术研究中心. 中国新能源汽车产业发展报告 [M]. 北京：社会科学文献出版社，2017.

[26] 刘斌. 我国新能源汽车的现状及前景分析 [J]. 环球市场，2016 (23)：178-178.

[27] 欧阳明高. 中国新能源汽车的研发及展望 [J]. 科技导报，2016，34 (6)：13-20.

[28] 晓智. 氢动力之父——宝马 "H2R" 氢内燃机汽车创造汽车工业历史 [J]. 汽车实用技术，2004 (11)：40-41.

[29] 曹聪聪，张炳力. 燃料电池汽车 [J]. 大学科普，2017 (11)：40.

[30] 岳欣，王运静，吴倩，等. 我国新能源汽车发展分析 [J]. 环境保护，2016，44 (9)：27-30.

[31] 李克强，戴一凡，李升波，等. 智能网联汽车（ICV）技术的发展现状及趋势 [J]. 汽车安全与节能学报，2017，8 (1)：1-14.

[32] 张亚萍，刘华，李碧钰，等. 智能网联汽车技术与标准发展研究 [J]. 上海汽车，2015 (8)：55-59.

[33] 徐可，徐楠. 全球视角下的智能网联汽车发展路径 [J]. 中国工业评论，2015 (9)：76-81.

[34] 陈荆花，黄晓彬，李洁. 面向智能网联汽车的 V2X 通信技术探讨 [J]. 电信技术，2017，1 (5)：24-27.

[35] 黎宇科，刘宇. 国外智能网联汽车发展现状及启示 [J]. 汽车工业研究，2016 (10)：30-36.

[36] 中华人民共和国工业和信息化部. 国家车联网产业标准体系建设指南（智能网联汽车）[Z]. 2017：12.

[37] 节能与新能源汽车技术路线图战略咨询委员会，中国汽车工程学会. 节能与新能源汽车技术路线图 [M]. 北京：机械工业出版社，2016.

[38] 国家智能网联汽车（上海）试点示范区. 国家智能网联汽车（上海）试点示范区发展报告 [M]. 上海：上海交通大学出版社，2017.

[39] 车云网. 从 ADAS 到自动驾驶 2016 智能网联汽车发展报告 [J]. 产品可靠性报告，2017 (4)：58-62.

[40] 谢志萍，雷莉萍. 智能网联汽车环境感知技术的发展和研究现状 [J]. 成都工业学院学报，2016，19 (4)：87-92.

[41] 张翔，李智. 智能网联汽车技术的发展现状及趋势 [J]. 汽车与配件，2018 (8)：58-59.

[42] 王震坡，邓钧君，孙逢春，等. 汽车分时租赁：共享经济与交通出行解决方案 [M]. 北京：机械工业出版社，2018.

[43] 杨蕴敏. 汽车共享的社会效益与环境效益分析 [J]. 科教文汇（上旬刊），2018 (12)：191-192.

[44] 杨明. 探寻智能网联趋势 开启汽车崭新时代 [N]. 中国工业报，2018-11-02

(002).

[45] 崔志坚，张文威，曾锦超，等. 共享汽车（分时租赁）发展各阶段预测研究[J]. 才智，2018（15）：244-245.

[46] 徐慧亮，康丽. 共享汽车在中国发展现状、瓶颈及对策研究[J]. 中国市场，2018（04）：23-25.

[47] 郭蒙. Autolib 的绿色运营模式对我国电动型共享汽车行业的启示[J]. 市场周刊，2018（06）：24-25.

[48] 魏志琴. 浅析电动汽车共享商业模式的发展[J]. 经济研究导刊，2018（17）：57-58.

[49] 徐兰君. 中国电动汽车分时租赁的商业模式创新研究[D]. 北京：北京交通大学，2017.

[50] 郭文莲，王鸿富. 电动汽车共享租赁系统[J]. 黑龙江科技信息，2015（32）：169-170.

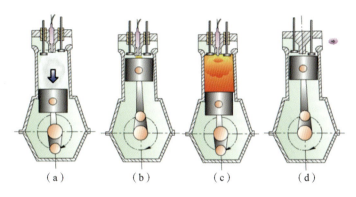

图 3-8 汽油发动机工作过程

(a) 进气冲程；(b) 压缩冲程；(c) 做功冲程；(d) 排气冲程

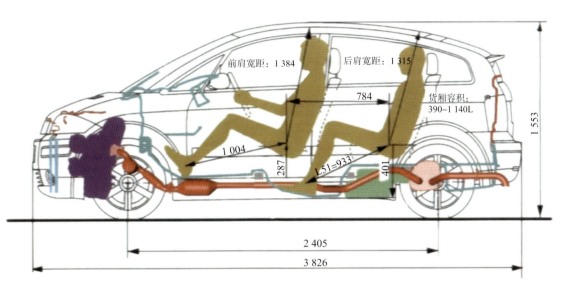

图 4-12 汽车的总布置图

图 4-14 汽车设计的彩色效果图

图 5-46 法拉利汽车车标

图 5-47 菲亚特汽车车标

图 5-66 别克汽车车标

图 5-67 凯迪拉克汽车车标

图 5-107 大宇汽车车标

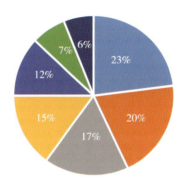

■挪威 ■英国 ■其他国家 ■法国 ■德国 ■瑞典 ■荷兰

图 8-21 2016 年欧洲各国新能源汽车销售占比

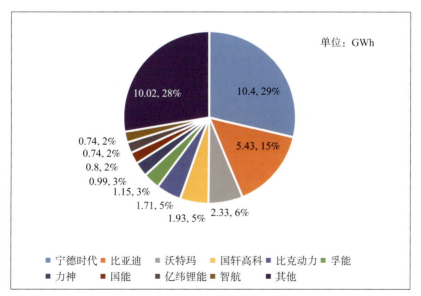

■宁德时代 ■比亚迪 ■沃特玛 ■国轩高科 ■比克动力 ■孚能
■力神 ■国能 ■亿纬锂能 ■智航 ■其他

图 8-26 2017 年动力电池企业装机量排行

图 9-4 汽车联网率预测

图 9-14 蓝色的"ON"键接通应答中心，十字红色键呼叫救援